SEDUZIDO
— PELO —
SUCESSO

Como as grandes empresas sobrevivem
às 9 armadilhas do sucesso

Robert J. Herbold

www.dvseditora.com.br
São Paulo, 2008

Para Patricia

SEDUZIDO PELO SUCESSO

DVS Editora 2008 - Todos os direitos para a língua portuguesa reservados pela editora.

SEDUCED BY SUCCESS
Original edition copyright © 2007 by Robert Herbold. All rights reserved.
Portuguese edition copyright © by 2008 DVS Editora Ltda. All rights reserved.

Nenhuma parte deste livro poderá ser reproduzida, armazenada em sistema de recuperação, ou transmitida por qualquer meio, seja na forma eletrônica, mecânica, fotocopiada, gravada ou qualquer outra, sem a autorização por escrito do autor.

Tradução: RevisArt
Diagramação: Konsept design & projetos

Dados Internacionais de Catalogação na Publicação (CIP)
(Câmara Brasileira do Livro, SP, Brasil)

Herbold, Robert J.
  Seduzido pelo sucesso : como as grandes empresas sobrevivem às nove armadilhas do sucesso / Robert J. Herbold ; [tradução RevisArt]. -- São Paulo : DVS Editora, 2008.

  Título original: Suduced by success : how the best companies survive the 9 traps of winning.
  ISBN 978-85-88329-48-5

  1. Comportamento organizacional 2. Cultura organizacional 3. Eficiência organizacional 4. Mudança organizacional 5. Sucesso I. Título.

08-11992   CDD-658.409

Índices para catálogo sistemático:

1. Eficiência organizacional e sucesso :
     Administração executiva   658.409

CONTEÚDO

AGRADECIMENTOS VII

A QUESTÃO
O SUCESSO É A CAUSA DA VULNERABILIDADE DOS NEGÓCIOS

1. UM EXEMPLO CLÁSSICO: GENERAL MOTORS (GM) 7
2. POR QUE ISSO OCORRE? 15
3. COMPORTAMENTO E PENSAMENTO HERDADOS PODEM SER EVITADOS: TOYOTA ... 21
4. CUIDADO COM AS NOVE ARMADILHAS INDUZIDAS PELO SUCESSO 29

PARTE I
ARMADILHA #1 NEGLIGÊNCIA:
MANTER UM MODELO DE NEGÓCIOS ANTIGO

5. ENCARE A REALIDADE E TENTE RESOLVER SUAS VULNERABILIDADES DINAMICAMENTE ... 43
IBM, eBay, Agilent Technologies, Sony

6. REAPLIQUE O QUE FUNCIONA 55
Fidelity Investments, Nucor, Wal-Mart, Toyota

PARTE II
ARMADILHA #2 ORGULHO: PERMITIR QUE
SEUS PRODUTOS SE TORNEM OBSOLETOS

7. IMPARIDADE: PERFEIÇÃO INDISPENSÁVEL 69
Chrysler

CONTEÚDO

8. FAÇA APOSTAS GRANDES E BEM ANALISADAS — 76
   Verizon, Microsoft

9. REVITALIZE CONTINUAMENTE SEUS PRINCIPAIS PRODUTOS E CAPITALIZE PONTOS DE INFLEXÃO — 84
   Texas Instruments, Toyota, EnCana

PARTE III
ARMADILHA #3 TÉDIO: SER FIEL A UMA MARCA BEM-SUCEDIDA QUE SE TORNOU ANTIQUADA E INSÍPIDA

10. SEJA CLARO E CONCISO, MAS ACIMA DE TUDO SEJA DIFERENTE — 99
    Procter & Gamble, McDonald's, Harley-Davidson

11. MANTENHA O FOCO DE MODO IMPLACÁVEL NOS DETALHES E NA EXECUÇÃO — 107
    Starbucks

12. PERMANEÇA RELEVANTE — 113
    Coca-Cola, Procter & Gamble

PARTE IV
ARMADILHA #4 COMPLEXIDADE: IGNORAR SEUS PROCESSOS DE NEGÓCIOS À MEDIDA QUE ELES SE TORNAM INCÔMODOS E COMPLICADOS

13. NÃO ESPERE PELA CRISE — 126
    Schneider National, Bank One
14. SOLICITE NOVAS ABORDAGENS PARA PROCESSOS "APROVADOS" — 135
    Procter & Gamble, Samsung, Dell

PARTE V
ARMADILHA #5 GERENCIAMENTO EXCESSIVO: RACIONALIZAR A PERDA DE VELOCIDADE E AGILIDADE

15. VOCÊ ESTÁ PARALISADO POR SUAS ATUAIS PRÁTICAS DE NEGÓCIOS? — 151
    KODAK, CITIGROUP

CONTEÚDO

16. NOMEIE GRANDES TALENTOS PARA TRATAR DOS ASSUNTOS DIFÍCEIS 160
PROCTER & GAMBLE, MICROSOFT, NIKE

17. A LIDERANÇA É A CHAVE PARA TER VELOCIDADE E AGILIDADE 169
HEWLETT-PACKARD, INTEL

PARTE VI
ARMADILHA #6 MEDIOCRIDADE: TOLERAR O FRACO DESEMPENHO E PERMITIR QUE SEUS MELHORES FUNCIONÁRIOS PERCAM O VIGOR

18. ESTABELEÇA OBSTÁCULOS DIFÍCEIS AO SELECIONAR
PESSOAS E DEFINA EXPECTATIVAS 182
Coca-Cola, Microsoft

19. NÃO TENHA RECEIO DE TRAZER NOVOS TALENTOS 193
Microsoft, Harrah's Entertainment

20. QUANTO MAIS VASTA A EXPERIÊNCIA, MELHOR 200
eBay, Microsoft, Procter & Gamble

PARTE VII
ARMADILHA #7 APATIA: ENVOLVER-SE EM UMA CULTURA DE CONFORTO, INFORMALIDADE E CONFIANÇA

21. CLAREZA, SIMPLICIDADE E REPETIÇÃO SÃO ESSENCIAIS 213
Southwest Airlines, General Electric

22. OBTENHA VANTAGEM DE PRODUTO E A UTILIZE
PARA REVER A CULTURA 225
Motorola

23. EVITE A MALDIÇÃO DE UM FOCO INTERNO 235
Boeing

PARTE VIII
ARMADILHA #8 TIMIDEZ: NÃO ENFRENTAR CONFLITOS, RIVALIDADES E OPOSITORES

24. DESMEMBRE OS FEUDOS E LANCE SEU PLANO — 246
Sony, Morgan Stanley

25. REÚNA UMA EQUIPE NA QUAL VOCÊ CONFIE — 256
Porsche

26. CUIDADO COM A RESPONSABILIDADE INDEFINIDA E OS ISOLACIONISTAS — 263
Unilever, Hewlett-Packard

PARTE IX
ARMADILHA #9 CONFUSÃO: CONDUZIR A COMUNICAÇÃO DE MANEIRA ESQUIZOFRÊNICA

27. PARA ONDE VAMOS E COMO ESTAMOS CAMINHANDO? — 278
IBM, Wal-Mart

28. CRIE EXPECTATIVAS CLARAS — 287
Gillette

PARTE X
A CHAVE PARA O SUCESSO CONTÍNUO: UMA QUESTÃO DE ATITUDE

29. APOIAR-SE EM SUA GLÓRIA NUNCA É UMA OPÇÃO! — 301
Apple

NOTAS — 309

ÍNDICE — 319

AGRADECIMENTOS

Primeiro, gostaria de agradecer a Bill Leigh, do Leigh Bureau, que me fez pensar sobre como as empresas bem-sucedidas freqüentemente são vítimas de certas armadilhas que levam a sérios problemas de negócios. Bill é um verdadeiro pensador e tem a habilidade de estimular novas idéias e incitar as pessoas a persegui-las a fundo.

Em seguida, quero agradecer a Wes Neff, que conduz as atividades cotidianas do Leigh Bureau. Trabalhei com Wes durante muitos anos. Ele me ajudou a lançar meu primeiro livro, chamado *The Fiefdom Syndrome; the Turf Battles That Undermine Carreers and Companies - and How to Overcome Them*. Wes me fez investigar por que empresas bem-sucedidas geralmente falham e por que isso ocorre.

Também quero agradecer a Jeffrey Krames, Leah Spiro e Ruth Mannino da McGraw-Hill. Jeffrey me ajudou muito nos primeiros estágios de desenvolvimento do livro, enquanto Leah dedicou suas magníficas habilidades aos últimos estágios. Ruth ajudou muito no processo de produção do livro. Também devo mencionar o quanto sou grato pelos esforços de Philip Ruppel, por sua ajuda com o pessoal de vendas da McGraw-Hill, e de Tara Cibelli e Lydia Rinaldi nas áreas de *marketing* e publicidade da McGraw-Hill.

Acima de tudo, gostaria de agradecer o trabalho de Kim McGee, minha assistente administrativa aqui no Herbold Group, LLC. Este livro simplesmente não teria sido planejado sem sua constante assistência. Ela é muito estimada. Anis Ithnin, minha assistente na INSEAD, em Cingapura, também cooperou bastante.

A QUESTÃO

O SUCESSO É A CAUSA DA VULNERABILIDADE DOS NEGÓCIOS

Quando líderes de empresas experimentam significantes níveis de sucesso ou períodos de estabilidade, eles tendem a acreditar que estão designados ao sucesso contínuo no futuro. Em muitos casos, os gestores se tornam complacentes, confortáveis e medíocres quando, na verdade, deveriam estar desenvolvendo tudo o que fizeram de bom no passado. Eles deveriam estar investigando para descobrir novas abordagens, aprimorando seus produtos e serviços e se mantendo ágeis. Infelizmente, as páginas de negócios estão preenchidas com tristes histórias de empresas que já foram bem-sucedidas e que, após alcançar o topo, não conseguiram se manter nem sustentar seu sucesso.

Pude observar esse fenômeno diversas vezes. O sucesso é a causa da vulnerabilidade dos negócios. Ele pode destruir a habilidade de uma empresa ou de uma pessoa de entender a necessidade de mudança e também pode acabar com a motivação para atacar criativamente o *status quo*. Empresas e pessoas se tornam aprisionadas por aquilo que chamo de práticas e pensamentos **herdados**. A hipótese implícita aqui é de que suas práticas atuais lhe tornaram um vencedor; você está no topo de seu jogo e ninguém pode derrubá-lo. As pessoas se perdem nas abordagens que utilizaram em seus dias de glória e são incapazes de enxergar que não estão desenvolvendo suas melhores práticas, mas simplesmente repetindo antigos sucessos. Não notam que o mundo está mudando em volta deles. Acredito que essa queda do sucesso é um dos problemas mais desgastantes que pessoas e empresas enfrentam.

É importante perceber que pessoas e empresas caem nessa armadilha do sucesso. Isso acontece com empresas e departamentos inteiros, com pequenos grupos dentro de empresas e com pessoas. Todos são suscetíveis aos perigos do sucesso.

A QUESTÃO

> *Estou escrevendo este livro para ajudar pessoas e empresas a se tornarem e a permanecerem bem-sucedidos.*

O clássico exemplo de uma empresa que tem sido seduzida pelo sucesso é a General Motors (GM), que desfrutou um passado célebre, mas está contaminada por um presente preocupante. Ou considere uma empresa com uma reputação impecável na cozinha e no jardim fronteiro: Rubbermaid. Por dez anos, de 1985 a 1994, a Rubbermaid estava entre as dez melhores na lista da revista *Fortune* relativa às empresas mais admiradas e, em 1993 e 1994, ela foi classificada como a número um.[1] Essa fabricante de produtos domésticos como lixeiras plásticas e escorredores de louça parecia invencível. Ela estava indo muito bem, calcada em sua aptidão de destacar necessidades domésticas desconhecidas e inovar para satisfazê-las. A empresa produziu resultados financeiros altamente prognosticados e impressivos ano após ano.

Contudo, na metade da década de 1990, problemas sérios surgiram. As práticas herdadas estavam começando a tomar conta, e a Rubbermaid simplesmente passou a seus clientes os seus custos de rápido crescimento e se apoiou em técnicas de produção ultrapassadas.[2] Esse fato resultou em lucros lentos e na decisão de, em 1995, fechar nove fábricas e demitir 9% de sua força de trabalho.[3] Os problemas foram piorando e, no final de 1992, a Rubbermaid foi adquirida pela relativamente desconhecida Newell.[4] Conforme noticiado pela revista *Fortune* em 1998, "eles se tornaram péssimos quanto à produção e ao *marketing*."[5] Um grande cliente varejista complementou: "eles têm sido expedidores ruins. Atrasados, com terríveis taxas de suprimento e produtos que custam muito caro." No meio de todos esses problemas em 1995, o CEO (chief executive officer) Wolfgang Schmitt amenizou a situação dizendo: "Nós passamos por um contratempo e voltaremos ao nosso usual caminho de crescimento até o final do ano."[6]

A Rubbermaid teve uma carreira ótima, mas não conseguiu mantê-la.

Por outro lado, algumas empresas alcançaram sucesso tremendo e não apenas o mantiveram, mas também o expandiram. Veja o caso de Michael Dell. Sua empresa de computadores pessoais foi um sucesso instantâneo quando lançada, em 1984. Ele ignorou todos os louvores e levou sua companhia ao sucesso contínuo por duas décadas, com a Dell sendo globalmente a número um nos negócios de computadores pessoais e, na lista da *Fortune*, como **empresa mais admirada** em 2005. Em 2006, os negócios da Dell enfraqueceram de maneira significativa devido à concorrência, mas os 20 anos de crescimento impressionante da empresa continuam sendo uma história de sucesso.

O ponto-chave aqui é que tanto pessoas quanto pequenos grupos ou grandes empresas correm o risco de se tornar vítimas de seu sucesso se seu pensamento se tornar orgulhoso, se ficarem muito confortáveis com suas práticas atuais e se perderem seu senso de urgência.

O sucesso não é um desígnio; não se prolonga. Na verdade, em meus quase 40 anos nos negócios, aprendi que a herança do sucesso com freqüência é uma falha. Sim, vencer e obter grande sucesso é, em geral, o início de uma longa e dolorosa jornada para o desastre. E não sou apenas eu quem faz essa observação. Bill Gates, um dos homens de negócio mais bem-sucedidos de todos os tempos, disse:

> *"O sucesso é um péssimo professor. Ele seduz pessoas espertas a pensarem que são invencíveis."* [7]

Dieter Zetsche, CEO da Daimler Chrysler e responsável pela recente reviravolta na Chrysler, teve um *insight* (lampejo) similar quanto aos perigos inerentes à vitória:

> *"Se você atinge o sucesso, começa a pensar que pode andar sobre as águas."* [8]

Walter Winchell disse, sucintamente:

> *"Nada regride como o sucesso."* [9]

Peter Drucker provavelmente resumiu da forma mais eloqüente:

> *"O sucesso sempre torna obsoleto o comportamento que o atingiu. Ele sempre cria novas realidades. Sempre cria, acima de tudo, seus próprios problemas e também outros. Apenas os contos de fada terminam assim: 'Viveram felizes para sempre.'"* [10]

Muitas empresas e pessoas que já se sobressaíram podem confirmar a veracidade dessas observações. Contudo, acredito que não precise ser dessa forma.

Estou escrevendo este livro para ajudar pessoas e empresas a se tornarem bem-sucedidas e a **permanecerem bem-sucedidas**. Mostrarei que é preciso encarar o seu sucesso atual ou a sua estabilidade como se fossem do passado e constantemente investigar novas e melhores idéias e modos de fazer as coisas. Revelarei aos leitores como colocar seus sucessos antigos em perspectiva para que não precisem contar muito com o que funcionou ontem ou o que está funcionando hoje. É muito fácil ser pego pela alegria do presente e acreditar que encontrou a verdadeira e duradoura fórmula para o sucesso permanente. Bem, posso assegurar que ela não existe.

1
UM EXEMPLO CLÁSSICO: GENERAL MOTORS (GM)

As vulnerabilidades resultantes do sucesso podem derrubar pessoas e organizações de qualquer magnitude. Vejamos o que aconteceu com um dos ícones de negócios mais estimados dos Estados Unidos no século 20.

A General Motors (GM) é uma empresa de 98 anos que roubou a liderança do setor automobilístico da Ford na década de 1920. Na década de 1950, ela se tornou a maior empregadora do mundo e a primeira empresa a faturar US$ 1 bilhão em um ano.[1] Na metade da década de 1970, a GM tinha quase 50% de participação de mercado nos Estados Unidos da América (EUA). Ela produziu o modelo de automóvel mais vendido nos EUA, o *Oldsmobile Cutlass*. O ditado favorito sobre a GM naquele tempo era "O país avança conforme avança a GM."

Os 30 anos seguintes foram de declínio para a GM. No início de 2006, seus problemas financeiros eram alarmantes. A empresa havia perdido US$ 8,6 bilhões no ano anterior e seu valor de mercado estava abaixo de US$ 11 bilhões,[2] aproximadamente igual ao valor de mercado de Sara Lee e dois terços do valor da Electronic Arts, empresa de jogos para computador.

Como podia uma empresa incrivelmente bem-sucedida sofrer três longas décadas de declínio? Apesar de termos lido recentemente muitas histórias sobre os problemas da GM, voltemos ao início do período de 30 anos e vejamos o que estava acontecendo e o que podemos aprender.

GM: as vulnerabilidades começam a aparecer

Muito tempo antes do final da década de 1970 e início da de 1980, custava muito para a GM a fabricação de um carro. Os japoneses, por exemplo, podiam fabricar carros com menos de US$ 1.500 a US$ 2.000, em custos de produção, do que o valor que a GM gastava para fabricar modelos similares em suas fábricas. A GM também teve sérios problemas de qualidade. Em 1983, foi noticiado pelo *Consumer Reports* que cada modelo da GM por ele vistoriado possuía uma avaliação **"pior do que na média"** para freqüência de conserto.[3]

Em 1983, a revista *Fortune* noticiou que os japoneses possuíam maneiras totalmente diferentes das da GM para criar alta qualidade e produzir eficiência,[4] pois, quando os engenheiros japoneses começavam a projetar um automóvel, eles trabalhavam em contato com os fornecedores que, posteriormente, proveriam as peças para aquele carro. Dessa forma, eles poderiam verificar quaisquer restrições ou necessidades que aqueles fornecedores teriam de levar em conta enquanto projetavam o automóvel. Em suma, eles estavam descartando diversos problemas antes mesmo que ocorressem.

Esse era um difícil contraste com o modo de a GM conduzir o negócio. Certamente, a empresa projetaria o automóvel e o deixaria pronto para ser lançado para, então, encomendar de seus fornecedores os componentes para aquele carro. Assim, era tarde demais para rever qualquer argumento levantado pelos fornecedores ou para incorporar qualquer sugestão que pudessem dar a fim de tornar tudo menos caro e mais fácil de ser produzido.

As práticas japonesas descritas eram de conhecimento geral e o pessoal da GM e suas práticas herdadas impossibilitavam a empresa de adotar a abordagem japonesa. Apesar de a GM ter alegado, no início da década de 1980, que estava trabalhando duro para aprimorar suas capacidades de produção, era claro que a empresa estava apegada ao passado. Naquela época, um executivo da GM comentou que a maioria dos gestores da empresa nunca compreendeu realmente a necessidade de mudar seus antigos modos de gerir.[5] O comentário de um jornalista naquele tempo foi: "A confiança excessiva morre depressa, especialmente em uma organização tão conservadora como a GM."[6]

GM: o declínio ganha força

Por volta de 1986, os problemas da GM estavam começando a afetar seus negócios seriamente. Sua participação de mercado nos EUA havia caído de 48% em 1980 para 41% em agosto de 1986. Enquanto a Ford e a Chrysler estavam tentando se manter, os importados, especialmente os do Japão, estavam ganhando participação de mercado.[7]

Anne Fisher, da *Fortune*, resumiu a situação em 1986 ao observar que "o maior obstáculo da GM pode ser seu estilo monótono. Com raríssimas exceções, os carros da empresa não são inovadores."[8] Ron Glantz, na época guarda da GM por meio da Montgomery Securities, disse: "a enorme burocracia da GM – níveis sobre níveis de gestores, departamentos e comitês – teve de aprovar, reaprovar e aprovar de maneira cruzada as divisões de automóveis a cada mudança." Até mesmo seu pessoal estava criticando a empresa. O CFO (chief financial officer) Alan Smith foi notado naquela época quando disse que "com os 40 bilhões de dólares que a GM investiu em fábricas e equipamentos, a empresa poderia ter comprado a Toyota e a Nissan. Em vez disso, perdeu participação de mercado. Algo está obviamente errado."[9] A pessoa encarregada do Buick-Oldsmobile-Cadillac na época disse que o maior impedimento para mudanças na General Motors poderia ser resumido em uma palavra: **"história"**.

GM: sérios problemas de projeto, custos e mão-de-obra

Por volta de 1989, a participação de mercado da GM caiu de 41% em 1986 para 36%.[10] O problema central durante este período era o fato de os carros fabricados pela GM estarem cada vez mais parecidos. O consultor financeiro, John Schnapp, disse, naquela época, que "a diferenciação que havia nos gloriosos dias da GM tinha desaparecido virtualmente". Seis décadas antes, Alfred P. Sloan dirigiu a criação de Chevrolet, Pontiac, Oldsmobile, Buick e Cadillac, que representavam progressivamente os degraus mais altos da escada econômica da vida. Passo a passo, a GM desmantelou essa diferenciação, fazendo com que todos os modelos subcompactos de Chevrolet, Pontiac, Buick e Oldsmobile, que estavam no mercado, fossem desenvolvidos em um mesmo chassi, com os mesmos componentes mecânicos. Conseqüentemente, essa abordagem também foi utilizada para o Cadillac. Ainda que isso desse certa flexibilidade à fabricação, fez com que os carros se parecessem

A QUESTÃO

> *Seis décadas antes, Alfred P. Sloan dirigiu a criação de Chevrolet, Pontiac, Oldsmobile, Buick e Cadillac, que representavam progressivamente os degraus mais altos da escada econômica da vida. Passo a passo, a GM desmantelou essa diferenciação.*

bastante e, o mais importante, o mecanismo de engrenagem era exatamente igual. Como Alex Taylor, da *Fortune*, afirmou em seu resumo sobre essa situação, "Em vez de desenvolver carros exclusivos para os clientes do Buick, seus engenheiros gastam tempo para diminuir as alterações no equipamento e para manejar qualidades em uma plataforma que também é utilizada pela Chevrolet."[11]

Em 1992, Taylor resumiu a condição da empresa: "A GM deve se reestruturar radicalmente se quiser sobreviver."[12] O ano fiscal que havia terminado viu a GM perder em média US$ 1.500 em cada veículo produzido na América do Norte. Sua participação de mercado continuou caindo e era óbvio que o antigo modelo de Sloan estava com sérios problemas. As vendas do Oldsmobile despencaram de mais de 1 milhão de veículos em 1983 para pouco mais de 400.000 em 1991.

No início da década de 1990, muitas fábricas da GM geravam grandes déficits porque funcionavam com apenas 50% da sua capacidade. Infelizmente, antes de 1990, o CEO da GM havia feito um acordo de três anos com a United Auto Workers (UAW), o qual exigia que a empresa pagasse a seus mais de 300.000 operários da produção mesmo se eles ficassem temporariamente parados devido à vagarosa demanda por automóveis. Esse comportamento existe ainda hoje, visto que a GM possui bancos de emprego com milhares de funcionários inativos.[13]

Os contratos com a UAW também estabeleceram um plano de pensão de benefícios definida que exigia que a GM pagasse funcionários aposentados para o resto da vida.[14] As fabricantes de automóveis japonesas utilizaram planos de contribuição definida, em que as contribuições eram computadas para a aposentadoria de um funcionário enquanto ele estivesse trabalhando e o saldo lhe era entregue quando ele se aposentasse, protegendo a empresa de grandes dívidas relativas a pensões.

Durante toda a década de 1980, a Toyota desenvolveu inúmeras facilidades de produção de automóveis nos EUA e, conforme notado pela Reuters, essas facilidades tinham "operações de produção mais eficientes, custo-benefício mais baixo e força de trabalho não sindicalizada."[15] Na década de 1980 e no início da de 1990, todos sabiam que os contratos de trabalho da GM eram um grande problema para a empresa, mas mesmo assim ela os assinava. Por que a GM não observou o modelo superior dos japoneses e fez as dolorosas, mas necessárias, mudanças? Ela estava estagnada em suas práticas herdadas.

A GM não estava apenas ignorando as práticas de trabalho mais flexíveis e eficientes dos japoneses, mas também o que empresas como a Caterpillar estavam fazendo, isto é, abandonando os contratos ferinos da UAW e aderindo ao estilo japonês de produção. Antes de 1984, Jim Owens, CFO da Caterpillar, que posteriormente se tornou CEO, relembrou: "Os japoneses estavam nos matando."[16] Os contratos sindicalizados deram mínima flexibilidade à Caterpillar para lidar com os altos e baixos naturais do setor. Conforme explicado por Joann Muller, da *Forbes*, "A Caterpillar começou a expandir suas bases de produção em regiões não sindicalizadas do sudeste dos EUA, construindo 20 fábricas menores, mais especializadas, com mão-de-obra mais barata" e benefícios flexíveis.[17]

Naturalmente, essas novas facilidades da Caterpillar perturbaram muito a UAW. O ponto de vista de Owen naquele momento era: "Bom, nós podemos nos restabelecer agora."[18] Anos agitados de trabalho se seguiram, mas o resultado final foram novos contratos para as fábricas remanescentes da Caterpillar, os quais atingiram uma taxa salarial 42% mais baixa para novas contratações, limitaram custos para assistência à saúde de aposentados, estabeleceram a participação dos funcionários no custo de assistência médica e deram à empresa a habilidade de identificar mais de 15% de sua força de trabalho como "suplementar", limitados a receber 30% a menos de salário e benefícios reduzidos. Agora, voltando à GM, a pergunta óbvia é: por que a empresa não tomou a aprendizagem da Caterpillar como exemplo e a colocou em prática no final da década de 1980?

GM: os fragmentos da empresa

No início e na metade da década de 1990, a GM era uma empresa fragmentada, cujas práticas herdadas estavam no comando. Recursos funcionais como *marketing*, engenharia, recursos humanos e planejamento existiam em cada divisão, sem coordenação cruzada entre uma e outra, fazendo com que a empresa sofresse de carência de liderança total nessas áreas. Uma análise mostrou que menos de 0,1% dos funcionários estava livre em relação ao seu desempenho e ninguém estava realmente tentando resolver os problemas.[19] Na verdade, um memorando da GM na época disse: "Nossa cultura desencoraja o debate franco e aberto. O pessoal da GM percebe que a direção não recebe bem as más notícias."

No início de 1997, a participação de mercado da GM baixou para 30%. Os mesmos problemas continuavam devastando os negócios da empresa. Conforme coloca Alex Taylor: "Na falta de unidade e direção, as divisões se tornaram vítimas fáceis de poderosas clientelas: fornecedores, revendedores e sindicatos."[20] A empresa funcionava sem nenhum tipo de liderança centralizada de produção, compra, processamento de dados, publicidade ou pesquisa de mercado.

Essa falta de disciplina atingiu a maioria do pessoal da área de produção. A GM permitiu, por exemplo, que cada uma de suas divisões de caminhões e carros fizesse sua própria estampa de chapas de metal, o que significou que cada divisão comprou seu próprio sistema de prensa e, conseqüentemente, esses sistemas muito caros operaram menos de 50% de sua capacidade, visto que estavam suprindo as necessidades de apenas uma divisão.

GM: a esperança parece perdida

Por volta do ano 2000, a GM continuava perdendo participação de mercado e, como Susan Jacobs, presidente de uma empresa de consultoria automotiva, disse: "Há falta de realismo na GM sobre o potencial da empresa em um mercado superlotado."[21] A *Fortune* descreveu um problema central em sua edição de 21 de fevereiro de 2000 quando observou: "Poucos de seus produtos animam quem tem menos de 60 anos. Ela é praticamente uma prisioneira de seus sindicatos. Há competição mais ágil e criativa em Detroit (Ford, DaimlerChrysler) e do outro lado do Pacífico (Toyota, Honda). Apesar da constante reorganização durante a década passada, ela permanece complexa, burocrática e altamente política."[22]

Na segunda metade de 2005, 30 anos após o início dessa longa e consistente queda, a participação de mercado da GM obteve um recorde de baixa para esse período: 22%.²³ Embora a GM estivesse esperançosa quanto a seus novos modelos para o final de 2004, o Pontiac G6, o Buick LaCrosse e o Chevrolet Cobalt, eles foram incapazes de frear a longa, porém consistente, descida. Conforme disse Alex Taylor ao descrever esses modelos: "Eles mostraram ser pouco arrojados para empolgar os clientes."²⁴

Ao refletir sobre a participação de mercado da GM é importante entender que, por volta de 2005, a empresa dependia muito de vendas efetuadas para agências locadoras de automóveis e para seus próprios funcionários e respectivas famílias. Esses clientes representavam um terço de todas as vendas da empresa.²⁵ Contudo, foi a menor margem de vendas que a GM alcançou.

> *A GM avançou às cegas, produzindo automóveis nada empolgantes e assinando contratos sindicalizados que eram um suicídio econômico à sua extensa jornada.*

Outro problema da GM foi a grande demora para redesenhar seus modelos. A empresa demorou nove anos para substituir o Chevrolet Cavalier por seu modelo atualizado, o Cobalt. Em compensação, o Honda Civic era completamente reprojetado a cada quatro ou cinco anos.²⁶ Nos EUA, a GM também sofre pelo fato de ter muitas marcas (oito: Chevrolet, Pontiac, Buick, Cadillac, Saab, GMC, Saturn e Hummer) em comparação à Toyota (três: Toyota, Lexus e Scion) e muitos revendedores (7.500 em relação a 1.422 da Toyota).²⁷ Esses 7.500 revendedores da GM vendem em média 587 carros por ano, enquanto os da Toyota vendem por volta de 1.617.²⁸

Para ter uma idéia de toda confusão e dos ajustes que estavam sendo efetuados na General Motors, David Welch providenciou um artigo na *BusinessWeek* a fim de mostrar o que realmente estava acontecendo.²⁹ Quando a GM decidiu desenvolver o modelo mais compacto do Hummer H3, sua intenção era que ele tivesse a mesma postura liberal e agressiva que o grande Hummer tinha para alcançar o sucesso. Contudo, para tornar o H3 mais efetivo em relação ao custo, a GM decidiu que os *designers* utilizariam a plataforma reduzida na qual as pequenas caminhonetes eram desenvolvidas. Essa decisão fez com que a empresa poupasse alguns dólares referentes à engenharia e se adaptasse às linhas de produção de caminhonetes, mas fez com que o Hummer H3 fosse um desastre. Os engenheiros não puderam, como queriam, utilizar o popular motor I-6 no Hummer e, dessa forma, o carro não ficou possante. Em suma, as pessoas estavam comprando uma caminhonete que tinha a cara de um Hummer. Para grande parte dos consumidores, um *test drive* revelava isso e acabava com seu entusiasmo.

Durante 30 anos, a GM assistiu à chegada das empresas automobilísticas japonesas aos EUA e o desenvolvimento de fábricas não sindicalizadas, nas quais foram fabricados carros diferenciados com qualidade mundial e eficiência pioneira para o setor. Ao longo dessas décadas, a GM nunca lutou contra os grandes limites enraizados na empresa por seus rígidos pensamentos e práticas herdados. Além de produzir modelos descritos como "não arrojados o suficiente para atrair os consumidores", a inércia da empresa com relação à frente de trabalho a estava matando. Em 2005, havia quase 700.000 aposentados e seus respectivos dependentes, os quais contavam com a GM para receber pensões e assistência médica.[30] Os gastos com pensão e assistência médica chegaram a quase US$ 2.200 para cada veículo que a GM fabricava e foram o motivo pelo qual a empresa perdeu US$ 1.227 para cada veículo que vendia na América do Norte.[31] Ano após ano, década após década, a GM avançou às cegas, produzindo automóveis nada empolgantes e assinando contratos sindicalizados que eram um suicídio econômico à sua extensa jornada. Ela foi aprisionada por suas práticas herdadas.

2
POR QUE ISSO OCORRE?

Ao relembrarmos toda a história da GM, é surpreendente ver a principal corporação dos EUA da década de 1970 declinar durante as três décadas seguintes. Joseph White, do *The Wall Street Journal*, resumiu bem este período de 30 anos em 2005, quando noticiou que "os infortúnios atuais da GM são agravados por heranças dos dias em que a empresa era um ícone do poder industrial norte-americano. A mentalidade dos velhos dias persiste, apesar de décadas de tentativas para adaptar-se à nova realidade."[1]

O irônico é que o ex-diretor da GM, Alfred P. Sloan, aquele que levou a empresa a atingir o sucesso, é famoso por dizer: "Qualquer inflexibilidade de um fabricante automobilístico, não importa quão grande e estável ele seja, é severamente penalizada no mercado." Ele escreveu isso em sua autobiografia lançada em 1965, *My Years with General Motors*. Conforme David Welch explicou em um artigo da revista *BusinessWeek*, Sloan estava se referindo a Henry Ford, que na década de 1920 se recusou a modificar seu modelo de negócios para desenvolver carros distintos que agradariam a diferentes gostos nos EUA.[2] Mal sabia Sloan que seu comentário cairia tão bem à GM décadas depois.

A história da GM ao longo dos últimos 30 anos é um exemplo clássico de como as empresas podem ser completamente aprisionadas pelas práticas herdadas de períodos anteriores de sucesso, causando problemas muito sérios aos negócios. Depois de assistir a esse fenômeno ano após ano,

A QUESTÃO

acredito que no final das contas ele seja um problema de comportamento humano. Ao examinar centenas de estudos de caso, identifiquei três comportamentos destrutivos que são criados e estimulados pelo sucesso. Esses comportamentos levam ao apego contínuo a pensamento e práticas herdados. Veja como eles são:

> **1. Falta de senso de urgência.** Andy Grove descreveu esse problema comportamental em seu livro *Only the Paranoid Survive*.[3] O sucesso parece levar à fuga de qualquer espécie de estresse com o intuito de gozar a glória de tempos anteriores. Pessoas, empresas de todas as extensões, agências do governo, entidades sem fins lucrativos e grupos educacionais são vulneráveis a esse tipo de comportamento.
>
> Veja o exemplo da Kodak. Na metade da década de 1990, a empresa reinava de maneira absoluta no ramo de fotografia com seu lucrativo comércio de filmes. A fotografia digital estava surgindo, mas a Kodak não prestou muita atenção a esse fato. Depois de a nova tecnologia começar a ter certa cobertura da mídia, a empresa fez um esforço mínimo para aprender sobre essa nova abordagem revolucionária à fotografia ao desenvolver e vender um sistema malfeito chamado Advantix, que tentou combinar elementos das tecnologias digital e de filmes.[4] A Kodak, pensando de maneira defensiva, tinha o objetivo de proteger seu comércio de filmes.
>
> Nos seis anos seguintes, a Kodak viu seus negócios declinarem e o valor de suas ações caiu de US$ 80 em 1997 para US$ 30 em 2003. A direção não teve senso de urgência para agarrar a tecnologia digital e, com base nela, transformar os negócios da empresa.
>
> Em 2003, a Kodak anunciou uma baixa de 72% em seu dividendo e revelou planos para investir US$ 3 bilhões em fotografia digital. A bolsa de valores considerou esta decisão um pouco tardia e o valor de suas ações caiu 14% após o anúncio.
>
> No final de 2005, o valor de suas ações era de US$ 24 por ação. Nessa época, o CEO Dan Carp, que passou toda sua carreira na Kodak e estava deixando a empresa, fez uma afirmação surpreendente: "Eu vi minha primeira câmera digital há 20 anos... e soube

desde então que essa empresa se transformaria."[5] A falta de senso de urgência nesses 20 anos foi inacreditável.

2. Proteção e altivez. O sucesso e a estabilidade parecem provocar perda de curiosidade e atitudes defensivas em relação a qualquer espécie de novos pensamentos que sejam críticos à atual abordagem, o que é às vezes chamado de problema "não inventado aqui".

Um exemplo clássico desse problema ocorreu com a Sony, empresa que inventou e dominou o mercado de música portátil nas décadas de 1980 e 1990 com o *Walkman*. Você deve estar pensando que se alguma empresa inventou o *iPod* foi a Sony; infelizmente não, pois a empresa estava apegada a seu sucesso anterior.

Na verdade, em 2005, quando a Apple atingiu a liderança do ramo de música portátil, Takashi Fukushima, diretor da divisão de *Walkman* da Sony, foi questionado sobre o porquê de o Walkman não ter incorporado um *hard drive* (disco rígido) que poderia armazenar milhares de arquivos de música. Ele respondeu que equipamentos eletrônicos com *hard drive* "não são interessantes porque qualquer um pode fabricá-los." Essa atitude é um clássico exemplo de sucesso anterior, que motiva uma pessoa a ser protetora e altiva.

Líderes fortes sabem a importância de evitar a atitude protetora e altiva. Em 1999, Carlos Ghosn foi nomeado CEO da Nissan Motor Company, época em que a empresa estava passando por sérias dificuldades.[6] Entre 1992 e 1999, ela gerou US$ 10,5 bilhões em perdas e acumulou US$ 19 bilhões em dívidas, além de sua participação no mercado mundial ter caído de 6,9% para 4,9%. Quando Ghosn chegou, não havia nada de empolgante acontecendo. A Nissan criou alguns carros ótimos no passado, como o *Maxima* e o *300Z*, mas tudo o que restou foi orgulho por sua glória anterior.

Imediatamente, Ghosn manejou todos os aspectos dos negócios. Ele restabeleceu a lucratividade em 2000, cortou as dívidas pela metade por volta de 2001 e, em 2002, trouxe de volta características interessantes aos automóveis. Em 2005, a participação de mercado da Nissan estava acima de 6,3% e o volume estava crescendo 10% ao ano. Para o ano fiscal que terminava em março de 2006, a empresa tinha US$ 7,7 bilhões em rendimento bruto. O vice-presidente sênior de *marketing* global, Steven Wilhite, relatou: "Ghosn atua como se um colapso fosse acontecer a qualquer momento. Ele é superobstinado em sua luta contra a complacência e a noção de que estamos em boa forma." Joann Muller, da *Forbes*, observou: "Ele é movido por um senso de crise misturado à paixão."[7] Obviamente, Ghosn domou a proteção e a altivez que tinham aprisionado a Nissan.

3. Mentalidade de concessão de direitos. Uma vez que atingimos sucesso e estabilidade, o mundo não nos promete que essa situação será vitalícia. Muitos indivíduos e empresas ficam tão impressionados com suas próprias realizações que não conseguem mais imaginar um mundo em que estejam em declínio.

Um exemplo clássico das devastações de uma mentalidade de concessão de direitos é a Digital Equipment Corporation (DEC). Seu fundador e CEO, Ken Olsen, revolucionou a indústria da computação no final da década de 1970 e do início à metade da década de 1980 com o minicomputador. Este computador de tamanho médio era ideal para departamentos de empresas e libertou os gestores do computador *mainframe* (computador de grande porte), permitindo que eles tivessem informática independente. Devido a esse sucesso, Olsen foi visto como um visionário e uma lenda na indústria da computação.

Por volta da metade da década de 1980, entretanto, o computador pessoal estava surgindo, o que tornou o minicomputador obsoleto. Olsen se recusou a reconhecer isso. Quando as pressões do mercado finalmente forçaram Olsen e a empresa a lançar um PC (personal computer), no final da década de 1980, ele era incompatível com os PCs da IBM e foi extinto poucos anos depois. Também durante este período, a DEC foi lenta para executar a tecnologia RISC, e seu comprometimento com o Unix, o sistema de operação padrão que estava surgindo, era fraco.

POR QUE ISSO OCORRE?

No terceiro trimestre de 1990, os lucros estavam abaixo de 83% e os quase 125.000 funcionários da empresa reivindicaram metade dos rendimentos por funcionário, como em sua concorrente Sun Microsystems, e dois terços do valor relativo aos rendimentos, como na IBM. O valor de suas ações era de US$ 54, 73% a menos que os US$ 198, em 1987.

Diante de todos esses problemas, o CEO Olsen afirmou: "Esta empresa ainda está em crescimento. Nós sempre tivemos estratégias de longo prazo e bem diferentes do restante do setor."[8] Na metade de 1992, Olsen foi tirado do cargo de *chairman* (presidente) da DEC, o que coincidiu com o anúncio da perda de US$ 2,8 bilhões e com a demissão de 20.000 funcionários.[9] A DEC e Olsen são um caso clássico de mentalidade de concessão de direitos.

A questão que Gates apresentava era: "Como podemos realmente liderar este segmento se os usuários em potencial nos consideram inferiores?". Esse ponto nos fez discutir aspectos complexos do Word e a equipe estipulou um período para que essas questões fossem resolvidas.

Apenas para mostrar que isso não deve ocorrer em empresas bem-sucedidas, no final de 1994, quando fui COO da Microsoft por alguns meses, Bill Gates me solicitou que cuidasse de uma revisão de produto para o *Microsoft Word*, o qual estava em uma grande batalha pela participação de mercado com o processador de textos líder, o *WordPerfect*, da Novell. Imaginei que a reunião fosse ser uma grande confraternização, uma vez que nos meses seguintes o *Microsoft Word* diminuiu a participação de mercado do *WordPerfect*, tornando-se líder.

O gestor de nível médio Steve Sinofsky, que estava encarregado do grupo de produto responsável pelo *Word*, conduziu a apresentação. Ele a iniciou com um gráfico denominado *Low Lights*

A QUESTÃO

("Luzes baixas", na tradução literal), o que rapidamente entendi que era um procedimento padrão na Microsoft e exigência de Bill Gates. Passamos a reunião inteira discutindo aquele gráfico que mostrava que, embora o *Word* estivesse ganhando participação de mercado em toda parte, ele não havia progredido em suas estatísticas referentes a usuários de profissão legal (usuários importantes e sofisticados de processadores de texto), que era uma área dominada pelo *WordPerfect*. A questão que Gates apresentava era: "Como podemos realmente liderar este segmento se os usuários em potencial nos consideram inferiores?". Durante a reunião, esse ponto nos fez discutir aspectos complexos do *Word* que estavam ocasionando a falta de progresso e a equipe estipulou um período para que essas questões fossem resolvidas. Percebi que houve um momento *High Lights* ("Luzes altas", na tradução literal) no fim da apresentação, mas nunca nos deixamos influenciar por ele.

É possível imaginar que o estrondoso sucesso do *Windows* e o imenso progresso do *Microsoft Office* e do *Microsoft Word* teriam gerado uma euforia que levasse à mentalidade de concessão de direitos, mas, em vez disso, o foco estava completamente direcionado ao aperfeiçoamento constante.

É óbvio que, mesmo com o elevado nível de competência de Bill Gates, manter-se atual em um segmento tão competitivo como o do setor de computadores pessoais é uma batalha constante. Não há dúvida de que hoje o foco da Microsoft em suas principais áreas faz com que a empresa se atrase em relação às inovações nesse setor. Isso de fato aconteceu com a ferramenta de busca pela Internet, com o Google saltando na frente e a Microsoft se apressando para alcançá-lo. Mesmo em áreas básicas como a de navegação na Internet, em que o Mozilla, da Firefox, tem feito jus à superioridade e a Microsoft conta com o Internet Explorer 7, é sempre uma batalha.

3
COMPORTAMENTO E PENSAMENTO HERDADOS PODEM SER EVITADOS: TOYOTA

Há pessoas e empresas que alcançaram sucesso e o mantiveram. Vamos verificar detalhadamente o caso da Toyota e ver como essa empresa evitou os problemas.

Na metade da década de 1970, quando a GM era a gigante do setor de automóveis dos EUA, com quase 50% de participação de mercado, a Toyota era uma exportadora empenhada. Sua primeira tentativa em exportar para os EUA foi com o Toyota *Crown*,[1] o qual fracassou, pois era muito lento para andar nas rodovias norte-americanas. Persistente, a Toyota começou a exportar o compacto *Corolla*. A empresa estava trabalhando bastante nesse período para melhorar a qualidade e a confiabilidade de seus produtos devido ao fato de não estar sendo levada a sério no mercado norte-americano de automóveis.

Então, como é que essa pequena exportadora de automóveis aumentou continuamente sua participação de mercado nos últimos 30 anos, nos EUA e nos demais lugares do mundo, e conseguiu obter a liderança do setor em 2007? A resposta é um princípio chamado *kaizen*. Para os japoneses, este termo significa "aprimoramento contínuo". Ao aplicar essa aborda-

> *Os funcionários da Toyota estão constantemente focados no aperfeiçoamento de todos os aspectos de seu trabalho para torná-lo mais simples, efetivo e eficiente.*

gem a todos os aspectos dos negócios, a Toyota, ano após ano e década após década, mantém-se cada vez melhor com o passar do tempo. Seus funcionários estão constantemente focados no aperfeiçoamento de todos os aspectos de seu trabalho para torná-lo mais simples, efetivo e eficiente. Essa mentalidade incorporada foi bem explicada por Fujio Cho, CEO da Toyota em 2004,[2] que descreveu o esforço contínuo para o aprimoramento da seguinte maneira: "É como empurrar um carrinho de mão ao topo de um morro íngreme – sempre há um grande perigo de relaxarmos, mesmo que por um instante, pois podemos perder a força e ser arremessados à parte inferior do morro".

Esse aperfeiçoamento contínuo de processos levou à inacreditável precisão e à automação brilhante nas fábricas. É possível ter uma noção desse alto nível de precisão ao ler a descrição que Clay Chandler fez em 2005 na revista *Fortune* sobre o que ocorre na fábrica de Tsutsumi, em Toyota City: "É um *ballet* de extraordinária precisão – trabalhadores fixam peças sob um painel, sentados em cadeiras mecânicas que lhes permitem saltar para dentro ou fora do compartimento do passageiro com um mínimo esforço, robôs guiam equipamentos de ar condicionado e os colocam em posição ideal para a instalação manual, um incrível mecanismo de bobinas e ímãs ergue peças de um receptáculo em tamanho e seqüência exatos exigidos."[3]

Intuitivamente, a Toyota entende os riscos das práticas herdadas. Teruo Suzuki, gerente-geral do departamento de recursos humanos da empresa, disse: "Nosso maior receio é perder a habilidade de manter a disciplina do *kaizen*, enquanto crescemos."[4]

Toyota: extenso treinamento sobre kaizen aos novos funcionários

A Toyota demorou a iniciar sua produção norte-americana. Os modelos exportados foram aprimorados e tornaram-se populares nos EUA, gerando demanda suficiente para obter autorização para fabricá-los no país. Assim, a empresa, em 1983, entrou cautelosamente em um *joint venture* (**empreendimento conjunto**) com a GM para construir o Corolla em Fremont, na Califórnia. A maior preocupação da Toyota era aplicar todas as práticas japonesas à habilidade norte-americana. A empresa não quis simplesmente adotar as práticas herdadas dos fabricantes norte-americanos, mas, sim, fazer com que seus trabalhadores incorporassem a cultura *kaizen*. Para que esse ponto fosse alcançado, muitos treinamentos foram realizados. A Toyota fez dos treinamentos sua prioridade número um para se lançar como fabricante nos EUA. Houve um rigoroso treinamento de nove meses de duração para todos os funcionários administrativos cujo objetivo era incutir a cultura *kaizen* e o aprimoramento contínuo. Pessoas graduadas contratadas pela empresa passaram suas primeiras quatro semanas trabalhando em uma fábrica e, posteriormente, venderam automóveis durante três meses. Eles participaram de diversas conferências realizadas pela direção e obtiveram muitas instruções a respeito de resolução de problemas e sobre a cultura *kaizen*.

A quantidade de detalhes nesses treinamentos é inacreditável, e a empresa utiliza essa abordagem onde quer que construa uma fábrica. Recentemente, Clay Chandler, da *Fortune*, escreveu uma matéria a respeito de 1.500 trabalhadores que estavam aprendendo todos os detalhes sobre como o negócio deve funcionar.[5] Por exemplo, os trabalhadores da Indonésia praticavam uma série de exercícios em que seguravam uma pistola de *spray* (pulverizar) cheia de água para melhorar suas técnicas de pintura de carroceria. Eles também receberam treinamento na estação de inserção de cilindros, onde praticavam como encaixar uma seqüência de cilindros de metal progressivamente maiores em uma fileira de buracos correspondentes. Poucos eram capazes de completar a tarefa em 60 segundos. O treinador, que conseguia terminá-la em 24 segundos, parava os estudantes a todo momento para lhes mostrar como deviam posicionar seus pés, distribuir seu peso e segurar cada cilindro para encaixá-lo de maneira correta. Com um estilo de treinamento tão detalhado, rapidamente torna-se claro ao novo funcionário o quão profundamente o *kaizen* está inserido na cultura da empresa.

Toyota: conduzindo implacavelmente para obter eficiência

Em 1990, Shoichiro Toyoda era presidente e fez um grande esforço para aperfeiçoar ainda mais a organização da Toyota. Removeu dois níveis gerenciais, cortou diversas vagas e se encarregou da área de desenvolvimento de produtos. Ele explicou: "Sentimos que estávamos sofrendo da doença da ampla corporação. Havia se tornado muito difícil para os diretores conduzir suas opiniões aos funcionários. Então, iniciamos uma cura. Temos um ditado: 'É difícil para um homem grande se exercitar'. Queríamos nos certificar mais uma vez de que a satisfação do cliente é a nossa prioridade número um."[6] O interessante é que esta campanha se iniciou em 1990, momento em que a Toyota era **absolutamente suprema** em qualidade, produtividade e eficiência. A empresa estava produzindo luxuosos *sedans* com qualidade igual à da Mercedes, porém, empregava um sexto da mão-de-obra que a Mercedes utilizava para desenvolver um automóvel. A maioria das empresas teria gozado desse momento de glória em vez de lançar outro desafio para decolar mais uma vez.

Toyota: modelo pronta entrega

A prática herdada seguida pela maioria dos fabricantes de automóveis é produzir grandes quantidades de carros para se equiparar a alguma previsão de vendas. Depois disso, os automóveis são colocados em vários estágios de inventário, terminando em lojas de revendedores para serem vendidos aos clientes. Além de o inventário custar dinheiro, há a possibilidade de a empresa ficar estagnada com uma grande quantidade de modelos de automóveis que não são mais do gosto dos consumidores. A famosa produção pronta-entrega da Toyota evita ao máximo esse inventário. Os revendedores de carros da empresa utilizam computadores *on-line* para encomendar automóveis diretamente da fábrica. Thomas Hout, vice-presidente do Boston Consulting Group, comentou: "O sistema da Toyota funciona como uma reserva de passagens de avião. Ao fazer uma encomenda, o revendedor reserva uma porção da capacidade da fábrica. Em vez de esperar diversos meses, o cliente pode pegar seu automóvel entre uma semana e dez dias. Esse processo faz com que haja economias em todo o trâmite. A fábrica pode equilibrar a produção e se manter em contato com a demanda mutável; o revendedor quase não tem inventário."[7]

Toyota: a idéia de ter um engenheiro-chefe

Com o intuito de evitar burocracia, comissões e coordenações mal-feitas, cada vez que a Toyota atualiza um modelo, designa um engenheiro-chefe para supervisionar a tarefa, o qual fica responsável por tudo que é associado ao desenvolvimento do novo modelo,[8] toma as decisões finais sobre a adequação ao mercado potencial, suas dimensões físicas, como será fabricado e quais serão os fornecedores, inclusive ajuda a desenvolver as estratégias de *marketing*.

Esse sistema é bastante diferente das tradicionais práticas de desenvolvimento de produto de Detroit, onde a pessoa encarregada de um novo modelo trabalha para executar os planos recebidos dos departamentos de planejamento de produto e *marketing*. Essa pessoa não possui autoridade final sobre as decisões de produto, os planos de fabricação, a seleção de fornecedores e as questões de *marketing* e fabricação relacionadas ao veículo que está sendo projetado. Em Detroit, tudo depende de uma variedade de diferentes grupos que, com freqüência, utilizam o consenso da tomada de decisão.

Toyota: Global Body Line

As primeiras tentativas de um plano de montagem automotiva altamente flexível e engenhoso ocorreram, em 1996, em uma pequena fábrica de trabalho intensivo no Vietnã, onde era montado o *Camry*. A Toyota o chamou de *Global Body Line*, que é uma linha-padrão de produção de automóveis na qual é possível permutar robôs, modificar o *software* deles e trocá-los por pessoas ou vice-versa, o que dá a habilidade de produzir quase todos os modelos da Toyota na mesma linha de produção.[9] Entre 2002 e 2004, a empresa estendeu esse plano para todas as suas fábricas. Para ter uma idéia, na fábrica da empresa em Georgetown, Kentucky (EUA), os trabalhadores desenvolviam o *Camry*, o *Solara Coupes* e o *Avalon* na mesma linha de produção. As práticas tradicionais de fabricação de automóveis simplesmente proibiriam essa mistura de modelos em uma linha específica. Onde está a vantagem? A Toyota poderia adicionar ainda outro modelo a uma linha já existente por um custo 70% menor do que o método tradicional de renovação de uma antiga linha ou construção de uma nova.

Em um artigo de 2004, publicado na *Fortune*, Stuart Brown descreve como as tradicionais e inflexíveis linhas de produção podem fazer com que oportunidades sejam perdidas.[10] Em 2000 e 2001, o *PT Cruiser*, da Chrysler, foi uma grande sensação. A demanda por ele rapidamente excedeu a capacidade da fábrica localizada no México, onde era desenvolvido. Mas a Chrysler foi incapaz de transferir as solicitações excedentes a suas outras fábricas, que tinham capacidade de sobra. O *PT Cruiser* foi desenvolvido a partir do chassi de outro automóvel da Chrysler, o compacto *Neon*. Visto que a demanda estava ultrapassando a previsão, a Chrysler tentou transferir um pouco da produção do *PT Cruiser* para uma das diversas fábricas que produziam o *Neon*. Contudo, o *PT Cruiser* era mais alto que o *Neon*, e essa diferença nos tamanhos impediu que a empresa utilizasse as linhas do *Neon*. Esse erro custou US$ 480 milhões à Chrysler devido às desistências de compra, estimou o analista de automóveis da Prudential, Michael Bruynesteyn.[11]

Toyota: ótimos produtos

Discutimos a inovação constante da Toyota em relação às capacidades dos produtos, mas a empresa foi igualmente agressiva ao lançar ótimos produtos. Em 1989, a Toyota anunciou o modelo *Lexus LS 400*, o primeiro carro de luxo lançado por ela. Com um custo de US$ 45.000, este foi o primeiro automóvel japonês a competir diretamente com Mercedes-Benz, BMW e Jaguar. Levou apenas 14 meses para que o *Lexus LS 400* superasse as vendas dos modelos concorrentes desses três fabricantes. Seu visual conservador, mas elegante, aliado às impecáveis qualidade e confiabilidade, fizeram dele um imenso e instantâneo sucesso.[12]

Na metade da década de 1990, os executivos da Toyota ficaram preocupados com a alta vulnerabilidade do setor aos ativistas ambientais e à instabilidade política das regiões produtoras de petróleo. Isso os motivou a iniciar um grande projeto para desenvolver um automóvel híbrido que funcionasse a gás/eletricidade.[13]

A Toyota lançou seu automóvel híbrido, *Prius*, em 1997, no Japão. O engenheiro sênior da empresa, Takeshi Uchiyamada, comentou: "Ficamos curiosos para saber se alguém o compraria." Essa incerteza representa um grande risco para uma empresa automobilística. Mas, por outro lado, os engenheiros da Toyota mantiveram a montagem simples para que o *Prius* pudesse ser fabricado na mesma linha de produção dos modelos já lançados, como o popular *Camry*.[14]

Alguns anos mais tarde, a Toyota iniciou a comercialização do *Prius* nos EUA, que se tornou uma sensação imediata. Os automóveis elétricos foram comercializados durante poucos anos nos EUA, mas não obtiveram muito sucesso. Eles tinham de ficar ligados na tomada a noite toda para que fossem recarregados e possuíam calibre limitado. Isso não acontecia com o *Prius*. O motor à gasolina era acionado quando havia necessidade e sua bateria era recarregada enquanto ele andava.

O *Prius* é um veículo de forma oval que anda em média 20 km por litro e tem sido um incrível sucesso, especialmente entre os entusiastas da tecnologia e clientes voltados à proteção do meio ambiente.

Esse é outro exemplo de que a Toyota realiza um trabalho perfeito de leitura do mercado e faz a postas agressivas mesmo durante sua longa jornada de sucesso.[15] Embora a empresa, em 1997, tivesse se perguntado se venderia algum *Prius*, 230.000 foram vendidos em 2005 e 400.000 em 2006.[16] A Toyota se mantém à frente do mercado e lançou um produto antes mesmo de os clientes saberem que o queriam.

> *A Toyota lançou seu automóvel híbrido, chamado Prius, em 1997, no Japão. O engenheiro sênior da empresa, Takeshi Uchiyamada, comentou: "Ficamos curiosos para saber se alguém o compraria."*

Toyota: os resultados do mercado

Com o inacreditável sucesso de seus automóveis híbridos, a Toyota é vista como o fabricante mundial de automóveis mais influente da atualidade. É também a empresa mais lucrativa, de acordo com os seus lucros totais. Para se ter uma idéia, em 2006, a renda dos últimos 12 meses foi de US$ 12,3 bilhões de dólares. A renda combinada de GM, Ford, DaimlerChrysler e Volkswagen foi, na verdade, uma perda de US$ 6,2 bilhões. Em 2005, a Toyota vendeu 8,3 milhões de veículos e esse número aumentou para 9 milhões em 2006, fazendo com que a empresa chegasse à liderança mundial em 2007.[17]

A Toyota declarou sua intenção de ser totalmente global e está dando continuidade a uma campanha bastante agressiva para desenvolver automóveis em todos os continentes. Em 2004, ela abriu fábricas na República Checa e na China e tem planos para se instalar no Canadá, na Rússia e na

Tailândia. Atualmente, a Toyota possui 47 fábricas em 26 mercados fora do Japão, um aumento significativo de suas 20 fábricas em 14 países estrangeiros, em 1990. Assim, mais de 70% dos lucros da empresa vêm de suas operações estrangeiras.[18]

Observando toda essa trajetória, vemos uma história notável durante esses 30 anos. Recentemente, Katsuaki Watanabe, presidente da Toyota, afirmou que vê o número de cargos como uma das complacências contra as quais a empresa luta conforme cresce. Ele Disse: "Sinto que ser bem-sucedido pode nos tornar arrogantes e com vontade de permanecer em uma situação de conforto."[19] A Toyota entende muito bem a ruína para a qual as práticas herdadas podem conduzir!

4
CUIDADO COM AS NOVE ARMADILHAS INDUZIDAS PELO SUCESSO

O sucesso leva a comportamentos prejudiciais como falta de senso de urgência, atitude protetora e altiva e mentalidade de concessão de direitos, o que ocasiona à institucionalização do pensamento e das práticas herdados. Em suma, há a crença de que aquilo que permitiu às pessoas serem bem-sucedidas fará com que sejam eternamente bem-sucedidas. Depois de verificar esse problema em muitas empresas, acredito que há nove armadilhas perigosas nas quais as organizações e as pessoas bem-sucedidas geralmente tropeçam.

ARMADILHA 1: NEGLIGÊNCIA
MANTER UM MODELO DE NEGÓCIOS ANTIGO

Por modelo de negócios, entenda-se **"o que"** uma empresa desenvolve e **"como"** faz isso. Para tanto, consideram-se questões como o setor em que a empresa vai competir e as abordagens que serão utilizadas para executar os processos necessários para competir nesse setor; por exemplo, vamos fabricar algo ou contratar terceiros para fazê-lo? Como vamos comercializar nossos produtos ou serviços?

> *Há a crença de que aquilo que permitiu às pessoas serem bem-sucedidas fará com que sejam eternamente bem-sucedidas.*

Vamos avançar por meio do canal do varejo? Como devemos organizar nossas forças de venda? Quais segmentos do setor vamos desconsiderar e em quais queremos competir? Qual é a estrutura de nosso *staff* de apoio? Quais partes da organização vamos terceirizar? Quais são nossas abordagens para administrar a distribuição e o estoque de produtos? Quais são os custos-limite dos vários setores da organização, tais como custos de tecnologia da informação (TI) e recursos humanos? Nosso modelo é satisfatório quanto à margem bruta, à margem de lucro e aos demais números?

As organizações devem rever constantemente todos os aspectos de seu modelo de negócios, verificando as áreas em que estão fracas e precisam ser revistas. O termo **"fraco"** significa estar desatualizado, ter o custo muito alto, ser muito lento ou não ser versátil. Em quais áreas do modelo de negócios há paridade? Nessas áreas, há boas idéias a respeito de como alcançar vantagem competitiva?

Vejamos o caso da Dell Computer. No início, Michael Dell observou o setor de computadores pessoais e se perguntou se havia um modelo de negócios singular que pudesse ser desenvolvido nessa área. Visto que os produtos eram feitos com componentes adquiridos de outros fornecedores, como é o caso do *hard drive*, do microprocessador e do *software*, provavelmente ele poderia desenvolver produtos ímpares, mas não superiores. Ele verificou também que todos os fabricantes de computadores pessoais estavam utilizando o canal do varejo para fazer com que os produtos chegassem às mãos do consumidor. Dell percebeu que havia potencial para um modelo de negócios que comercializasse produtos de maneira diferente por meio de uma abordagem do tipo pronta-entrega, de venda direta ao consumidor, evitando, assim, os custos e a complexidade tanto da força de vendas quanto do estoque. **Ele estava certo!** Criou diferencial e singularidade para o que parecia um negócio de *commodity*.

A Southwest Airlines também se tornou uma empresa de sucesso devido a diversos aspectos singulares de seu modelo de negócios, como, por exemplo, não haver reservas de assentos, comprar apenas aeronaves

Boeing 737 para manter a manutenção simples e com baixo custo, ter comissários um tanto divertidos, que fazem brincadeiras, e evitar o modelo comum das demais companhias aéreas. Tudo isso resultou em uma alternativa de viagem barata, cômoda e agradável em comparação com as demais empresas aéreas. A Southwest é dirigida por um modelo de negócios singular.

A pergunta que sempre surge em relação a empresas como Dell, Southwest e muitas outras é: como o modelo de negócios pode ser desenvolvido para aumentar o valor cliente/*shareholder* (acionista)? O que acontece a todo o momento é que, assim que a empresa se torna bem-sucedida, seu modelo de negócios, com o tempo, deixa de ser melhor que o de seus concorrentes, apenas equiparando-se a ao deles. Em seguida, o modelo se torna obsoleto e inferior, e a empresa nem sequer percebe. Quando as pessoas da empresa se dão conta disso, elas parecem não ter vontade de modificar essa situação.

ARMADILHA 2: ORGULHO
PERMITIR QUE SEUS PRODUTOS SE TORNEM OBSOLETOS

Você pode ter muito orgulho de seu produto ou serviço atualmente, mas pode ter certeza: **ele logo se tornará inferior ao da concorrência**. Portanto, constantemente, você deve se apressar para ultrapassar a concorrência.

Um aspecto espantoso do sucesso é o fato de ele levar as pessoas a terem a seguinte mentalidade: elas acreditam que não é mais necessário fazer o "trabalho duro e sujo", isto é, estudar o comportamento do consumidor detalhadamente, analisar diferentes abordagens de venda, verificar as últimas tecnologias para criar melhores produtos e tudo o que é exigido para se manter no mercado. Há a crença de que todo esse trabalho já foi feito e, por isso, tudo caminhará conforme planejado.

Até o início da década de 1970, as máquinas de escrever eram utilizadas para elaborar documentos. O modelo Selectric, da IBM, era o padrão. Em 1976, surgiu o processador de textos do Wang Laboratories, que forneceu uma abordagem completamente nova: ele exibia os textos em uma tela com tubo de raios catódicos (CRT*), conectada a uma unidade central de

---

* [NT] Do original *cathode ray tube*.

processamento (CPU*). Na verdade, era possível conectar muitas dessas telas à CPU para manejar diversos usuários. O dispositivo do Wang reuniu virtualmente cada característica fundamental dos processadores de texto tal como os conhecemos atualmente, e a expressão **processador de textos** rapidamente se tornou uma referência às máquinas do Wang, baseadas no CRT. Todavia, entre o início e a metade da década de 1980, surgiu o computador pessoal. O Wang Laboratories viu esse surgimento, mas não tentou transformar seu *software* em um computador pessoal. Então, os processadores de texto dos PCs, como o *WordPerfect* e o *Microsoft Word*, tornaram-se moda e os dispositivos do Wang desapareceram. Mesmo tendo sido pioneiro no setor de processador de textos, o Wang Laboratories caiu na armadilha de não atualizar seus produtos.

Vimos esse mesmo comportamento no exemplo da GM, pois, embora seus automóveis tivessem sido muito diferentes antes da década de 1970, eles tornaram-se cada vez mais parecidos ao longo do tempo e o entusiasmo dos clientes desapareceu.

ARMADILHA 3: TÉDIO
SER FIEL A UMA MARCA BEM-SUCEDIDA QUE SE TORNOU ANTIQUADA E INSÍPIDA

Alcançar a distinção e a singularidade de uma marca e conseguir mantê-la nova e contemporânea é uma tarefa árdua, pois, uma vez que uma marca atinge o sucesso, a tendência é acomodar-se e desfrutar o sucesso, permitindo assim que a marca se torne insípida e comum.

Em 1928, a Chrysler apresentou a marca Plymouth como concorrente direta da Ford e da Chevrolet. O automóvel da Plymouth era vigoroso e resistente e atraiu uma legião de leais proprietários. O Plymouth se tornou um dos três carros de Detroit com preço mais baixo e era, geralmente, o número 3 em vendas, atrás apenas da Ford e da Chevrolet. Durante quase duas décadas, a Plymouth vendeu cerca de 750.000 automóveis por ano e solidificou a reputação da marca no setor de preço baixo por ser confiável e ter mais estilo que a Ford e a Chevrolet. Os mais velhos talvez se lembrem do *Plymouth 1957*, que tinha enormes "barbatanas", bem como

---

* [NT] Do original *central processing unit*.

do modelo *Road Runner*. A Plymouth teve um forte posicionamento de marca.

Entretanto, na década de 1960, a marca Plymouth começou a perder sua singularidade, pois a Chrysler decidiu reposicionar o Dodge e para tanto reduziu o preço deste carro, que se aproximou do preço do Plymouth. A Chrysler lançou modelos compactos e de tamanho médio por um baixo preço sob as marcas Plymouth e Dodge e, por volta de 1982, a Dodge havia superado a Plymouth em vendas. No final da década de 1980 e na década de 1990, a Plymouth não ofereceu nada de singular. As vendas continuaram caindo, enquanto a Dodge estava se mantendo muito bem no mercado. Em 1999, a Chrysler anunciou o fim da marca Plymouth. A lição é simples: quando se permite que as marcas se tornem antiquadas, elas morrem.

> *Manter a força de uma marca exige trabalho árduo constante, uma vez que ela deve se conservar atual e vigorosa.*

Geralmente, o sucesso faz com que as empresas abandonem as abordagens e as ferramentas de pesquisa de mercado utilizadas para ajudar a verificar as atitudes do cliente em relação aos seus produtos e aos dos concorrentes. Essa atitude comprova que as empresas pensam que essa pesquisa é apenas um estágio para alcançar o sucesso e que, quando elas o atingem, já ultrapassaram esse "estágio". Manter a força de uma marca exige trabalho árduo constante, uma vez que ela deve se conservar atual e vigorosa. Conseguir que uma marca seja bem-sucedida pode conduzir os gestores, facilmente, à armadilha de acreditar que elas desvendaram a fórmula para comercializar o produto e que, assim, sua tarefa está concluída... Elas pensam que podem relaxar e colher os frutos de seu trabalho.

ARMADILHA 4: COMPLEXIDADE
IGNORAR OS PROCESSOS DE NEGÓCIOS DA EMPRESA À MEDIDA QUE ELES SE TORNAM INCÔMODOS E COMPLICADOS

Freqüentemente, as organizações bem-sucedidas se recompensam pelo sucesso obtido, ou seja, contratam muitas pessoas e permitem que os processos se tornem fragmentados e sem padronização. Geralmente isso é feito sob a bandeira de que a gestão dos negócios está sendo aperfeiçoada e é motivado pelas unidades comerciais e subsidiárias que estão em busca de mais autonomia, o que as leva a desenvolver seus próprios processos e recursos de *staff*. Nesse ambiente, empreender qualquer tipo de mudança é muito complicado.

É comum lermos histórias sobre organizações que enfrentaram resultados financeiros fracos e, para resolver o problema, demitiram milhares de pessoas e simplificaram sua estrutura.

Vimos em nosso estudo de caso da Toyota o quão dinâmica essa empresa é por melhorar constantemente cada processo. Manter a mentalidade de aprimoramento constante é muito difícil, pois o sucesso geralmente conduz à queda da intensidade com que se lida com os desafios. Além disso, o sucesso leva à seguinte crença: a empresa está indo bem, então é necessário recompensar as pessoas da organização, as quais querem desenvolver seu próprio processo e contratar mais funcionários. Infelizmente, todos esses custos extras, com freqüência, conduzem a processos complexos e grande fragmentação no desenvolvimento do trabalho.

ARMADILHA 5: EXCESSO
RACIONALIZAR A PERDA DE VELOCIDADE E AGILIDADE DA EMPRESA

Organizações e pessoas bem-sucedidas tendem a criar complexidade, visto que, ao perceberem que as coisas estão indo bem, contratam muito mais funcionários do que o necessário e estes encontram o que fazer, geralmente, criando camadas de burocracia, duplicando processos que já existem na organização e dificultando a rápida reação à mudança.

Fazer com que uma organização pense constantemente na conservação da simplicidade e da flexibilidade não é nada fácil. O relato sobre a *Global Body Line* da Toyota, no capítulo anterior, é um bom exemplo de como isso deve ser realizado. A Toyota pensou acerca da agilidade de maneira visionária e, quando chegou o momento de desenvolver um novo automóvel, como o *Prius*, a empresa não precisou construir uma nova fábrica ou linha. Isso permitiu que ela o comercializasse rapidamente, economizando milhões de dólares em comparação com as abordagens tradicionais.

Uma área em que a agilidade pode ser facilmente comprometida é a área de TI. Em empresas bem-sucedidas, geralmente as diversas divisões obtêm permissão para seguir adiante e desenvolver seus próprios sistemas. Assim, encontrar a resposta para uma simples questão, como quantas pessoas na empresa trabalham com finanças, pode se tornar quase impossível, pois os sistemas se tornam fragmentados e diferentes padrões de dados surgem. Assim, uma simples questão ou o ato de completar uma aquisição pode se tornar um grande pesadelo.

Manter os sistemas e os processos utilizados na organização o mais simples possível e exigir que todos os sistemas básicos sejam utilizados por toda a empresa pode ser muito benéfico, pois permitirá executar as mudanças rapidamente e completar as aquisições de maneira fácil. Entretanto, as empresas bem-sucedidas têm dificuldade em dar continuidade a essa abordagem por causa da tendência de se auto-recompensarem por seus êxitos, utilizando abordagens de grandes dimensões e mais caras, que criam complexidade e resultam na perda de agilidade.

ARMADILHA 6: MEDIOCRIDADE
PERDOAR O FRACO DESEMPENHO E PERMITIR QUE OS MELHORES FUNCIONÁRIOS PERCAM O VIGOR

Quando as organizações se tornam bem-sucedidas, elas tendem a parar de tratar de assuntos difíceis. E lidar com o fraco desempenho é algo *realmente* difícil. Também é complicado deslocar novos funcionários para cargos já existentes, pois há o peso de preparar o novo funcionário para que ele seja ágil e há, ainda, a mentalidade de que se está perdendo valiosa habilidade. Outro ponto é que as pessoas mais competentes para desempenhar determinadas funções, muitas vezes, não são valorizadas. Conseqüentemente, o que acontece em muitas empresas bem-sucedidas é que as pessoas são mantidas por muito tempo no mesmo cargo e o fraco desempenho não é tratado como deveria. Infelizmente, isso também faz com que os funcionários mais capazes não sejam constantemente estimulados.

As organizações bem-sucedidas são especialmente vulneráveis a essa armadilha, visto que geralmente possuem moral e orgulho elevados. E quem quer estragar a "festa", lidando com as questões mais espinhosas relacionadas ao quadro de funcionários, que é uma incumbência árdua para a maioria dos gestores? Dessa maneira, qualquer desculpa para colocá-las de lado será aceita.

ARMADILHA 7: APATIA
CULTIVAR A ACOMODAÇÃO, A CASUALIDADE E A CONFIANÇA EXAGERADA

O sucesso e a conseqüente tendência de se tornar complacente geralmente fazem com que as organizações e as pessoas acreditem que têm muito talento, que sabem o que estão fazendo, que têm as respostas para todas as perguntas e que não precisam mais "sujar" as mãos, cavando trincheiras. Elas perdem seu senso de urgência – a sensação de que as dificuldades podem aparecer a qualquer momento.

Ao considerar os estudos de caso sobre a Toyota e a GM, nota-se que o contraste entre a cultura dessas duas empresas é impressionante. A GM parece exalar orgulho e mantém uma atitude de "somos o supra-sumo do setor", enquanto a Toyota tem uma postura mais humilde cujo foco é o aprimoramento constante.

> *Quando você se torna muito orgulhoso de seus êxitos, tende a proteger as abordagens que levaram a eles.*

De fato, é o líder do grupo que dá o tom dessa questão cultural que é a complacência. A tendência é se tornar muito orgulhoso de seu sucesso e proteger as abordagens que conduziram a ele, o que leva a uma cultura presunçosa e de compreensão limitada, que faz as pessoas acreditarem que estão na equipe vitoriosa, quando, na realidade, elas estão ficando para trás.

ARMADILHA 8: TIMIDEZ
NÃO ENFRENTAR CONFLITOS, RIVALIDADE E OS OBSTRUCIONISTAS

O sucesso, geralmente, leva à contratação excessiva de pessoas e à fragmentação da organização. Unidades comerciais e subsidiárias se empenham para terem o máximo possível de independência e, para tanto, geralmente criam grupos que duplicam recursos centrais. Grupos de funcionários fragmentam-se quando grupos similares surgem nas diferentes unidades comerciais e, quando menos se espera, surgem conflitos e rivalidades e fica difícil saber **"quem"** é responsável pelo **"o quê"**.

Pior ainda, a cultura se torna muito limitada, com um foco excessivo em assuntos como a promoção alheia, questionamentos sobre recompensas adequadas e outras questões triviais que consomem a energia da organização.

Outras fontes de conflito e rivalidade são a falta de um objetivo claro para a organização e a lentidão na tomada de decisão quanto a questões críticas. Quando esse tipo de deficiência de gestão ocorre, os funcionários ficam à deriva e acabam seguindo rumos diferentes, o que geralmente conduz a uma grande perda de tempo, visto que os grupos discutem para resolver os assuntos à sua maneira.

ARMADILHA 9: CONFUSÃO
CONDUZIR A COMUNICAÇÃO DE MANEIRA ESQUIZOFRÊNICA

Quando uma organização é bem-sucedida ou estável, seus gestores freqüentemente caem na armadilha de não deixar claro para **"onde"** a organização está indo. Às vezes isso acontece porque nem eles mesmos sabem, porém eles nunca admitem isso e também não tentam decidir o rumo da empresa. Eles fazem tudo o que podem para manter todas as opções abertas e não empreendem esforços claros para tomar decisões nem para desenvolver um plano. Esse tipo de comportamento leva à especulação por parte dos grupos, com base em comentários que escutam ao longo do tempo. Muitas vezes, esses comentários são observações informais sobre as quais os líderes não pensaram a respeito. Ou, ainda, os grupos escutam declarações conflitantes vindas de pessoas que ocupam posições de liderança na organização.

Assim que os funcionários recebem mensagens confusas e conflitantes e não têm uma noção clara sobre **"para onde"** a empresa está caminhando ou se está conseguindo obter progressos, eles se sentem vulneráveis e se tornam bastante protetores em relação às suas atividades atuais. No final de 1991, o CEO da IBM, John Akers, anunciou que no futuro a empresa se pareceria mais com uma *holding* e que era "óbvio que não era vantagem para a IBM ser 100% proprietária de cada linha de produto da empresa".[1] Nos 12 meses seguintes, todos ainda estavam tentando entender o que ele quis dizer, e a IBM não se esforçou para divulgar informações financeiras separadas por linha de produto a fim de se preparar para possíveis *spin-offs*.* A empresa desconsiderou, inclusive, a sugestão de Wall Street, que consistia na criação de entidades financeiras separadas, com sua própria representação na bolsa de valores, para os produtos que seriam desmembrados,[2] isto é, que sofreriam o processo de *spin-off*. Funcionários e investidores estavam confusos.

No início de 1993, o *board of directors* (conselho de diretores) da IBM pôs fim a esse drama quando anunciou que Akers estava deixando a empresa e que um novo CEO seria contratado rapidamente. De 1987 a 1993, os *shareholders* da IBM perderam US$ 77 bilhões de valor de mercado.[3]

A comunicação que vem do topo da organização é crucial, independentemente de ser uma pequena empresa ou uma IBM. As pessoas querem saber para onde estão seguindo e como tudo está caminhando. Quando não há coerência entre teoria e prática, a confusão impera.

Nas demais partes deste livro, discutirei essas armadilhas minuciosamente, com exemplos de empresas e pessoas que ora foram prejudicadas, ora conseguiram evitar esses problemas. Meu objetivo, em cada parte, é **apresentar ações específicas que as pessoas possam empreender para evitar determinada armadilha ou se livrar do problema.**

---

* [NT] *Spin-off* é o processo de distribuição de ações de uma empresa a suas subsidiárias.

PARTE I

ARMADILHA 1
NEGLIGÊNCIA: MANTER UM MODELO DE NEGÓCIOS ANTIGO

Vi isso acontecer repetidas vezes. Pessoas e organizações experimentam a euforia da vitória, mas raramente essas mesmas pessoas talentosas e organizações soberbas olham para trás, revêem todos os elementos de seu modelo de negócios e se perguntam se estão se aprimorando ou não. Elas são superiores a seus concorrentes em certos aspectos de seu modelo? Há alguma área na qual elas não estão na liderança? Se a resposta for afirmativa, o quão rapidamente podem alcançá-la? Quais são as novas tecnologias e idéias que poderiam lhes permitir o reforço de seu modelo de negócios?

Se você for Toyota, decide entrar no segmento de carros de luxo do setor automotivo e então lança o *Lexus*. Você se preocupa sobre como os fatores político e ambiental eventualmente afetarão a provisão de petróleo e o preço e a disponibilidade da gasolina, e lança o automóvel híbrido chamado *Prius*. Se você for GM e estivermos no início da década de 1980, você substitui todas as suas facilidades de produção por fábricas que copiam diversos pontos das práticas de produção e do local de trabalho da Toyota e, então, encarrega seu pessoal de ultrapassar o *status* de desempenho da Toyota.

Quando se verifica como a atividade comercial em determinado setor acontece, o que se nota é a riqueza de oportunidades que existe. Mergulhe em uma área específica e crie vantagens singulares sobre seus concorrentes. É possível ver empresas surgindo e se tornando bem-sucedidas de maneira não convencional devido a uma exclusiva abordagem de logística, um modelo superior de serviços ao cliente ou uma significativa nova habilidade que expanda produtos e serviços em um setor específico. O importante é estimular constantemente sua organização a imaginar um mundo diferente deste com o qual se está lidando atualmente. Para isso, é necessário aprofundar seu potencial para criar algumas vantagens reais.

Na parte I, resumiremos diversas abordagens e idéias que o auxiliarão a evitar a armadilha de simplesmente manter um modelo de negócios antigo. O ponto principal é a necessidade de olhar continuamente além de seu conjunto de atividades atuais e se perguntar questões difíceis: seu modelo de negócios se transformou em antiquado e rotineiro? Você está fazendo esforço suficiente para ser excelente nos vários aspectos de desempenho de seu negócio?

5
ENCARE A REALIDADE E TENTE RESOLVER SUAS VULNERABILIDADES DINAMICAMENTE

É muito difícil para as pessoas que atingiram o sucesso encarar a realidade e aceitar o fato de que algumas tarefas que executam podem ser significativamente aprimoradas. Isso vai contra seu orgulho e sua auto-imagem. Uma das coisas mais importantes que uma pessoa ou uma organização podem fazer é desenvolver uma mentalidade que admita que tudo pode ser melhorado e que busque alternativas dinamicamente. Aqui estão alguns bons passos a serem seguidos a fim de entender onde determinados fatores estão localizados:

1. **Reveja todos os aspectos de seu modelo de negócios.** Para cada componente, pergunte-se o que os melhores concorrentes estão fazendo e se você possui vantagem. Se em uma área específica você tem desenvolvido seus negócios da mesma forma por um longo período de tempo, imponha a si próprio investigar alternativas completas. Normalmente, esse é o tipo de exercício que nunca é praticado. As pessoas ficam tão ocupadas executando as atividades do dia-a-dia que raramente separam um tempo para

ARMADILHA 1: NEGLIGÊNCIA

olhar para trás e verificar como tudo está funcionando em seu modelo de negócios.

2. Seja objetivo. Esta é a parte mais complicada. As pessoas que já experimentaram o sucesso e que têm experiência em suas práticas herdadas enxergam tudo por meio de uma visão muito parcial. Muita energia é consumida e muito trabalho árduo é exigido para começar tudo com um pedaço de papel em branco, ou seja, esquecer suas práticas herdadas, e criar novas abordagens para assuntos aos quais você já se acostumou a tratar de determinada maneira.

Vejamos o exemplo de uma imensa indústria que quase faliu por não ter percebido que estava completamente sem sincronia com seus clientes.

Conforme vimos no Capítulo 4, *Cuidado com as nove armadilhas induzidas pelo sucesso*, no início da década de 1990, a IBM foi um exemplo de empresa que anteriormente havia sido bem-sucedida, mas cujos diretores não eram realistas. Eles estavam apegados às formas pelas quais a IBM havia operado durante anos e não conseguiam imaginar alternativas viáveis. Quando o *board of directors* aumentou a pressão sobre os gestores da empresa, eles alegaram que não havia melhor maneira de dirigi-la e sugeriram que ela fosse dividida em diversas empresas menores. Entretanto, eles nunca desenvolveram um plano específico que parecesse atrativo para executar essa idéia. A paciência do *board of directors* se esgotou e eles contrataram um novo CEO.

Quando Lou Gerstner se tornou CEO da IBM, em 1993, ele encontrou algumas práticas herdadas incrivelmente resistentes. Embora Gerstner as descreva com detalhes em seu livro *Who Says Elephants Can't Dance?* (Quem Disse que os Elefantes não Dançam?), há algumas tão clássicas que gostaria de apontá-las aqui.[1]

A primeira coisa que enfureceu Lou foi o processo de tomada de decisão estratégica da IBM, que consistia no envio de propostas, por grupos dentro da empresa, ao *Management Committee**, freqüentemente aludido como MC.

---

* [NT] *Management Committee* é o Comitê Gestor de uma empresa.

ENCARE A REALIDADE E TENTE RESOLVER SUAS VULNERABILIDADES DINAMICAMENTE

Quando Lou se uniu à empresa, havia seis membros no MC, que se reuniam uma ou duas vezes por semana, normalmente de maneira bastante formal. Era uma reunião longa, com muitas apresentações. Ser um membro do MC era a posição suprema de poder a que todo executivo da IBM aspirava. As principais decisões na empresa eram tomadas pelo MC.

> *Lou revelou o quanto a IBM era confusa do ponto de vista do cliente.*

A dificuldade decorrente desse processo de tomada de decisão foi que, ao longo dos anos, o pessoal da IBM aprendeu a manipular o sistema para tratar determinadas questões. Tudo o que fosse controverso era debatido entre os diversos grupos na IBM para finalmente alcançar um acordo consensual. A proposta consensual, que refletia esses debates, era encaminhada e apresentada ao MC para ser, discutida e para obter uma decisão final. Entretanto, quando o MC recebia a proposta, não havia muito o quê discutir, pois os acordos necessários para satisfazer possíveis dissidentes já tinham sido realizados. Infelizmente, essa conciliação também dilui o impacto.

Conforme Lou explica em seu livro, ele detestou esse **processo de diluição.** Ele acreditava que o setor estava se movimentando tão depressa e a tecnologia era tão complexa que precisavam correr riscos. Um processo de comitê embasado em acordos não era a maneira de gerar idéias importantes, diferentes e rompedoras que poderiam dar grandes lucros à IBM.

O segundo aspecto que estava enlouquecendo Lou era o complicado processo de administração financeira da empresa. A dificuldade residia no fato de que cada grupo na complexa matriz de unidades geográficas e divisões de produto possuía seu próprio conjunto de métodos e orçamentos financeiros. Era extremamente difícil unir demonstrações financeiras consolidadas que dissessem respeito à IBM inteira. A distribuição era constantemente modificada e a responsabilidade final praticamente inexistia. Todos esses fatores dificultavam muito a descoberta do verdadeiro *status* de diversos projetos e, o mais importante, a definição de objetivos específicos e a atribuição de responsabilidade aos funcionários para atingir esses objetivos.

A terceira área em que Lou encontrou falhas no modelo de negócios da IBM foi no atendimento ao cliente. As atividades de produto da empresa eram fragmentadas e a organização de vendas era bastante complexa e internamente focada, fazendo com que os clientes ficassem confusos para negociar com a IBM. Os clientes ficavam muito desapontados com a falta de receptividade, certamente por causa dessa complexidade organizacional.

IBM: a estratégia Gerstner

Devido a todos esses problemas, Lou teve que realizar algumas mudanças fundamentais na empresa. Ele sabia que teria de pôr em ordem a estrutura complexa e orientar a organização inteira para uma direção específica que faria com que ela se focasse e a conduziria ao sucesso.

No período de seis meses após sua chegada, ele anunciou a todos os funcionários da IBM, por *e-mail*, que a nova função deles seria resolver as necessidades dos clientes relacionadas aos negócios de TI.[2] Basicamente, sua missão era transformar a IBM de uma empresa de computadores em uma empresa muito mais abrangente de tecnologia e serviços. Ele reorganizou totalmente o modo de a empresa lidar com os clientes e fez um enorme esforço para aumentar o rendimento dos serviços da IBM. Toda essa reestruturação envolveu algumas decisões bastante difíceis, como demissões em massa, venda de algumas operações, fechamento de uma série de fábricas, diversos escritórios e o encerramento de muitos projetos. O modelo de negócios anterior havia se tornado muito inchado, fragmentado, apático e abarrotado de práticas herdadas.

Quando Lou decidiu em que direção levaria a empresa, ele utilizou todas as oportunidades para assegurar que o setor e os funcionários da IBM sabiam o que esperar dela no futuro. Embora previsivelmente a IBM houvesse sido uma empresa pouco reconhecida na mostra anual Comdex, em Las Vegas, onde mais de 150.000 profissionais de TI se reúnem uma vez por ano, Lou fez um discurso muito importante para esse grupo assim que seu plano foi revelado. Ele se certificou de que todos soubessem o que a IBM buscava. Esse discurso, que chamou muita atenção, foi feito tanto para os funcionários da IBM quanto para o setor. Lou quis deixar bem claro que o que mais importava para a IBM era ajudar os clientes a resolver seus problemas relacionados ao negócio de TI e ele falou sobre esse novo modelo da empresa sempre que teve oportunidade, externamente ou entre grupos de funcionários.

Ao ajudar organizações a resolverem seus negócios relacionados a questões de TI, a IBM também se tornou muito dinâmica ao oferecer-lhes a oportunidade de coordenar suas operações de computador. Em muitos casos, contratos de longo prazo foram assinados, e ex-funcionários dos clientes se tornaram funcionários da IBM; posteriormente, a IBM passou a dirigir suas operações de computador.

Em 1995, Lou verificou que a Internet era uma imensa oportunidade e integrou as capacidades e os tópicos dela à estratégia da IBM focada no cliente. A empresa lançou propagandas muito efetivas na televisão, que deixaram claro que a IBM havia rejuvenescido e estava focada na solução dos problemas dos clientes, além de mostrar que a empresa poderia ajudar organizações na concretização do enorme potencial da Internet. A campanha publicitária muito bem-sucedida da IBM, realizada na metade da década de 1990, foi comandada pelo mais importante executivo de *marketing* da empresa e compatriota de Gerstner, Abby Kohnstamm.[3] Os anúncios criaram uma imagem bastante contemporânea e nova para IBM e a ligaram firmemente à Internet e à resolução de problemas dos clientes. Essa campanha fez um ótimo trabalho de descrição do novo modelo de negócios da empresa e contrastava totalmente com a imagem da organização em declínio que Lou herdou.

A substituição do modelo de negócios herdado e complexo pelo novo modelo de Lou causou um impacto financeiro notável. Quando Lou chegou, em 1993, a IBM havia gerado US$ 16 bilhões em perdas ao longo dos três anos anteriores. Por volta de 1999, o novo modelo de negócios gerava resultados espetaculares. Quando Lou chegou, o valor das ações da IBM era US$ 40 por ação. Em 1999, esse valor cresceu significativamente: sofreu duas altas e a empresa negociava a US$ 120 por ação. Os rendimentos estavam crescendo a índices de dois dígitos.

O que Lou Gerstner realmente trouxe à IBM foi uma disposição em admitir que a abordagem que a empresa estava utilizando se encontrava totalmente falida e que ela precisava se mover com incrível velocidade para se enquadrar em um modelo de negócios que pudesse tirá-la de seu grave declínio. Metade da tarefa era admitir o problema e viabilizar toda a energia da empresa para resolvê-lo.

IBM: o próximo desafio

Em março de 2002, Sam Palmisano assumiu o cargo de Lou Gerstner quando ele se aposentou. Enquanto Lou esteve no comando, os rendi-

ARMADILHA 1: NEGLIGÊNCIA

> *Algo que ocorre em organizações bem-sucedidas é a camuflagem, por parte das divisões que estão desempenhando bem seu papel, de divisões que estão gerando resultados medíocres.*

mentos da IBM em serviços mais que dobraram, efetuando US$ 35 bilhões.[4] Mas nos dois primeiros anos em que Sam foi CEO, o crescimento dos serviços globais diminuiu significativamente; cresceu apenas 4% em 2004. Ficou claro para Sam Palmisano que o modelo de negócios precisava novamente de algumas mudanças importantes.

Palmisano agiu rapidamente e lançou duas iniciativas principais. Primeiro, apresentou o conceito de computação sob demanda, no qual os clientes podiam esquecer a compra de computadores e, em vez disso, alugariam capacidade computacional da IBM como se fosse uma empresa transmissora de eletricidade, pagando pelo que utilizassem. A segunda iniciativa que ele impulsionou foi o "processo de transformação dos negócios". Esse termo foi selecionado para representar o interesse efetivo da IBM em operar divisões inteiras de negócios dos clientes, como o departamento de pessoal ou a contabilidade. Por exemplo, no final de 2004, a IBM assumiu o departamento de pessoal da Procter & Gamble, concordando em vender seus serviços à P&G com desconto e esperando vender esses serviços a uma grande quantidade de outros clientes.

Ao mesmo tempo em que Palmisano lançava esses dois projetos, ele também fazia o que Lou fez muito bem: **eliminava o que simplesmente não estava funcionando.** Ele liderou o plano de venda da divisão de PCs da IBM à fabricante chinesa de PCs Lenovo. Ele também decidiu deixar o ramo de *disk drive*, vendendo-o à Hitachi.

Não dá para julgar ainda se as iniciativas de Palmisano terão sucesso no mercado.[e5] Entretanto, é necessário dar-lhe crédito por encarar a realidade, perceber que os negócios estavam começando a desacelerar e repensar caminhos que poderiam manter a IBM na liderança desse setor.

Dessa maneira quando se encara a realidade e se isola as áreas da organização que estão vulneráveis, é necessário lançar projetos dinâmicos para resolver esses assuntos. Algo que ocorre em organizações bem-sucedidas ou estáveis é a **camuflagem**, por parte das divisões que estão desempenhando bem seu papel, de divisões que estão gerando resultados medíocres. Ou seja, certas vulnerabilidades no modelo de negócios são ignoradas porque as coisas de uma maneira geral estão indo bem. Infelizmente, muitas organizações não encaram a realidade e não resolvem suas vulnerabilidades ou fraquezas dinamicamente e, em alguns casos, essas vulnerabilidades se tornam desvantagens de mercado muito significantes. Aqui estão duas importantes diretrizes nesse âmbito:

1. **Olhe cada componente do seu modelo de negócios como se você fosse totalmente dependente dele para ser bem-sucedido.** Avalie objetivamente o que precisa ser feito para aprimorar e criar vantagem significativa para cada componente. A palavra-chave aqui é **objetivamente.** Em um ambiente no qual as coisas caminham relativamente bem, é muito difícil identificar uma divisão fraca da organização ou uma falha na satisfação do cliente ou em uma tendência de produto que possa ser enganadora. A capacidade para enxergar esses aspectos e alcançá-los é significativamente reduzida quando se está envolvido por uma crença de que tudo caminha bem e quando nos sentimos muito orgulhosos disso. É muito importante que os funcionários compreendam que parte de seu trabalho é verificar as vulnerabilidades e chamar a atenção para elas a fim de solucioná-las.

2. **Reveladas as vulnerabilidades potenciais, organize-se para resolvê-las.** Não seja impelido a acreditar que a organização, por meio da qual estão sendo executados os atuais processos e estratégias, priorizará a solução de vulnerabilidades. Isto é, na melhor das hipóteses, essa será a segunda prioridade dessa organização. Onde quer que haja a convicção de que a vulnerabilidade existe, as pessoas devem ser orientadas a examiná-la e gerar a melhor forma de executar os negócios. Não queremos dizer que a tarefa de resolver a vulnerabilidade deve ser delegada a alguém que já trabalha período integral. Isso normalmente gera resultados decepcionantes. Dê a alguém a responsabilidade única de gerar significante aperfeiçoamento na área em que existe vulnerabilidade.

ARMADILHA 1: NEGLIGÊNCIA

Vejamos algumas empresas que são exemplos de como lidar, ou não, com as vulnerabilidades. Há aspectos exclusivos a serem aprendidos de cada um desses casos.

EBAY

Essa empresa tem sido muito bem-sucedida. Milhões de pessoas no mundo todo assinaram seus serviços, compram e vendem artigos no mercado do eBay, na Internet. Quando surgiu, o eBay constatou que uma porcentagem significativa de usuários da Internet é relutante em fazer transações de compra e venda *on-line*, pois tem receio de fornecer o número de sua conta bancária ou de seu cartão de crédito a um serviço virtual. Embora os negócios do eBay tenham sido extremamente bem-sucedidos desde o início e a empresa tenha sido líder no ano de 2002, nesse mesmo ano ela gastou US$ 1,5 bilhão para adquirir a PayPal, uma empresa de pagamento *on-line*.[6]

A PayPal trata da vulnerabilidade das pessoas que são relutantes em fornecer o número do cartão de crédito para efetuar uma compra. Com uma conta na PayPal, já no início o cliente informa à empresa quais contas bancárias ou cartões que provavelmente serão utilizados para a realização de compras *on-line*. A interação entre o cliente e a PayPal ocorre apenas uma vez e, a partir de então, quando uma compra é feita por meio da PayPal, os detalhes do cartão de crédito ou da conta bancária nunca são revelados. Basta selecionar a empresa como vendedora e indicar a conta corrente ou o cartão a ser utilizado. O sistema já possui arquivadas as opções de pagamento do cliente e opera de acordo com elas.

É óbvio que o eBay acertou o alvo ao adquirir a PayPal. No início de 2005, o número de contas da PayPal em todo o mundo aumentou para 72 milhões. O número é maior que o da American Express.[7] A PayPal, inclusive, atingiu esse resultado sem fazer propaganda no meio virtual. Atualmente, os negócios que representam cerca de 75% do valor de todas as compras realizadas no eBay são efetuadas via PayPal.

Há benefícios adicionais para o eBay. Especificamente, a PayPal está deixando o eBay e comercializando seus serviços para outros fornecedores *on-line* e está obtendo grande sucesso. Sua lista de clientes é bastante extensa.[h8] Ela trabalha para pequenos comerciantes, como a Saylor's Pizza em Hendersonville, Tennessee, e para grandes contas, como Overstock.com e Apple Computer's iTunes Store.

ENCARE A REALIDADE E TENTE RESOLVER SUAS VULNERABILIDADES DINAMICAMENTE

Uma das razões por que a PayPal está obtendo tanto sucesso é o fato de sua economia ser superior àquelas de cartões. Por exemplo, quando a Apple vende uma música a 99 centavos pela iTunes Store, ela paga 16 centavos em taxas de processamento se o cliente utilizar cartão de crédito ou 9 centavos se o usuário pagar por meio de uma conta na PayPal. É claro qual o serviço que a Apple prefere que seus clientes utilizem. Adicionalmente, a segurança que a PayPal oferece aos usuários ajudou o eBay. Hoje em dia, a empresa possui mais de 150 milhões de usuários registrados no mundo todo, que, conforme a revista *The Economist* apontou recentemente, é quase igual à união das populações da França, da Espanha e da Grã-Bretanha.[9] Esses usuários registrados estão comprando e vendendo bens que valem mais de US$ 40 bilhões por ano.

O eBay merece crédito por ter verificado o fato de que as pessoas são inerentemente desconfortáveis quanto ao risco de fraude na Internet. Sua dinâmica ação para adquirir a PayPal demonstra o tipo de pensamento de que as organizações necessitam para reconhecer vulnerabilidades ou oportunidades. Teria sido muito fácil para o eBay se manter no conforto daquele que já era um dos negócios mais bem-sucedidos da Internet.

AGILENT TECHNOLOGIES

Outro exemplo de encarar os problemas em um modelo de negócios vem da Agilent Technologies, de cujo conselho participei. Desmembrada da Hewlett-Packard em 1999, a Agilent consistia, primeiramente, das atividades de teste e medição da HP e seus negócios de semicondutores.

Visto que a maioria dos funcionários da Agilent havia trabalhado anteriormente para a HP, a empresa adotou a cultura da HP. Sob a mentalidade da HP, era extremamente difícil cancelar projetos. Conseqüentemente, era difícil executar qualquer coisa relativa a negócios que historicamente não foram bons e que estavam fracassando atualmente. O mesmo se confirma aos processos que dirigiam a Agilent. Outro fator negativo era que empresas bem-sucedidas tendem a ser cada vez mais complexas e esta certamente era uma das características da HP na década de 1990.

Agilent: grandes problemas

Nos primeiros cinco anos após o desmembramento da Agilent, a empresa sofreu muito com a grande volatilidade do setor de semicondutores.

Primeiramente, esse ramo não era tão lucrativo quanto o de teste e medição. Em segundo lugar, tinha imensas oscilações, com curtos períodos de sucesso seguidos de períodos financeiramente desastrosos em que o mercado estagnava.

Para piorar a situação, os analistas financeiros da Wall Street tinham dificuldade em classificar a Agilent. Era uma empresa de teste e medição ou de semicondutores? Infelizmente, desde que ela adentrou no ramo de semicondutores, os analistas decidiram classificá-la como tal. O raciocínio dos analistas era o de que obviamente a empresa sofreria com as mesmas oscilações enfrentadas pelas demais companhias do setor, ainda que dois terços da Agilent fossem relativos ao ramo de teste e medição, que era mais estável.

A má notícia é que a proporção preço/lucro para empresas no setor de semicondutores não é tão boa quanto àquela das empresas do setor de teste e medição. Isso desvalorizou o valor das ações da Agilent.

Nos primeiros cinco anos de operações da Agilent, o conselho e a equipe gerencial trabalharam essa questão. Havia muita força técnica dentro da empresa, o que favoreceu a manutenção do ramo de semicondutores. Muitos dos líderes da empresa cresceram nessa área e não conseguiam imaginar a Agilent fora do setor de semicondutores.

Agilent: encarando a realidade

As intensas oscilações no setor de semicondutores em 2004 convenceram a administração da Agilent, no início de 2005, que o problema precisava ser confrontado. A empresa sabia que não estava operando no ramo da maneira mais eficiente possível. Por outro lado, também sabia que mesmo que fosse bem-sucedida em tornar-se o mais confiável possível, ainda operaria sob o peso de ser vista pela Wall Street como um negócio de semicondutores.

No início de 2005, o novo CEO, Bill Sullivan, resolveu esse problema com prazer. Sua equipe pesquisou detalhadamente análises financeiras de como seria a Agilent com e sem o comércio de semicondutores e testou a hipótese com a Wall Street. Sullivan e sua equipe financeira rapidamente concluíram que o negócio de semicondutores precisava ser vendido a fim de salvar a empresa. Ele também se convenceu de que poderia encontrar um bom comprador, e caso alguém pudesse adquirir o negócio e modernizá-lo significativamente, poderia ganhar não uma grande fortuna, mas sim uma quantia razoável.

Foi exatamente o que Bill Sullivan e sua equipe fizeram. Eles encontraram rapidamente um comprador, que, por acaso, eram duas empresas de *private equity*, a Kohlberg Kravis Roberts e a Silver Lake Partners, e venderam o negócio de semicondutores por $ 2,6 bilhões de dólares. A Agilent rapidamente virou o jogo e utilizou o dinheiro para comprar de volta suas ações.

> *Os funcionários devem compreender que parte de seu trabalho é verificar vulnerabilidades e chamar a atenção dos demais para elas.*

Agilent: os resultados

Essas duas ações causaram expressivo impacto financeiro na Agilent. Primeiro, a Wall Street começou a tratar a empresa como uma de teste e medição e deu a ela uma proporção maior de preço/lucro. Segundo, houve poucas ações em circulação no mercado como resultado da enorme recuperação de recursos executada pela Agilent. Isso resultou no aumento do valor das ações, que foi de US$ 20 para US$ 35 no início de 2006.

Essa é uma grande história sobre uma organização que tratou de um problema durante muito tempo e, finalmente, percebeu que era necessário dar um basta nele. Em retrospecto, as medidas que a Agilent tomou em 2005 deveriam ter sido tomadas muito tempo antes. Por outro lado, vamos dar crédito a quem merece. Bill Sullivan e sua equipe realizaram um ótimo trabalho ao isolarem uma vulnerabilidade, organizarem-se para solucioná-la e agirem rapidamente. Essa é uma receita para o sucesso.

SONY

Os recentes problemas da Sony com sua área de consumo de eletrônicos constituem uma boa lição sobre como o sucesso em algumas áreas pode fazer com que uma empresa seja lenta para resolver vulnerabilidades em outras áreas. Embora a Sony tenha efetuado US$ 1,5 bilhão de lucro no ano fiscal de 2004, esse resultado geral cobriu uma perda de US$ 300 milhões no setor de consumo de eletrônicos. O ramo cinematográfico da Sony gerou mais de US$ 500 milhões em lucros em 2004, e o ramo financeiro, que vende apólices de seguros e serviços bancários *on-line*, quase se equiparou a esse resultado.[10] O comércio de música da empresa também contribuiu com uma quantia significativa de lucros. Suspeito que a pressão em seu setor de consumo de eletrônicos não foi tão intensa quanto deveria ter sido em virtude do conforto gerado pelas demais divisões da Sony.

O ponto mais importante aqui, para a Sony ou outra organização, é que todos os componentes da organização devem ser cuidadosamente examinados em relação as vulnerabilidades e um sucesso satisfatório não deve moderar esses esforços.

O CEO da Sony, Howard Stringer, está enfrentando o grande desafio de resolver dinamicamente as vulnerabilidades da empresa e colocar seu setor de consumo de eletrônicos novamente na posição de liderança que tinha na época áurea dos dispositivos do Walkman e das TVs Trinitron.

Encarar a realidade pode ser bastante difícil, como vimos no início da década de 1990 com a IBM; requer forte liderança, que Lou Gerstner teve. Tanto a eBay quanto a Agilent demonstraram o valor de resolver as vulnerabilidades em seus modelos de negócios, enquanto a Sony comprovou que isso pode ser difícil de ser executado, visto que ela tolerou um fraco negócio de consumo de eletrônicos durante muito tempo.

6
REAPLIQUE O QUE FUNCIONA

Uma das coisas mais difíceis, é manter o foco no desenvolvimento das partes do negócio que estão caminhando bem. A tendência, em geral é não mexer naquilo que está funcionando. Na verdade, o que deve ser feito é aumentar o impacto das partes que estão funcionando e adicionar novas habilidades, porém relacionadas ao mesmo tipo de negócio. Embora uma empresa sempre tenha que criar novas áreas, as organizações mais bem-sucedidas, ao longo do tempo, são as que desenvolveram a habilidade de modernizar constantemente o que está funcionando.

Há uma variedade de maneiras por meio das quais isso pode ser feito. Há expansões geográficas, ampliações de linhas dos principais produtos, novos canais de distribuição a serem abertos e novas abordagens publicitárias que podem mostrar aos usuários formas adicionais de utilizar os produtos, apenas para nomear algumas. O importante é desenvolver uma cultura que constantemente estimule as questões: "Para onde caminharemos com as partes que estão funcionando? Como ampliaremos e aprofundaremos o impacto do que está funcionando?"

Vamos examinar o exemplo de uma empresa de serviços financeiros que desempenhou um ótimo trabalho de reaplicar constantemente o que está funcionando e de se mover a novas direções, para satisfazer um grande conjunto de novos clientes.

ARMADILHA 1: NEGLIGÊNCIA

FIDELITY INVESTMENTS

Essa empresa de fundos mútuos é um ótimo exemplo de organização que freqüentemente estende grupos principais de produtos e habilidades em todas as direções. Ela se tornou uma notável gigante do ramo de corretagem. Em 2006, ela possuía mais de US$ 1,2 trilhão de ativos em suas contas de corretagem de cliente, ultrapassando a Charles Schwab e começando a ser uma séria concorrente da Merrill Lynch, que tinha US$ 1,4 trilhão em ativos.

Fidelity: os anos Magellan

Durante as décadas de 1980 e 1990, os negócios da Fidelity eram baseados em inteligentes selecionadores de títulos *(stock pickers)*, que constantemente superavam as *benchmarks* (referência) do mercado-chave. A maioria das pessoas associa a Fidelity a Peter Lynch, que dirigiu o incrivelmente bem-sucedido fundo Magellan para a empresa.[1] A Fidelity era muito bem-sucedida nesse período, mas ela percebeu de forma clara que, se quisesse continuar crescendo, precisaria ampliar e aprofundar freqüentemente seu impacto. Edward C. "Ned" Johnson III dirige a Fidelity desde 1972, e a família Johnson possui 36% do grupo de ações.[2] Sua filosofia é bastante simples: gastar o quanto for necessário em uma base de progresso para aprimorar a tecnologia e o serviço de atendimento ao cliente, de maneira constante, e fazer do crescimento da participação de mercado a primeira prioridade e do aumento dos lucros, a segunda.[3]

Fidelity: ampliando os negócios

Devido à explosão da Internet, a Fidelity, em 2001, lançou um projeto principal para obter melhores vantagens em relação à Internet. Este é um caso clássico de pegar o grupo de produtos principais e procurar um novo canal de distribuição para ele. A empresa gastou uma quantia significativa para aprimorar sua página na Internet para clientes varejistas e reduziu dinamicamente os preços para atrair usuários. Por exemplo, a Fidelity debitava de seus clientes regulares apenas US$ 8 por tratado comercial.[4] Esse grande impulso para obter vantagem em relação à Internet deu à empresa um imenso lucro. Em 2004, foram adicionadas mais de 1 milhão de contas de varejistas. O número total de clientes da Fidelity no final de 2004 era de 9,9 milhões, 40% a mais que a Charles Schwab Corp. e 10%

a mais que a Merrill Lynch. Isso porque tanto a Schwab quanto a Merrill Lynch também eram muito dinâmicas em relação à Internet.

A Fidelity também utilizou a Internet como ferramenta para se tornar a principal empresa de fundos de índice.[5] A Vanguard dominou esse ramo durante anos, mas, devido à imensa quantidade de clientes da Fidelity, a empresa se tornou bastante dinâmica para obter suas próprias ofertas de índice. Ela reduziu as taxas de administração dos fundos de índice a 10 pontos (US$ 1 para cada US$ 1.000 investidos). Essa ação não significou o abandono de sua estratégia principal de possuir *stock pickers* que dirigiam de maneira bem-sucedida fundos como o Magellan, mas apenas a ampliação de sua estratégia para competir dinamicamente em outra parte muito bem-sucedida no negócio.

A maioria dos analistas da Wall Street não acreditava que a Fidelity pudesse entrar no ramo de fundos de índice. Eles supunham que os clientes da empresa estavam interessados apenas em fundos como o Magellan. A Fidelity demonstrou sua agilidade e interesse em expandir as habilidades de seu produto principal ao reconhecer que havia muito dinheiro indo para os fundos de índice. Ela não queria "perder o bonde". Conforme Jim Lowell, editor do informativo *Fidelity Investor*, disse na época: "Nos últimos 25 anos, a Fidelity não havia sido tão dinâmica quanto é hoje."[6]

Como outro exemplo do quanto a Fidelity tem sido dinâmica em relação a seus produtos principais, em 2002 ela ofereceu a seus clientes a oportunidade de gerar economias significativas em relação aos impostos, quando resgatassem as ações. Se o cliente tivesse comprado ações regularmente ao longo dos anos com a Fidelity e, então, solicitasse à empresa que vendesse parte delas, tradicionalmente, o custo base seria a média do preço de compra das diversas ações adquiridas com o passar dos anos. A empresa lançou um novo serviço que permitiu ao cliente verificar os lotes específicos de ação que ele havia comprado, decidir de qual lote ele desejava extrair ações e, posteriormente, vendê-las. Como é natural, o cliente preferiria provavelmente escolher os lotes com o custo de compra mais alto, a fim de minimizar o ônus do imposto.[7] Esse é outro exemplo de que a Fidelity se impulsionou continuamente para tornar seus serviços cada vez mais atraentes.

Fidelity: expansão geográfica

Muitos serviços de investimentos localizados nos EUA tentaram se firmar no Japão. Mesmo durante o difícil período de 2000 a 2002, quando o índice Nikkei decaiu de um nível de 20.300 a 9.800, a Fidelity progrediu no Japão. Na verdade, no final daquele período árduo, a empresa emergiu como a **número um** entre as gestoras estrangeiras de fundos de ação no Japão, com uma participação de mercado de 23% do mercado de fundos administrados no exterior. Ela foi classificada como a **número seis** em todo o Japão, com uma fração de 5,1%. Foi uma façanha notável em condições tão adversas. No final daquele período péssimo de dois anos, a Fidelity também estava administrando US$ 6,7 bilhões de pensões japonesas.

Fidelity: oportunidade de nova distribuição

Na década de 1980, a Fidelity gastou US$ 20 milhões para desenvolver seu negócio de serviço de aposentadoria 401 (k).[9] Ela perdeu dinheiro nesse negócio durante muitos anos, mas, no fim, tornou-o lucrativo. Isso era instintivo para a Fidelity. Ela olhou para suas ofertas relativas a fundos mútuos e reconheceu que, se conseguisse criar menus dessas ofertas para participantes dos planos 401 (k), o volume realmente aumentaria. A estratégia da Fidelity funcionou perfeitamente após anos de investimento em tecnologia. No final de 2004, ela era a maior fornecedora de planos 401 (k) nos EUA. No início de 2005, quase 12 milhões de funcionários nos EUA possuíam planos de poupança administrados pela Fidelity e isso representava 43% dos ativos de fundos mútuos da empresa.

Em 2005, a Fidelity reconheceu o fato de que seu negócio de planos 401 (k) era imenso, mas seria difícil dar continuidade a ele quando os *baby boomers* se aposentassem. A empresa percebeu que suas principais habilidades de processar informações e *call centers* fizeram dela uma candidata ideal para também administrar um amplo grupo de benefícios de planos de saúde, de aposentadoria e de processamento de folhas de pagamento para outras empresas. A Fidelity obteve importantes contratos terceirizados do Bank of America e da GM para administrar seus planos de saúde e aposentadoria. A razão pela qual essas empresas optaram por esse caminho foi o fato de que dessa forma poderiam administrar esses planos por um preço mais baixo e por meio da Fidelity. A Fidelity estava alavancando seus incríveis recursos computadorizados de processamento de transações e os *call centers* para clientes, embora desenvolvidos originalmente para dar suporte ao negócio de fundos mútuos.[10] Tornar-se a principal fornecedora às organizações de recursos humanos de grande e médio portes era um imenso passo para a Fidelity aumentar suas oportunidades de negócios.

Com o grande sucesso do fundo mútuo Magellan, nas décadas de 1980 e 1990, teria sido muito fácil para a Fidelity relaxar e contar com suas práticas herdadas para manter seu sucesso no futuro. Em vez disso, a empresa tem avaliado constantemente o que está funcionando e tem utilizado em novas áreas os conhecimentos e estratégias que estão caminhando bem, ao mesmo tempo que mantém seu negócio principal – isto é, oferecer alternativas financeiras a clientes de maneira eficiente e alavancar seus sólidos recursos computadorizados de processamento de transações, bem como os *call centers* para clientes e a habilidade que ela acumulou ao longo dos anos nessas áreas.

> *Observar como o trabalho é realizado em outro setor ou por algum concorrente pode, freqüentemente, despertar idéias criativas sobre como utilizar aqueles mesmos métodos em seu setor.*

Ao mesmo tempo que os funcionários tentam alavancar os processos e as ações que estão funcionando em sua organização, eles também necessitam olhar para fora da empresa. Idéias geralmente surgem em lugares inusitados. Por exemplo, observar como o trabalho é realizado em outro setor ou por algum concorrente pode, freqüentemente, despertar idéias criativas sobre como utilizar aqueles mesmos métodos em seu setor. Naturalmente, a proteção da propriedade intelectual é importante e é necessário viver dentro das leis de patentes. Por outro lado, há muitas boas práticas que estão prontas para serem aplicadas. Aqui estão algumas idéias a respeito de como obter melhor vantagem desses pontos:

1. **Pratique o plágio criativo.** Pesquise o que está funcionando bem em seu setor e em outros setores. Desafie seus funcionários a analisar cuidadosamente como outras empresas operam, investigando áreas como fornecimento de produtos e canais de vendas. Similarmente, em relação às frentes de produto e marca, torne-se um pesquisador efetivo sobre o que está ocorrendo no mercado; procure por assuntos novos e criativos que estejam provocando impacto e pergunte-se como eles podem ser modificados para serem aplicados a seu setor e produto.

> **2. Não dê ouvidos a quem está estagnado em suas práticas herdadas.** Idéias geralmente parecem estranhas de início e você será muito criticado por aqueles que estão imóveis em suas formas de trabalho. A síndrome do **não inventado aqui** está viva e saudável, e críticas em abundância ocorrem quando novas abordagens não-ortodoxas são discutidas pela primeira vez. É necessário muita perseverança para dar continuidade ao projeto, quando o *feedback* (realimentação) é negativo, e para continuar buscando práticas aprimoradas e idéias brilhantes.
>
> **3. Deixe claro para seus funcionários o que você está pretendendo.** Eles precisam saber que você espera que observem o que está havendo, não apenas em seu setor, mas em outros também, e que apareçam com idéias criativas, que freqüentemente são retiradas de outras empresas em outros setores. Mantenha a mente aberta no momento em que as idéias estranhas começarem a chegar até você. Jogar um balde de água fria nos assuntos em um estágio inicial pode sinalizar que você não gosta da verdadeira criatividade.

Verifiquemos o exemplo de três empresas que nos ensinam lições valiosas sobre essa área.

NUCOR

Um exemplo clássico de plágio criativo que revolucionou completamente um setor inteiro vem da Nucor. Se olharmos para a década de 1960, as grandes usinas siderúrgicas como U.S. Steel, Bethlehem Steel, Republic Steel e Armco Steel dominavam o mercado norte-americano de aço. O valor de mercado de todas era de US$ 55 bilhões e essas empresas pareciam invencíveis.

Abordagem japonesa

Há uma história interessante sobre a U.S. Steel, ocorrida em 1966.[11] Um rapaz chamado Ken Burns trabalhou na U.S. Steel e foi descrito como um perito em finanças muito ambicioso. No início do ano de 1966, ele disse à sua gerência que passaria as férias visitando diversas usinas siderúrgicas japonesas.

Ele mencionou o fato de que essas empresas eram, supostamente, algumas das melhores do mundo e assegurou que a U.S. Steel poderia aprender algo novo com elas. Sua idéia foi vista com dureza e reprovação óbvias.

Burns decidiu, de qualquer maneira, ir ao Japão. Ele ficou muito impressionado com o que viu. Provavelmente, os itens mais significativos eram os novos fornos de alta tecnologia e o processo contínuo muito eficiente de fabricar aço e imediatamente moldá-los em formas e tamanhos desejados pelos clientes. Os japoneses pularam os estágios de moldar lingotes, para apenas no final do processo derretê-los e moldá-los aos clientes. Burns estava confiante de que, com o fluxo modernizado por esses recursos, mais os novos fornos, grandes aprimoramentos relativos à eficiência poderiam ser efetuados na U.S. Steel.

Burns retornou a Pittsburgh, relatou em detalhes sua experiência no Japão e basicamente não chegou a lugar nenhum. Disseram a ele que não se preocupasse com os japoneses, porque possuíam pequena fração do mercado norte-americano; se um dia se tornassem uma potência, uma forte atuação junto a Washington, D.C. (Distrito de Columbia), poderia restringir suas facilidades de importação de aço. Esse tipo de pensamento herdado existia em todas as siderúrgicas na década de 1960.

Embora o que ocorreu com Ken Burns nunca tenha sido noticiado, suas idéias representaram uma enorme oportunidade aproveitada, em 1968, por uma pequena empresa chamada Nuclear Corporation of America, em Charlotte, na Carolina do Norte. Essa empresa, posteriormente, modificou seu nome para Nucor.

Nucor: o conceito de pequena fábrica

A Nucor desenvolveu seu modelo de negócios plagiando espertamente em uma série de frentes. Em diversos setores, fábricas de produção não sindicalizadas pareciam ter melhor funcionamento. Além disso, o comércio de refugo de aço estava se tornando bastante significativo e parecia oferecer a oportunidade de fornecer matérias-primas para uma usina siderúrgica, em vez de contar com o complicado processo de minério de ferro.

Na área de fornos, havia muitas idéias brilhantes. A Nucor optou pela idéia de fornos elétricos de arco voltaico. Eram unidades menores, mas executavam a tarefa de produzir aço, sem problema algum. Não possuíam algumas características dos fornos gigantes das demais usinas siderúrgicas,

> *Jogar um balde de água fria nos assuntos em um estágio inicial pode sinalizar que você não gosta da verdadeira criatividade.*

mas isso podia ser uma vantagem, pois o investimento de capital requerido para esses fornos era muito baixo e eles podiam ser colocados em instalações locais para servir a uma área geográfica relativamente pequena e operar de maneira bastante eficiente. Outra prática que a Nucor queria explorar era arrendar recursos industriais em índices de barganha de alguém que tivesse ultrapassado um recurso específico ou estivesse saindo do negócio.

A Nucor uniu todos esses elementos e criou o conceito de pequena fábrica (*minimill*). Sua primeira fábrica foi construída em Darlington, na Carolina do Sul, em 1968. Em vez de fundir minério de ferro e utilizar grandes fornos, a Nucor coletou refugo barato, principalmente automóveis batidos, e os derreteu em fornos elétricos de arco voltaico. Quando a empresa começou a crescer, continuou a utilizar apenas instalações de produção não-sindicalizadas, localizadas em áreas rurais. Isso gerou economias de 30% a 40% em relação à mão-de-obra, em comparação aos ambientes de produção urbanos, nos quais a maioria dos operários de siderúrgicas residia. Cada uma das instalações da Nucor era projetada para servir por completo os três ou quatro Estados adjacentes à instalação. A Nucor fabricava aço em pequenas quantidades por um valor bastante econômico. Ela começou fazendo barras de reforço, utilizadas em construções de concreto, e vigas de aço, utilizadas na construção de casas.

As demais usinas siderúrgicas observaram essa atividade e concluíram que não estavam obtendo lucro algum com barras de reforço. Isso não era surpresa, devido à sua cara estrutura de custo. Elas decidiram deixar esse ramo, bastante rentável à Nucor, para as *minimills*. Alavancando seu sucesso, a Nucor e outras *minimills* começaram, então, a ampliar suas atividades, entrando no ramo de cilindros de aço e crescendo significativamente.

Nucor: os resultados

Por volta da metade da década de 1980, as *minimills* estavam crescendo a índices anuais de 15%, enquanto as grandes usinas siderúrgicas estavam declinando 9% ao ano. Na metade da década de 1990, o valor de mercado combinado

REAPLIQUE O QUE FUNCIONA

de todas as grandes usinas siderúrgicas girava em torno de US$ 13 bilhões, bem abaixo dos US$ 55 bilhões de sua época áurea, em 1960. O número de funcionários, cujo pico foi 450 mil na década de 1970, estava abaixo de 135 mil. Em 1994, o valor de mercado de apenas uma das *minimills*, chamada Nucor, era de US$ 5 bilhões, enquanto a U.S. Steel possuía US$ 4,1 bilhões.

A Nucor continuou expandindo seus negócios, explorando o modelo que construiu por meio do plágio criativo. Em 2005, ela registrou vendas de US$ 12,7 bilhões e renda líquida de US$ 1,3 bilhão, despontando como a maior fabricante norte-americana de aço.[12] No outono de 2006, seu valor de mercado era de US$ 17 bilhões e o valor de suas ações estava em alta contínua de US$ 54 por ação, o dobro do que havia sido dois anos antes.

A Nucor tem uma história incrível. Ela pegou "emprestadas" várias práticas de diversos setores diferentes e as amalgamou, criando um modelo de negócios que revolucionou a estrutura do setor fabricante de aço. Também teve uma boa aprendizagem, observando o comportamento das grandes usinas siderúrgicas. Elas, por sua vez, basicamente, assistiram a todos esses acontecimentos e não fizeram nada. É um caso clássico de ficar preso a práticas herdadas e acreditar que a melhor maneira de fabricar aço era aquela que já se utilizava há décadas. Essas práticas herdadas que fizeram com que as grandes usinas siderúrgicas chegassem ao topo do setor norte-americano de aço na década de 1960, também lhes custaram a quebra comercial ocorrida no final da década de 1990. **É um exemplo clássico de sucesso seguido de fracasso!**

WAL-MART

De volta ao final da década de 1980, momento em que a Procter & Gamble estava trabalhando conjuntamente com o Wal-Mart, encontrei Sam Walton em diversas reuniões. Fiquei impressionado com seu relato detalhado sobre suas visitas às lojas Marks & Spencer, em Londres, e seus estudos a respeito das práticas logísticas daquelas lojas. Ele contou que um dia perguntou a um funcionário da área de poda de flores como a Marks & Spencer estava sempre com tantas mercadorias novas, e se poderia ir ao estoque verificar o tipo de prática de abastecimento utilizado. Queria saber onde os fornecedores da Marks & Spencer estavam localizados, com que freqüência entregavam flores frescas e qual era o processo de encomendas. Ele é uma pessoa que já comandava um negócio incrivelmente bem-sucedido, mas sempre se manteve bastante curioso a respeito de melhorias para a área de logística. Logística é a alma dos negócios do Wal-Mart, e Sam Walton procurou em todos os cantos, novas e brilhantes idéias sobre como executar os serviços de maneira ainda melhor que as práticas correntes do Wal-Mart.

TOYOTA

A Honda foi a primeira a entrar no mercado com o automóvel elétrico e realmente não foi um grande sucesso. O carro possuía boa aceleração, o que surpreendeu os clientes, e era bastante confortável, mas era muito limitado pela vida útil da bateria, um aspecto negativo do ponto de vista do consumidor. Na verdade, não era possível dirigir o automóvel por mais de 200 a 240 km, antes que fosse novamente recarregada a sua bateria.

A Toyota tirou vantagem de todo esse aprendizado e plagiou criativamente no seu processo de desenvolvimento do *Prius*. Ela sabia que o projeto deveria incorporar uma forma bem conveniente para o recarregamento da bateria, sem provocar grandes inconvenientes ao proprietário do automóvel. Sabia também que, se não conseguisse resolver essa questão, o projeto estaria acabado. A abordagem híbrida que a empresa desenvolveu subseqüentemente, e manteve até o final do projeto, representa a influência do aprendizado referente à experiência da Honda, além de muita criatividade da engenharia. Durante todo o processo, houve muitos céticos que viam os carros elétricos como um imenso fracasso devido à experiência da Honda. Isso não impediu a Toyota de caminhar, continuar investigando o problema e apresentar uma nova maneira de resolvê-lo.

Pesquisar e reaplicar o que funciona, como fez a Toyota durante o desenvolvimento de seu carro híbrido – hoje já é um sucesso – e como verificamos com a Nucor e com Sam Walton, é a indicação de qualidade de empresas que são capazes de manter o sucesso.

É difícil ter de reconhecer constantemente que seu atual e bem-sucedido modelo de negócios pode estar à beira de se tornar obsoleto. Não há como ficar para sempre se aquecendo ao sol do sucesso; é necessário portanto estar aberto a novas abordagens.

PARTE II

ARMADILHA 2
ORGULHO:
PERMITIR QUE SEUS PRODUTOS SE TORNEM OBSOLETOS

Ótimos produtos (serviços) têm tudo a ver com habilidades diferentes e singulares que são constantemente atualizadas e mantidas modernas. Infelizmente, há diversos exemplos de produtos muito bem-sucedidos que foram deixados de lado e que acabaram sendo **levados pela mediocridade**, pois seus administradores ficaram congelados nas práticas que acreditavam ser o segredo de seu sucesso. Esse **orgulho** referente às vitórias do passado os impediu de se manter atualizados em relação às demandas do mercado. Ao manter tudo inalterado, práticas e pensamentos herdados normalmente conduzem ao declínio do produto.

O automóvel Oldsmobile, nos EUA, é um bom exemplo desse caso.[1] O primeiro Oldsmobile, fabricado pela Olds Motor Vehicle Company, começou a ser comercializado em 1897. Essa empresa foi comprada pela GM em 1908. Nos 60 anos seguintes, o Oldsmobile foi a inovação do setor automobilístico. Em 1901, foi o primeiro carro a ter velocímetro. Em 1926, foi o primeiro carro a possuir galvanização cromada em torno do radiador. Em 1932, foi o primeiro carro a oferecer afogador automático. Em 1940, foi o primeiro no mercado a ter transmissão automática. Em 1949, o Olds lançou seu "motor de foguete", o primeiro motor V-8 produzido em massa. Em 1963, foi o primeiro a oferecer um motor equipado com turbo.

Da década de 1950 até a de 1970, o Oldsmobile tinha uma imagem bastante diferente, desenvolvida em torno da inovação e de seus "motores de foguete". O estilo do Olds era único. Ele exibia uma grande grelha, que indicava jato-propulsão. Em todo esse período, o Olds teve luzes traseiras duplas, novamente uma alusão ao tema "foguete".

Esse fluxo constante de novas idéias foi um sucesso. No final da década de 1970, o Oldsmobile *Cutlass* era o modelo mais vendido nos EUA. Na me-

> *Esse deslize lento e doloroso rumo à irrelevância ocorre quando a administração sucumbe àquelas três básicas tendências humanas: falta de senso de urgência, atitude altiva e protetora e mentalidade de concessão de direitos.*

tade da década de 1980, foi vendido mais de um milhão de automóveis Oldsmobile por ano, classificando-se na terceira posição, atrás apenas de Chevrolet e Ford.[2]

No início da década de 1990, entretanto, o Oldsmobile estava com problemas, pois tinha deixado para trás sua tradição de inovador. Ele fracassou por não manter seu modelo novo e contemporâneo, nem fornecer nenhuma característica nova e empolgante que fosse exclusiva. Na verdade, por razões de eficiência, estava ficando muito difícil ver a diferença entre um Chevrolet, um Buick, um Pontiac e um Oldsmobile. Eles pareciam extremamente similares e, em muitos casos, o chassi e o trem de engrenagem eram os mesmos.

Bob Garfield, da revista *Advertising Age*, resumiu a situação quando escreveu, em 1992, o seguinte: "A divisão da GM que cuida do Oldsmobile está deficiente quanto à imaginação, distinção e foco. O Oldsmobile não possui nenhum nicho no mundo automotivo. O projeto de posicionar a Oldsmobile como a divisão da GM que tem 'engenharia inteligente' está fracassando, porque outros carros da GM possuem os mesmos avanços tecnológicos. O Oldsmobile aparece como um automóvel que agrada apenas a geração mais velha e pode ser visto como uma marca isolada."[3]

O Oldsmobile nunca conseguiu sair dessa depressão e, na verdade, conforme Bob Garfield previu em 1992, foi retirado do mercado em 2003.

Esse tipo de deslize lento e doloroso rumo à irrelevância ocorre com produtos bem-sucedidos quando sua administração sucumbe àquelas três básicas tendências humanas: **falta de senso de urgência, atitude altiva e protetora e mentalidade de concessão de direitos**. Essas três tendências acabaram com o comércio de 1 milhão de automóveis Oldsmobile por ano.

Então, como evitar esses problemas em relação a seus produtos e serviços? É nesse assunto que estão focados os próximos três capítulos.

7
IMPARIDADE: PERFEIÇÃO INDISPENSÁVEL

No mundo dos negócios, não há nada mais importante do que criar produtos singulares e diferentes. Produtos modernos chamam a atenção e sinalizam ao cliente que estes não estão apenas ligados às atuais tendências, mas também determinando a movimentação do mercado. Aquele que é o primeiro em uma categoria específica de negócios a fornecer uma nova habilidade que empolga e atrai clientes, torna-se o líder que dita as regras relativas à categoria inteira.

Para cada produto deve haver um fluxo constante de renovação que crie empolgação por ser atraente, diferente e de grande interesse para cliente. Além do Oldsmobile, há alguns incríveis exemplos no setor automobilístico que demonstram a importância da distinção. Verifiquemos outra empresa do ramo de automóveis que parece ter aptidão em desenvolver carros singulares e interessantes.

CHRYSLER

Em 1996, a Chrysler estava no topo de seu setor! Ela atingiu essa posição por ter desenvolvido linhas de automóveis bastante diferentes e bem-sucedidas. Ela inventou a *minivan*, que foi um sucesso imediato. Desenvolveu o

Jeep e criou uma nova versão da *Grand Cherokee*, que praticamente inaugurou a categoria de carros esporte. Tanto a *minivan* quanto a *Grand Cherokee* foram bem-sucedidas por serem muito diferentes. Eram automóveis bastante notáveis e singulares para aquele tempo, e se tornaram tão populares que todos os fabricantes de automóveis tinham de ser inovadores para tentar competir com eles.

Durante este período, a Chrysler também estava obtendo grande sucesso com os elegantes *Dodge Intrepid, Chrysler Concorde* e *Eagle Vision, sedans* com modelos bastante singulares para a época que se tornaram populares rapidamente.

Esses modelos diferentes estavam conduzindo a Chrysler a um tremendo sucesso de mercado e finanças. Em um período de cinco anos, de 1991 a 1996, a participação de mercado da Chrysler nos EUA subiu de 12,2% para 15,9%. Sua renda em 1996 era de US$ 60 bilhões; o dobro do valor relativo a 1991.[1] Mas essa prosperidade logo seria interrompida.

Chrysler: a fusão

Em 1998, a Chrysler se uniu a Daimler-Benz para formar a Daimler-Chrysler AG. Parecia um casamento perfeito. A Chrysler vinha fabricando carros e pequenos caminhões a preços razoáveis, enquanto a Daimler produzia carros de luxo e caminhões de grande porte. A Chrysler era poderosa na América do Norte e não tinha muita força na Europa ocidental, e a posição da Daimler era justamente a inversa. A Chrysler era ótima com projetos e desenvolvimento de produtos, enquanto a Daimler era excelente em engenharia e tecnologia. Ainda que a Daimler-Benz estivesse comprando a Chrysler por US$ 38 bilhões, as duas empresas anunciaram a medida como uma fusão.[2]

Os três anos seguintes foram bastante difíceis para a Chrysler. Após diversos anos de vendas bastante intensas de carros e caminhões, a demanda pelas *minivans* e veículos esporte, que geravam alta margem de lucro para a empresa, estava diminuindo principalmente porque as concorrentes a estavam alcançando e a Chrysler não se movia. A empresa estava perdendo sua força em desenvolver carros diferentes e também estava gastando grandes quantidades de dinheiro com preenchimento de vagas e práticas desnecessárias, tornando-se bastante fragmentada, ou seja, ela estava perdendo oportunidades de economias de escala ao permitir que cada uma de suas diversas unidades de automóveis escolhessem seus próprios fornecedores de peças. Para ilustrar este fato, verificamos que os limpadores de pára-brisa do *Jeep* e do *Dodge Durango* eram basicamente iguais, mas as duas unidades de automóveis os compravam de diferentes fornecedores. As diversas unidades também possuíam diferentes fornecedores de materiais anticorrosivos utilizados na peça de aço cilíndrico que reforça a superfície dos pára-choques de plástico.³

Durante este período, essa fragmentação obrigou a empresa a contratar um grande número de pessoas. Um ex-executivo na época disse de maneira bastante sincera: "Nós contratamos uma pancada de gente, mas nem todos são necessários."⁴ Ao mesmo tempo, a empresa realizava previsões financeiras que, na verdade, não eram baseadas em fatos. Ela anunciou à mídia que sua participação de mercado chegaria a 20% no ano de 2000, o que estava muito distante dos níveis históricos da empresa. Ao opinar sobre este período, Dieter Zetsche disse a famosa frase que incluímos anteriormente neste livro: **"Se você atinge o sucesso, começa a pensar que pode andar sobre as águas."**

> *Um ex-executivo na época disse de maneira bastante sincera: "Nós contratamos uma pancada de gente". Ao mesmo tempo, a empresa realizava previsões financeiras que, na verdade, não eram baseadas em fatos.*

Chrysler: nova liderança

Todo esse excesso, aliado à ausência de veículos novos e diferentes, conduziu a um trauma financeiro inacreditável. Para ter uma idéia, no segundo semestre de 2000, a Chrysler perdeu US$ 1,8 bilhão e gastou US$ 5 bilhões em patrimônio. Quando Dieter Zetsche assumiu o cargo de CEO durante esse período, ele encontrou montes de complicadas projeções financeiras, mas nenhuma análise completa relativa aos pontos fortes e fracos da empresa. Ele rapidamente entrou em ação, cortou 26.000 cargos, que eram 20% da força de trabalho, reduziu o custo das peças em 15% e também fechou seis fábricas de montagem. Esse empenho em cortar custos foi guiado por Wolfgang Bernhard, a quem Zetsche contratou como seu COO (chief operating officer, ou seja, diretor principal de operações). Mas a tarefa mais importante, da qual Zetsche se encarregou, foi trazer de

> *O maior embaraço durante 2003 foi o fato de a participação de mercado da Chrysler nos EUA ter declinado para 13%, e a empresa ter perdido para a Toyota a posição, que ocupava há 53 anos, de terceira maior fabricante de automóveis dos EUA.*

volta o interesse pelos carros e caminhões da Chrysler. O vigor da empresa ao longo dos anos vinha sendo mostrado por meio dos novos modelos diferentes que chamavam a atenção do público e logo se tornavam bem-sucedidos.

Obviamente, levou um tempo para que fossem excluídos todos esses custos do sistema e aparecessem os novos automóveis interessantes. Por volta de 2003, a Chrysler ainda lutava enquanto trabalhava nas partes essenciais. Esta época foi tensa para a empresa, pois Zetsche estava conduzindo a organização na direção correta, mas ainda não era possível ver os frutos de seu trabalho. Abundantes debates sobre o grande erro que a Daimler-Benz cometeu ao comprar a Chrysler apareceram na mídia. O valor de mercado da Daimler-Chrysler caiu para US$ 38 bilhões na metade de 2003, um clamor distante dos US$ 47 bilhões da Daimler-Benz anteriores à aquisição da Chrysler. O maior embaraço durante 2003 foi o fato de a participação de mercado da Chrysler nos EUA ter declinado para 13%, e a empresa ter perdido para a Toyota a posição, que ocupava há 53 anos, de terceira maior fabricante de automóveis dos EUA.[5] Ao final de 2003, a empresa havia gerado perdas operacionais de mais de US$ 4,5 bilhões nos últimos três anos e realmente precisava de um estímulo.[6]

Chrysler: um novo automóvel bastante diferente

O projeto de Zetsche começou a se firmar em meados de 2004, com a apresentação do novo sedan *Chrysler 300*. Seu aspecto desajeitado, com pequenas janelas laterais, motivou a revista *Car and Driver* a descrevê-lo da seguinte forma: "Este criminoso vestido com terno risca de giz pode salvar a empresa."[7] É óbvio que a Chrysler acertou em cheio com seu novo sedan *300*. Kathleen Kerwin, redatora da revista *BusinessWeek*, escreveu: "Faz muito tempo que um *sedan* norte-americano não faz tanto sucesso quanto o *Chrysler 300*, de 2005. Manobristas de estacionamento lhe dão lugar de honra; no *shopping-center*, é como um ímã para admiradores. Agrada bastante aos rapazes, mas até mesmo eu, que não fico encantada facilmente em dirigir lançamentos, gostei muito dele. Detestei ter de devolver a chave."[8]

O que tornou este carro tão bom de ser dirigido foi a incorporação de uma suspensão independente provinda da Mercedes e a transmissão automática de cinco marchas da Benz. Essa combinação fazia com que o carro mudasse de marcha suavemente, andasse bem e tivesse manuseio espetacular.

Outro aspecto diferente do *Chrysler 300* era seu preço.[9] Havia um modelo básico de 2,7 litros, com motor V-6, listado a US$ 23.595. Freios antitrava e controle extra de estabilidade eram opcionais nesta versão. Por US$ 33.000, o cliente podia comprar o modelo *300C*, que era equipado com 340 HP, 5,7 litros e Hemi V-8. Este motor ganhou este nome devido à forma arredondada, ou hemisférica (daí o nome "Hemi"), do compartimento de ignição, e o projeto veio do lendário motor do *Dodge Charger* de Richard Petty, que já venceu o evento Nascar. Também era possível adicionar ao carro assentos de couro e detalhes de metal escovado; com esses acessórios, o preço ficaria em torno de US$ 40.000. O automóvel venceu uma série de prêmios. Foi eleito o carro do ano pela revista *Motor Trend* e também obteve recepção bastante positiva dos admiradores da Ford no www.BlueOvalNews.com, *site* oficial dos fãs da Ford. Neste *site*, 46% dos visitantes classificaram o *300C* como "excelente". Conforme mencionado na *BusinessWeek*, Wes Brown, da empresa de consultoria automobilística Iceology, disse: "Ele faz com que a maioria dos automóveis nas rodovias pareçam bolhas."[10]

Chrysler: o motor Hemi

Com o lançamento do *Chrysler 300*, ficou claro que o motor Hemi era bastante especial para os consumidores. A Chrysler veiculou algumas propagandas sensacionais para popularizar o motor Hemi. Os comerciais na TV mostravam dois rapazes e o proprietário de um caminhão.

Eles se aproximam do automóvel e fazem a famosa pergunta "Ele tem um Hemi?". Naturalmente, o proprietário responde que sim e os dois começam a babar pelo carro. Conforme observado por Neal Boudette, a frase "Ele tem um Hemi?" se tornou popular no vocabulário do setor automobilístico.[11]

> *O que é impressionante em relação à Chrysler é que ela, em geral, termina fazendo o que empresas automobilísticas devem fazer: produz alguns veículos espetaculares, pelos quais os clientes ficam de queixo caído, como o sedan Chrysler 300 e o motor Hemi.*

Embora o motor Hemi da Chrysler estivesse disponível há anos, ele foi utilizado com parcimônia. Ainda que adicionasse US$ 10.000 ao preço de um *Chrysler 300*, ele era o responsável pela inacreditável popularidade daquele modelo. O curioso é que o Hemi foi desenvolvido em uma fábrica mexicana de baixos salários e custava, na verdade, de 5% a 10% menos para ser fabricado do que um moderno V-8 com duplo comando de válvulas. O Hemi possuía um único eixo de comando, enquanto o tradicional V-8 tinha quatro.[12] Em suma, o Hemi era um verdadeiro gerador de lucros.

Outro aspecto bastante atraente do motor Hemi era sua eficiência na estrada. Para contribuir com o baixo consumo de combustível, a empresa desenvolveu um sistema que automaticamente desliga quatro dos oito cilindros no Hemi quando o carro está na estrada.[13] Essa característica, chamada **desativação de cilindro**, permite que o carro faça em média 10 km por litro na estrada.

Além do *Chrysler 300* e do motor Hemi, a empresa também foi bem-sucedida com seus outros lançamentos realizados em 2004, que incluíam o *Dodge Magnum* esporte e versões atualizadas da *Dodge Caravan* e das *minivans Chrysler Town and Country*.[14]

Em meados de 2005, a Chrysler estava muito bem. A empresa começou a oferecer o Hemi em uma série de outros modelos e Dieter Zetsche reconheceu que o Hemi era "um dos grandes responsáveis pela reviravolta da empresa". Além do grande sucesso do *Chrysler 300* e do Hemi, uma parte dos automóveis *Dodge Magnum*, dos caminhões *Dodge Ram* e dos *Dodge Durango* vendidos pela empresa também tinham motor Hemi adaptado a eles, conduzindo, dessa maneira, os resultados financeiros da Chrysler a níveis positivos, enquanto a GM e a Ford enfrentavam sérios problemas. A Standard & Poor's classificou ambas as empresas como desenvolvedoras de modelos não tão bons, e muitos dos seus fornecedores estavam indo à falência.

Chrysler: os resultados

O segredo da reviravolta significativa da Chrysler, liderada pelo CEO Dieter Zetsche, foi bem resumido no *The Wall Street Journal*, quando publicou: "Zetsche impulsionou os engenheiros a trabalhar em novos carros para dar a cada modelo características que os clientes não encontrariam em lugar algum, e pagariam por isso."[15] É óbvio que Dieter Zetsche compreende a necessidade de distinção.

A compensação financeira foi imensa. A DaimlerChrysler AG publicou um lucro operacional de US$ 1,9 bilhão em 2004, comparado à perda de US$ 685 milhões em 2003.

Na metade do ano de 2005, Dieter Zetsche foi nomeado CEO da DaimlerChrysler, somando, então, às suas responsabilidades relativas à Chrysler um ramo da Mercedes que estava perdendo dinheiro. Por volta da metade de 2006, a Mercedes estava retornando à lucratividade, mas os altos preços da gasolina prejudicavam os ramos de caminhão e veículos esporte da Chrysler. Infelizmente, a empresa não ajustou a produção de maneira adequada. Sem novos modelos singulares ou inovações que suscitassem empolgação para contrabalancear com os problemas, no segundo semestre de 2006 a Chrysler sofreu uma perda trimestral de US$ 1,5 bilhão. Isso motivou a mídia a debater novamente a questão do valor da fusão entre Daimler e Chrysler.

Durante os últimos 20 anos, a Chrysler está em uma montanha-russa. Sempre que prova o sucesso, a empresa parece acreditar que será bem-sucedida dali em diante e, então, acaba coordenando suas práticas de produção de maneira errada, contratando muitas pessoas e suspendendo a inovação. Esta é uma situação clássica de práticas herdadas que prevalecem cada vez que algum nível razoável de sucesso ou estabilidade é atingido. O que é impressionante em relação à Chrysler é que ela, em geral, termina fazendo o que empresas automobilísticas devem fazer: produz alguns veículos espetaculares, pelos quais os clientes ficam de queixo caído, como o *sedan Chrysler 300* e o motor Hemi, e ganha força verdadeira em razão desses lançamentos diferentes.

A lição a ser apreendida desta história da Chrysler é clara. Clientes são fascinados por produtos novos e singulares, mas as organizações tendem a perder a direção correta, e não continuam incrementando essas inovações quando atingem o sucesso.

8
FAÇA APOSTAS GRANDES E BEM ANALISADAS

Toda organização deve estar focada no desenvolvimento de seus produtos e serviços até se tornar líder do setor. O seu objetivo deve ser o desenvolvimento de produtos superiores aos dos concorrentes. Esse é o tipo de liderança que gera aumento da participação de mercado e as mais altas margens de lucro do setor.

Veja alguns passos que devem ser seguidos para alcançar essa liderança.

1. **Verifique qual será a próxima grande novidade.** Com base em uma análise profundamente elaborada a respeito de seu setor e das últimas tendências, da tecnologia que permeia o setor e das atividades de seus concorrentes, é possível esboçar os tipos de aposta que deverão ser feitos para que sua empresa obtenha a liderança do setor. Essa análise não deve ser uma tarefa adicional dos funcionários responsáveis pelas ofertas atuais. Ela requer certo grau de distanciamento da atual atividade comercial para que as idéias do avaliador não sejam influenciadas pelas preocupações cotidianas relacionadas a essa atividade.

2. **Seja realista.** É necessário ser realista ao estimar o futuro de seus negócios bem-sucedidos e ao avaliar as tendências mais importantes que possam sugerir que seus atuais produtos e serviços se

tornarão comuns. Pior ainda, suas ofertas atuais podem se tornar obsoletas ou inferiores às alternativas que podem surgir no mercado. Uma vez obtido o sucesso de negócios e serviços, há um grande risco de o orgulho comprometer a habilidade de pensar de maneira realista.

3. Seja eficaz. Todos os pontos do setor devem ser examinados em relação a seu potencial e vulnerabilidade. É necessário verificar todos os elementos ao analisar uma estratégia alternativa, bem como estimar o quão bem-sucedidos esses elementos podem ser ou não.

4. Nomeie funcionários competentes. É extremamente importante que os melhores funcionários sejam nomeados para a difícil tarefa de verificar como progredir em seu ramo. Isso também demonstra à organização que a prioridade é avançar, e não apenas desfrutar o sucesso.

5. Tome cuidado com os céticos e os críticos. É necessário escutar as idéias de todos sobre o que fazer para dedicar-se dinamicamente ao futuro. Também é necessário estar atento para o fato de que muitos funcionários aliados das práticas atuais darão uma variedade de razões para justificar que a mudança poderá ser muito arriscada. Esses funcionários não entendem que **não** mudar pode ser muito mais arriscado. Verificaremos neste capítulo como Ivan Seidenberg, da Verizon, lidou com as críticas.

6. Desconsidere padrões anteriores. As medidas que estão sendo empregadas atualmente para determinar o sucesso de um produto ou serviço específico poderão não ser mais tão pertinentes no futuro. Por isso, é importante analisar cuidadosamente como avaliar os assuntos no futuro.

7. Seja flexível. É necessária uma boa dose de flexibilidade para determinar o projeto que fará a empresa progredir. Aguarde mudanças constantes em relação ao que será feito e ao modo como será feito. Agregar aprendizagem à trajetória é uma habilidade bastante va-

> liosa. Além disso, estimula os funcionários a fazer as coisas acontecerem, conscientes de que nem tudo sairá perfeito, mas que correções durante o trajeto poderão ser realizadas.

Vejamos detalhadamente dois bons exemplos de empresas que fizeram apostas grandes e bem analisadas.

VERIZON

Uma empresa que certamente está enfrentando o dilema de fazer uma grande aposta é a Verizon Communications. A situação é a seguinte: tanto as empresas de telefonia quanto as operadoras de cabo estão percebendo que, à medida que toda a mídia se torna digitalizada, os fios por elas instalados e controlados nas casas dos clientes poderiam se limitar um só para todos os serviços digitais utilizados. Esse único fio proveria serviços telefônico, televisivo, de TV por assinatura de todos os tipos, de Internet, entre outros. Se você é do ramo de telefonia assim como a Verizon, é crucial verificar a velocidade com que isso ocorrerá e estimar como é possível aproveitar essa oportunidade e se tornar líder do setor.

Verizon: a grande aposta

Durante o Consumer Electronics Show, em janeiro de 2004, Ivan Seidenberg, CEO da Verizon, descreveu a todos do setor a grande aposta da empresa. Ele esboçou os projetos da empresa de forma que fossem gastos entre US$ 10 e US$ 20 bilhões para substituir as centenárias linhas telefônicas com fio de cobre por linhas com cabos de fibra óptica. Isso criaria um fluxo de informações de comércio, entretenimento, educação, assistência médica, entre outros, diretamente à sala de estar. Conforme mencionado na revista *Fortune*, Seidenberg descreveu seu plano como o "estilo de vida de todas as bandas largas a todo momento", dizendo, ainda, que o setor estava "no início de uma revolução nos sistemas de comunicação".[1]

A razão pela qual a Verizon tinha de se mover rapidamente e tentar estabelecer o ritmo nessa área era o fato de as empresas de cabo estarem começando a perceber que as ligações telefônicas poderiam ser feitas por meio dos serviços de banda larga que estavam fornecendo. Houve um surto de novos serviços telefônicos por meio da Internet, como o Vonage e o Skype, que proviam, em muitos casos, chamadas telefônicas gratuitas para qualquer lugar do mundo por qualquer duração de tempo.[2] Era necessário apenas ser assinante de alguma empresa prestadora de serviços de banda larga.

Dado o cenário competitivo, era óbvio para a Verizon que esse era o momento de fazer a grande aposta. Nos últimos anos, a gigante de cabo Comcast vinha gastando dezenas de milhões de dólares para atualizar sua infra-estrutura a fim de fornecer a seus clientes não somente fortes ofertas de TV, mas também conexões de alta velocidade à Internet e recém-surgidos serviços de telefonia gratuita. Uma grande vantagem que a Verizon obteve sobre as empresas de cabo foi o fato de que a reputação do atendimento ao cliente dessas empresas não estava muito boa há alguns anos. A Verizon também sabia que se colocasse cabos de fibra óptica no trajeto completo até as casas, suas tubulações seriam bem maiores que os das operadoras de cabo e, conseqüentemente, proveriam melhores serviços.

Verizon: um plano multifacetado

A Verizon tem sido muito eficaz na busca por essa grande aposta. Por exemplo, a empresa lançou um importante plano de relações com o governo norte-americano para convencê-lo de que a ela não deveria passar pelo processo bastante difícil e demorado de solicitar acordos de concessão municipal em cada comunidade na qual planejasse lançar seu novo serviço. Pelas normas em vigor, a empresa teria de fazer isso e ela sabia que só poderia agir com rapidez quando superasse esse obstáculo.

A Verizon também percebeu que precisava ser extremamente eficaz na criação de um conjunto de oportunidades de mídia para seus clientes. Assim, ela necessitava de habilidade de programação televisiva. Então, saiu à procura e conseguiu. A empresa contratou Terry Denson, um executivo experiente na área de programação de imagens e o encarregou de desenvolver o serviço televisivo que a Verizon ofereceria.[3] Era muito importante obter habilidades rapidamente nessa área. Se a Verizon fosse competir com as empresas de cabo, teria de ser tão boa quanto elas, se não melhor. Como essa era uma área totalmente nova para a Verizon, foi difícil encontrar profissionais talentosos para desenvolver a tarefa. Mas a Verizon conseguiu fazer isso.

Verizon: desaprovação e domínio nascem juntos

A grande aposta da Verizon sofreu críticas e ceticismo em abundância. O CEO Seidenberg, no entanto, teve uma ótima atitude em relação a esses tipos de comentário: "Nos primeiros estágios de qualquer novo assunto, a administração não deve ser incomodada por investidores céticos quanto à estratégia. A maioria dos investidores entende apenas aquilo que já foi realizado. Eles não gostam de coisas que nunca foram feitas antes. Pense, por exemplo, que Cristóvão Colombo também teve problemas com financiamento."[4] Seidenberg reagiu a alguns investidores de fundos mútuos da Wall Street, que ficaram horrorizados com o fato de a Verizon gastar entre US$ 10 e US$ 20 bilhões em um projeto que parecia desafiar o peso financeiro que uma empresa de telefonia poderia suportar. Outro analista financeiro, chamado Scott Cleland, disse: "Ninguém em sã consciência quer conectar cabos de fibra óptica do meio-fio até sua casa. Isso custa muito caro e não traz benefício algum. Simplesmente não há necessidade de tanta velocidade em uma casa."[5]

Quando a Verizon anunciou seu plano, as pessoas na comunidade financeira imediatamente foram calcular qual seria o retorno de capital para um projeto tão caro. Visto que a maioria das análises era alarmante e previa que a recuperação do investimento não ocorreria em menos de uma década, a Verizon sofreu críticas severas. A empresa, entretanto, apostou que esse jogo seria modificado. Não estava claro o que ocorreria no futuro, mas um ponto era certo: **haveria uma mudança significativa**. A convergência virtual se tornaria realidade; era apenas uma questão de tempo.

Tanto os administradores quanto os investidores precisam de paciência durante os períodos nos quais grandes apostas são feitas, o que pode ser evidenciado pelo valor das ações da Verizon, que ficou oscilando entre US$ 30 e US$ 40 por ação no período de 2003 a 2006, até se verificar o quanto essa grande aposta renderia.

Essa não foi a primeira vez que a Verizon e o CEO Seidenberg fizeram uma grande aposta.[6] As pessoas olharam para a aquisição que a empresa realizou da GTE em 1998, que custou US$ 52 bilhões, com imenso ceticismo, mas esse projeto se tornou uma idéia brilhante. A Verizon também foi criticada por analistas financeiros quando anunciou que investiria US$ 4 bilhões para desenvolver uma rede *wireless* (sem fio) da mais alta qualidade. E esse projeto também rendeu consideravelmente. O serviço *wireless* computa atualmente cerca de um terço dos rendimentos totais da Verizon e, conforme mencionou Roger Entner, do Yankee Group na época: "De longe, o Verizon Wireless é o líder em qualidade no mercado de serviços *wireless*."[7]

MICROSOFT

No mundo das grandes apostas, poucas alcançam a extensão da aposta que a Microsoft está fazendo no comércio do *Xbox*. A primeira versão desse produto foi lançada em 2001 e, em 2005, pouco tempo antes do lançamento da segunda versão, chamada *Xbox* 360, a empresa havia acumulado perdas na faixa dos US$ 5 bilhões, mas, nesse processo, ela vendeu 20 milhões de unidades e mais de 170 milhões de jogos.[8] Em 2001, quando o *Xbox* foi lançado, ninguém estava mais atento do que eu no quanto essa aposta era grande, pois, como COO, a organização das finanças da Microsoft era de minha responsabilidade.

> *"A maioria dos investidores não gosta de coisas que nunca foram feitas antes. Pense, por exemplo, que Cristóvão Colombo também teve problemas com financiamento."*
>
> – Ivan Seidenberg

Como Scott Woolley, da revista *Forbes*, disse: "É um empreendimento audacioso e empolgante."[9] Por outro lado, Matt Rosoff, do *site Directions on Microsoft*, teve a seguinte impressão a respeito do projeto: "A Microsoft entrou nesse negócio essencialmente como medida defensiva. Eles estavam preocupados com o fato de o *PlayStation* da Sony usurpar o que a Microsoft considera a posição legítima do PC dentro de um lar: o portão para o mundo externo."[10]

Microsoft: a análise racional

A noção de **"centro digital do lar"** é claramente a condutora a longo prazo do projeto relativo ao *Xbox*.[11] Ela indica que a Microsoft está olhando para o futuro e, obviamente, prevendo que haverá convergência de uma série de habilidades digitais no lar que exigirá um mecanismo de controle centralizado para colocá-las em ordem. Embora os dispositivos para jogos sejam um bom ponto para começar, o novo *Xbox 360* também vem com diversas competências para a administração de fotografias e vídeos digitais. Ele permite que os usuários compartilhem vídeos por meio de radiodifusão. Também pode ser convertido no centro de música de casa, visto que armazena músicas e as disponibiliza para uma série de usuários. Ele também é um dispositivo de coordenação para administrar habilidades de telefonia, conectividade à Internet, sessões de bate-papo e transmissão de mensagens.[12]

O *Xbox 360* também pode fazer interface facilmente com uma grande quantidade de acessórios, como câmeras digitais, *MP3 players* para músicas digitais e habilidades de câmeras de vídeo que permitem às famílias e a seus amigos realizar videoconferências.

O fornecedor desses centros digitais para o lar estará em uma posição muito poderosa para coordenar a diversidade de competências descritas. Também estará em uma forte posição para determinar os padrões utilizados pelos fornecedores desses serviços que vão querer ser reconhecidos pelo centro digital específico. Isso dará ao fornecedor desse centro uma grande ajuda para tornar esse serviço necessário nos lares.[13]

O lançamento do *Xbox* em 2001 e do *Xbox 360* em 2005 demonstra a visão da Microsoft a respeito das tendências básicas da tecnologia no lar e onde podem existir oportunidades importantes. Esse é exatamente o tipo de pensamento que deve estar associado a grandes apostas. Embora a Microsoft venha sendo bem-sucedida no fornecimento de *software* para computadores e servidores, o *Xbox* demonstra um avanço sensato em uma nova direção que a Microsoft acredita ser totalmente compatível com o desenvolvimento dos hábitos das pessoas ao longo do tempo.[14]

Microsoft: nomeando grandes talentos para o projeto

Anteriormente, foi mencionada a importância de contratar (ou indicar) funcionários bastante competentes para as grandes apostas. A Microsoft fez isso em relação ao *Xbox*. Ela escolheu duas das grandes "estrelas da temporada" para dirigir o projeto. Robbie Bach tem experiência em vendas e *marketing* e se destacou por ajudar a fazer com que o *Microsoft Excel* e o *Microsoft Word* se tornassem padrões do setor em suas respectivas áreas. J. P. Allard foi o planejador do *Xbox* e tem um respeitável histórico em tecnologia de *software* na Microsoft. A empresa toda logo soube que esse projeto era importante em razão das duas pessoas que foram colocadas nos

FAÇA APOSTAS GRANDES E BEM ANALISADAS

cargos mais importantes relacionados ao *Xbox*, quando ele foi lançado, em 2001.

Outro elemento relevante desse projeto foi a total autonomia que Bach e Allard receberam para tornar esse produto um sucesso. Não houve interferência da direção. Por exemplo, em outubro de 2003, Bach e Allard se reuniram com Bill Gates, o criativo fundador da Microsoft, e Steve Ballmer, o CEO, e esboçaram o plano para o *Xbox* seguinte. Após a reunião, eles foram embora e cuidadosamente discorreram sobre todos os detalhes do projeto em um resumo de três páginas, elaborado com Gates e Ballmer. Logo que chegaram a um acordo, coube a Bach e Allard colocarem o plano em prática. Para tornar um projeto bem-sucedido, os funcionários encarregados precisam saber que colocá-lo em prática é sua responsabilidade. Quando a administração interfere constantemente nos projetos, supõe-se com freqüência que ela quer tomar as decisões mais importantes e, então, o líder do projeto tende a relaxar e a esperar que lhe digam o que fazer. Essa é uma receita efetiva para o fracasso.

> *Quando a administração interfere constantemente nos projetos, supõe-se com freqüência que ela quer tomar as decisões mais importantes. Então, o líder do projeto tende a relaxar e esperar que lhe digam o que fazer. Essa é uma receita efetiva para o fracasso.*

Apesar de a Microsoft ter acumulado perdas na faixa de US$ 5 bilhões, o *Xbox 360*, lançado em 2005, continuará gerando mais – avaliadas em US$ 100 ou mais por cada caixa.

A Microsoft, no entanto, está confiante de que as pessoas necessitarão em casa de um dispositivo que maneje os diversos serviços digitais utilizados, e está confiante o suficiente nesse futuro para fazer essa grande aposta.

Grandes apostas são essenciais para a liderança de mercado que as empresas desejam. Ainda que a lição aprendida pela Verizon e pela *Xbox* da Microsoft demonstre o quão importantes são as grandes apostas, é importante reconhecer também que, ao se estabelecer uma grande aposta, todo o pensamento herdado existente na organização favorecerá o *status quo* e diminuirá os esforços de reconfiguração dos negócios para o futuro.

9
REVITALIZE CONTINUAMENTE SEUS PRINCIPAIS PRODUTOS E CAPITALIZE PONTOS DE INFLEXÃO

Quando um de seus produtos está sendo comercializado e desfrutando o sucesso, sua tendência será deixá-lo de lado e começar a fazer coisas novas e bem diferentes. É nesse momento que as práticas herdadas tomam conta do ambiente e começam a desenvolver certa resistência à mudança. Essa atitude conduz, de maneira profunda, a organização a várias direções aleatórias e a deixar de lado seus principais produtos. Os seguintes passos devem ser seguidos para que não haja a perda de foco em relação a seus principais produtos:

1. **Aprimore constantemente seus principais produtos.** É necessário nomear funcionários criativos para melhorar constantemente o produto ou serviço que está sendo vendido. Fiquei impressionado quando me uni à divisão de P&D da Procter & Gamble e verifiquei o grande número de químicos e engenheiros químicos que estavam trabalhando exclusivamente no aprimoramento de fórmulas químicas utilizadas para limpar roupas. O alvo era superar as fórmulas que a empresa vinha utilizando. Tratando-se de produtos principais, o objetivo deve ser sempre melhorar, diminuir os custos e ser o líder da categoria. Esse é o trabalho principal.

> **2. Não se contente com uma situação de igualdade.** Não há nada pior do que se tornar popular em um setor em que todos os produtos são basicamente os mesmos e a competição se resume a um ânimo lento em relação ao preço. A criatividade deve ser aplicada com regularidade a seus produtos e serviços principais para que seja possível se certificar de que eles possuem aptidões e vantagens singulares que seus concorrentes não estão oferecendo.
>
> **3. Não estenda seus projetos de forma rasa.** Um efetivo golpe mortal quanto à inovação de seus principais produtos é fragmentar demais o foco em razão de outros projetos. Isso ocorre a todo momento em organizações, e a deficiência no foco freqüentemente conduz à mediocridade. Não se trata de não realizar outros projetos, mas nunca deixe de lado a sua **fundamental tarefa**, que é **aprimorar os produtos principais**.

Vejamos o exemplo de uma empresa que, assim que atingiu o sucesso, resolveu investir em áreas novas e improdutivas. Felizmente, um novo líder constatou o problema; a empresa se reagrupou e se concentrou novamente em seus projetos principais e foi muito recompensada.

TEXAS INSTRUMENTS

Em 1995, a Texas Instruments liderava seu setor. As grandes perdas no início da década de 1990 haviam ficado para trás e a empresa estava constantemente ultrapassando as estimativas da Wall Street. Era a fabricante líder do setor de *chips* com alta capacidade de armazenamento e *chips* patenteados tecnologicamente avançados.[1]

Texas Instruments: o enfraquecimento de seus projetos

Na metade da década de 1990, a Texas Instruments lançou inúmeros projetos para entrar em uma variedade de novos negócios. Isso enfraqueceu o foco em seu negócio central: o de *chips*. Esse enfraquecimento, porém, foi ocultado por seu grande sucesso. A empresa estava gastando uma enorme quantidade de tempo ao examinar possíveis iniciativas de produto na linha

ARMADILHA 2: ORGULHO

de instrumentos eletrônicos bélicos, *notebooks* e impressoras.[2] Ao realizar essas pesquisas, a empresa não estava revitalizando uma área de produtos central em seus negócios, a de *chips* de processamento digital de sinal (DSP)*. Um *chip* DSP desempenha cálculos em alta velocidade relativos a dados e é utilizado em uma série de produtos, como *disk drives*, *modems* e telefones celulares.

Quando Tom Engibous se tornou CEO da Texas Instruments, na metade do ano de 1996, ele percebeu que a empresa estava sofrendo de uma séria deficiência de foco. Engibous soube o que fazer. A Texas Instruments simplesmente precisava verificar quais eram seus produtos principais e, então, focar-se neles e aprimorá-los até se tornar líder em cada um desses segmentos.

Texas Instruments: a grande limpeza

Durante o período entre sua nomeação como CEO, em 1996, e o final do ano de 1999, Engibous vendeu 14 dos negócios da empresa e concentrou-se principalmente em duas áreas: processadores digitais de sinal e *chips* analógicos.[3] Esses eram dois dos segmentos que mais cresciam no setor de semicondutores, e eram as duas principais áreas de produtos da Texas Instruments.

Conforme mencionado anteriormente, um processador digital de sinal da Texas Instruments pode ser instalado a uma série de dispositivos. Por exemplo, no caso de uma câmera digital, os DSPs permitem que não haja pausas entre uma tomada e outra. Eles também permitem a produção de fotografias com alta resolução. Em impressoras digitais, os DSPs diminuem o tempo para a impressão de uma página. Em pequenas caixas acústicas digitais, eles reproduzem uma vasta extensão de chilreios e ruídos e criam sons únicos.

A grande novidade do DSP da Texas Instruments é que ele é programável por meio de *software* e, sendo assim, o mesmo *chip* pode realizar diversas tarefas; tudo o que ele precisa é um *software* específico. Isso significa que o DSP de um telefone celular pode ser o mesmo de uma câmera digital. A única coisa que os diferencia é que eles são programados para desempenhar diferentes tarefas.

---

* [NT] Do original *digital signal processing*.

A outra área principal da Texas Instruments, bastante diferente da dos DSPs, mas complementar, é a de *chips* analógicos. Esses *chips* convertem entidades físicas mensuráveis, como o som, a pressão ou a temperatura, em características digitais e em zeros da linguagem computacional.

A Texas Instruments, para manter seus negócios principais de DSP ativos, treinou a maior quantidade de engenheiros possível para programar seu *chip* DSP. Especificamente, forneceu assistência a professores de engenharia em mais de 900 universidades para ensinar estudantes a programar o *software* para um DSP da Texas Instruments.[4] Milhares de estudantes a cada ano participam de cursos nos quais são treinados para programar esses *chips*. Essa é uma abordagem singular que assegurará que a principal linha de produto da empresa permanecerá ativa no futuro.

Em um artigo da *Fortune*, em 1999, Doug Rasor, coordenador dos negócios de DSP da Texas Instruments, disse: "De fato, acreditamos que o DSP vai emergir em uma série de lugares que são difíceis de prever. Por isso, estamos tentando manter a maior rede possível."[5] A Texas Instruments realizava bons negócios com seus DSPs em uma extensa variedade de aplicações, como áudio na Internet, câmeras digitais, impressoras, telefonia por meio da Internet, caixas acústicas digitais, pequenos dispositivos de dados, controles de motor elétrico e equipamento para rede *wireless*.

As recompensas financeiras dessa limpeza realizada entre 1996 e 1999 foram grandes. O valor de suas ações subiu de US$ 8 por ação para US$ 60 nesses três anos.

Texas Instruments: tempos difíceis

A explosão da Internet em 2000 prejudicou severamente a Texas Instruments, mas não tanto quanto muitas outras empresas que eram suas concorrentes. Os produtos mais solicitados continuaram a ser utilizados por seus clientes; o problema é que os negócios de seus clientes estavam fracos. Durante esse período, a Texas Instruments manteve o investimento na área de P&D, cortou toda despesa extra na empresa e aprimorou seus processos de fabricação.

No final de 2002, Tom Engibous deu uma entrevista à *BusinessWeek* na qual foi indagado a respeito de sua dedicação à principal linha de produtos, dado o caráter complicado do mercado durante a explosão da Internet.[6] Sua resposta foi: "A tarefa mais importante durante esse declínio foi não

ARMADILHA 2: ORGULHO

> *Tratando-se de produtos principais, o objetivo deve ser sempre melhorar, diminuir os custos e ser o líder da categoria.*

diminuir nosso investimento na área de P&D. Uma série de concorrentes, no entanto, teve de realizar cortes significativos em seus orçamentos relativos à P&D. Acredito que, se investirmos em determinadas áreas, como de *wireless*, banda larga, produtos analógicos de alto desempenho e produtos de processamento digital de sinal, seremos muito recompensados entre os dois ou cinco próximos anos."

No final de 2003, a Texas Instruments realmente começou a se livrar dos efeitos da explosão da Internet e a caminhar. Nos últimos meses de 2003, seus rendimentos cresceram 13% ao ano e seus lucros aumentaram 23% ao ano.[7] Analistas previram o crescimento contínuo da Texas Instruments, visto que suas duas principais linhas de produtos – processadores digitais de sinal e processadores analógicos – haviam se tornado extremamente importantes em uma grande variedade de produtos, como PCs, telefones celulares, câmeras digitais, *MP3 players* e sistemas de pilotagem de automóveis. Essa previsão se tornou realidade e, no segundo semestre de 2006, o valor das ações da Texas Instruments era de US$ 33 por ação, um pouco mais que o dobro dos US$ 16 do início de 2003.

O que Tom Engibous fez na Texas Instruments foi bastante simples: ele se concentrou nas duas áreas de produtos principais – processadores digitais de sinal e processadores analógicos –, procurou de maneira implacável por novas aplicações para esses produtos e trabalhou em uma série extensa de segmentos do setor consumidor de eletrônicos a fim de assegurar que nos produtos dessas empresas seriam colocados os DSPs da Texas Instruments. Treinar vários engenheiros sobre como programar os *chips* DSPs da empresa, manter-se na liderança da tecnologia DSP e continuamente promover novas aplicações aos clientes das categorias consumidoras de eletrônicos constituíram a estratégia poderosa da Texas Instruments. Isso também forneceu uma boa lição sobre o valor do foco constante no aprimoramento e na expansão de seus produtos principais.

Para que organizações bem-sucedidas se mantenham na liderança, é crucial ultrapassar seus concorrentes ao verificar um mercado importante, pontos de inflexão da tecnologia e tendências que possam fazer diferença em seu setor. É possível observar isso quando empresas estáveis se constrangem com um novato que surge com idéias brilhantes que capitalizam tendências importantes. Aqui estão algumas dicas que podem ajudar a organização a não perder oportunidades importantes:

1. **Funcionários responsáveis pelo negócio atual, com freqüência, não são suficientemente sensíveis a tendências futuras.** Essas pessoas se ocupam dos negócios atuais e, o mais importante, desenvolveram, provavelmente, algumas práticas herdadas bastante utilizadas ao longo dos anos para obter o atual nível de sucesso. Portanto, estão muito apegadas a essas práticas. Sua capacidade de imaginar um modelo de negócios com base em uma tecnologia ou tendência que possa substituí-los está altamente comprometida.

2. **Organize-se para realizar avaliações objetivas sobre tendências futuras.** É extremamente necessário ter pessoas dentro da organização cuja única responsabilidade seja analisar para onde o mundo está caminhando e entender o que isso significa para os negócios atuais. É importante que os gerentes deixem claro para esse grupo que eles devem iniciar seu trabalho com uma folha de papel em branco, ou seja, sem influência de práticas herdadas, e não devem tomar nenhuma decisão comprometedora pensando que a administração assim o queira. Os membros desse grupo devem saber que seu trabalho é procurar a verdade sobre o que ocorrerá no futuro, independentemente da relação que isso tenha com os negócios atuais ou com o pensamento dos atuais diretores da empresa. São necessárias pessoas espertas e decididas para desenvolver bem esse trabalho.

3. **Pontos de inflexão surgem de diversas maneiras, então é necessária uma visão ampla.** Estruturas de taxas, por exemplo, podem ser importantes. Estamos observando mudanças dramáticas nos negócios de madeira de construção como resultado da situação vantajosa do trustes de investimento imobiliário (Reit)[*]. A estrutura

---

[*] [NT] Do original *real estate investment trusts*.

> organizacional do Reit possui vantagens significativas sobre produtos de madeira e empresas de madeira de construção. Na área de matérias-primas, um outro exemplo é o aumento repentino no custo do petróleo e da gasolina, que pode levar a abordagens bastante caras ou abrir portas para outras oportunidades. A tecnologia também pode modificar extensamente o pensamento. Um bom exemplo aqui é a fotografia digital e o que ela causou no ramo de filmes fotográficos nos últimos anos.

Agir quando se percebe que um ponto de inflexão está para ocorrer requer, em geral, que riscos sejam assumidos. É difícil prever o futuro com exatidão; por isso, é necessário fazer estimativas. Aqui está um bom exemplo disso.

TOYOTA

Conforme mencionei no Capítulo 3, *Comportamento e pensamento herdados podem ser evitados*, o *Toyota Prius* tem sido um sucesso absoluto e constitui um exemplo interessante de empresa que vê e entende tendências importantes e age antecipadamente. Jeffrey Liker descreve o aparecimento do *Prius* no livro *The Toyota Way*.[8] O livro nos reporta a 1993, quando o *chairman* da empresa, Eiji Toyoda, escolheu o vice-presidente executivo de P&D, Yoshiro Kimbara, para liderar um pequeno grupo de engenheiros e encarregá-los do desenvolvimento de um carro para o século XXI. Os membros desse grupo fomentaram a opinião de que haveria uma grande pressão sobre os preços da gasolina e do petróleo e propuseram um automóvel pequeno e eficiente quanto ao combustível para o momento em que o preço da gasolina sofresse um aumento considerável. Eles acreditaram, fundamentalmente, que a possível emergência da China e da Índia como potências industriais pressionaria bastante a oferta global de petróleo. Além disso, a aposta deles era de que em alguns países, por razões ambientais, seriam elaboradas leis referentes ao consumo de gasolina por automóvel. Eram hipóteses arriscadas, mas os membros do grupo estavam confiantes de que esses pontos de inflexão ocorreriam; eles apenas não sabiam quando.

REVITALIZE CONTINUAMENTE SEUS PRINCIPAIS PRODUTOS E CAPITALIZE PONTOS DE INFLEXÃO

Toyota: organizando o projeto

Esses assuntos foram levados à direção da Toyota, que decidiu se organizar para verificar se a oportunidade era real. A direção da empresa nomeou Satoshi Ogiso como engenheiro-líder, funcionário bastante competente e, na época, com 32 anos. Seu trabalho era desenvolver uma avaliação objetiva para saber se essa era uma boa oportunidade e, caso a resposta fosse afirmativa, ele deveria unir uma equipe em torno do projeto que colocaria a Toyota à frente se essas tendências se tornassem realidade.

> *Agir quando se percebe que um ponto de inflexão está para ocorrer requer, em geral, que riscos sejam assumidos.*

Como diz o ditado, o resto é história. Ogiso se reuniu com a direção poucos meses depois e a convenceu de que o ponto de inflexão e a oportunidade relatados aconteceriam nos anos seguintes. Ogiso verificou que a Toyota possuía tecnologia que poderia utilizar eletricidade para prover energia para um automóvel, mas a bateria seria reabastecida, quando necessário, por meio de um pequeno motor à gasolina instalado no mesmo veículo, para que não precisasse ser recarregada à noite; uma questão crucial que foi mencionada no Capítulo 3.

No momento oportuno, um engenheiro-chefe foi nomeado, Takeshi Uchiyamada. Esse cargo denota muito poder na Toyota. O engenheiro-chefe é o responsável por fazer do projeto um sucesso de todos os pontos de vista: modelo, engenharia, custo e desempenho. Uchiyamada recomendou que um pequeno grupo de funcionários altamente competentes da Toyota fosse formado. Foi sugerido que os funcionários fossem tirados de suas funções atuais e nomeados para o projeto do *Prius*. A administração da empresa concordou e o grupo iniciou o desenvolvimento do *Prius*. Conforme visto no Capítulo 3, o automóvel foi um **sucesso instantâneo**.

Essa é uma ótima história que perpassa os pontos importantes mencionados anteriormente. A Toyota antecipou um ponto importante de inflexão, isto é, o aumento no custo de uma matéria-prima importante, a **gasolina**. Ao perceber que a estrutura atual da organização provavelmente não daria conta do projeto, nomeou um funcionário competente para determinar o impacto potencial e, então, formou-se um grupo de pessoas bastante qualificadas. Esse é um caso clássico de como dirigir bem seus negócios atuais e, ao mesmo tempo, antecipar uma tendência importante e unir uma equipe forte para assegurar que ela seja bem-sucedida.

ENCANA

Outro exemplo de empresa que entendeu as tendências antecipadamente é a EnCana Corporation. Essa empresa surgiu em 2002, da fusão entre Alberta Energy Company e PanCanadian Energy Corp. Desde 2000, essa empresa tem investido em milhares de acres (um acre equivale a 4.046 m^2) no Canadá que ela acreditava serem ricos em gás e petróleo difíceis de serem extraídos. Basicamente, ela estava apostando que o preço do petróleo continuaria subindo e que chegaria ao ponto em que seria mais econômico incorrer em alto custo para a obtenção de gás e petróleo bruto, betume e areia. Esse projeto estava sob a direção de Gwyn Morgan, um engenheiro de petróleo que havia trabalhado para a Alberta Energy e que foi para a EnCana após a fusão.

Essa empresa, com sede em Calgary, acumulou uma grande quantidade de terras no Canadá. Devido à elevação dos preços de petróleo e gás ao longo dos últimos anos, a EnCana obteve grande vantagem de suas pouco arriscadas compras de terras, tornando-se a maior produtora de gás natural na América do Norte e ultrapassando tanto a Exxon Mobil Corporation quanto a BP PLC.

Roger Biemans, presidente da EnCana na época, descreveu a situação de maneira bastante sucinta: "Não estamos descobrindo novos recursos, mas encontrando um caminho para explorar comercialmente recursos considerados não econômicos."[9] O gás que era fácil de ser extraído tem sido obtido há muito tempo pelas técnicas tradicionais de perfuração. A EnCana baseou sua aposta no fato de que havia muitos poços pequenos de gás e petróleo presos em densas formações geológicas que exigem que a rocha seja partida e o gás seja empurrado para fora.

Ao se preparar para tomar vantagem dessa oportunidade, a EnCana desenvolveu uma série de novas abordagens para obter petróleo e gás difíceis de ser extraídos. Por exemplo, ela possui bons processos de perfuração que, após a perfuração, vão de lado a lado em diversas profundidades, criando uma estrutura que se parece com a raiz de uma árvore. A EnCana

REVITALIZE CONTINUAMENTE SEUS PRINCIPAIS PRODUTOS E CAPITALIZE PONTOS DE INFLEXÃO

se preparou bem para esse ponto de inflexão com seus bons processos de perfuração, e a extensão de seu projeto é incomparável. A empresa adquiriu uma imensa quantidade de terras. Especificamente, a EnCana é proprietária de 40 milhões de acres de terra na América do Norte, que se estendem desde o noroeste canadense até o Texas. Além disso, tem mais poços ativos do que qualquer empresa na América do Norte. Ela possui por volta de 5.000 poços e isso a ajuda a atingir economias de escala singulares.

> *A EnCana adquiriu uma imensa quantidade de terras. É um ótimo exemplo de empresa que pensa no futuro e se organiza para ser líder.*

A EnCana tem sido recompensada financeiramente por sua previsão. Desde 2002, seus rendimentos anuais quase triplicaram, aumentando de US$ 5,9 bilhões para US$ 17 bilhões em 2006. As margens de lucro da empresa são 18% mais altas do que as da maioria das empresas de energia. Seus lucros líquidos de US$ 5,3 bilhões são seis vezes mais altos do que aqueles que a empresa tinha em 2002. Como resultado, o valor das ações da EnCana foi de US$ 15 em 2002 para cerca de US$ 50 no segundo semestre de 2006.

Para os adeptos das práticas herdadas no setor de gás e petróleo, a EnCana estava louca em acumular todos aqueles campos de gás e petróleo que já foram explorados pela tecnologia e considerados não econômicos para serem explorados a fundo. Já do ponto de vista da EnCana, essa tendência seria, em algum momento, modificada a seu favor. Esse é um ótimo exemplo de empresa que pensa no futuro e se organiza para ser líder.

Esses exemplos da Texas Instruments, da Toyota e da EnCana demonstram a necessidade de buscar continuamente maneiras de aprimorar e atualizar seus produtos. Não permita que o orgulho relativo ao sucesso do passado atravanque o caminho. É necessário procurar constantemente por novas tecnologias e importantes mudanças estruturais no mercado que sejam significativos pontos de inflexão. Eles representam grandes oportunidades para seus produtos.

PARTE III

ARMADILHA 3
TÉDIO:
SER FIEL A UMA MARCA BEM-SUCEDIDA QUE SE TORNOU ANTIQUADA E INSÍPIDA

O mundo dos negócios é repleto de exemplos de marcas que já foram empolgantes e se tornaram insípidas e antiquadas. Isso normalmente ocorre porque menos atenção é dada à marca quando ela atinge o sucesso. Os diretores dessas marcas acreditam que encontraram a fórmula mágica e, por isso, podem relaxar e apenas colher os benefícios. Essa mentalidade, no entanto, conduz à falta de estímulo para a inovação de produtos, à execução de propagandas sem criatividade e a vendas frustrantes. Quando as pessoas acreditam que seu sucesso será duradouro, começam a diminuir seus esforços em razão de uma série de distrações.

A empresa de *fast food* McDonald's é um bom estudo de caso referente a esse assunto. Em 2002, o McDonald's estava em péssimas condições. A *Fortune* publicou num artigo escrito por David Stires "Arcos em decadência: McDonald's teve seis decepções seguidas em relação ao rendimento. Suas ações estão abaixo de 42%. E não conseguimos sequer nos lembrar do *jingle*! O que aconteceu?"[1] Sim, esse era o texto-título do artigo! Cory Hughes, da Loeffler Ketchum Mountjoy, uma agência de publicidade em Charlotte, Carolina do Norte, descreveu a situação da seguinte maneira: "A empresa era a fornecedora da **refeição norte-americana** mais famosa e passou desta posição para a de líder do setor de *fast food*. Na perspectiva de marca, é uma grande queda."[2]

O problema central, conforme explicado no artigo da *Fortune*, não era apenas o fato de os clientes não quererem mais cantar o tema do McDonald's, e sim "de reclamarem de serviço lento, funcionários mal-educados e comida com gosto de papelão."[3] E o pior: o McDonald's demorou a perceber o movimento direcionado a comidas mais saudáveis. Todos os dias eram publicados artigos sobre a grande quantidade de gordura e calorias existentes em seus famosos hambúrgueres. Os problemas da empresa nessa área foram acentuados com o lançamento do filme *Super Size Me*, que mostra um rapaz que decide fazer todas as suas refeições diárias **apenas** no McDonald's durante 30 dias, aceitando as sugestões dos atendentes para adicionar mais itens ao seu pedido, e acaba tendo problemas de saúde.[4]

O valor das ações do McDonald's declinou consideravelmente, indo de US$ 50 por ação, em 2002, para US$ 12, em março de 2003.[5] Nessa época, um novo CEO foi nomeado para resolver esses problemas e colocar a empresa de volta nos eixos. O McDonald's deixou todos os elementos de seu *mix* de *marketing* caírem por terra, tal como a sua estratégia/tema, em razão da falta de conhecimento sobre as atuais tendências gastronômicas e do fraco desempenho nas lanchonetes. Mais adiante, voltaremos à história do McDonald's.

Os problemas que o McDonald's enfrentou são bastante comuns. O desenvolvimento do *marketing* e da marca, apesar de não constituir uma ciência profunda, exige que os pontos básicos sejam executados da maneira correta; e eles devem ser executados dessa forma a todo momento. A questão é criar uma identidade empolgante para um produto ou serviço com base em posicionamento distinto e/ou características singulares do produto. São a imparidade e a qualidade que fazem com que novos usuários provem o produto e o utilizem com freqüência. Para isso, é necessário atualizar os elementos a todo momento e estar atento às tendências do setor a fim de caminhar à frente delas.

Estes são alguns aspectos importantes para não se deixar cair na armadilha de manter marcas bem-sucedidas como estão, simplesmente porque atingiram o sucesso!

10

SEJA CLARO E CONCISO, MAS ACIMA DE TUDO SEJA DIFERENTE

É surpreendente ver como muitos produtos estão lutando no mercado devido ao grave caso da falta de identidade, ou seja, não se tem nenhuma idéia clara do que a marca representa. A parte difícil do *marketing* é ter disciplina para sempre saber exatamente o que você está tentando fazer a marca representar. Vamos ver como uma empresa lida com esse desafio contínuo.

PROCTER & GAMBLE

Trabalhei na Procter & Gamble (P&G) durante 26 anos, mas nunca deixei de me impressionar com a clareza das declarações de estratégia de marca da P&G. Ela preserva religiosamente essas declarações e as utiliza como diretrizes em praticamente todos os aspectos de *marketing* e desenvolvimento de produto. A declaração de estratégia da marca P&G contém três frases. A primeira frase explica qual é o benefício do produto para o usuário. A segunda, é a razão pela qual um usuário pode acreditar que o produto cumpre a promessa daquele benefício. A terceira frase descreve o caráter da marca, isto é, se a marca fosse uma pessoa, como você descreveria a personalidade daquela pessoa? Das três declarações, só a segunda: a razão

> *Quando eu era o vice-presidente sênior de marketing da P&G, a declaração de benefício do detergente Tide era "o melhor detergente". Apenas isso.*

pela qual um usuário pode acreditar que o produto cumpre a promessa daquele benefício, é opcional. São necessárias a primeira, o cliente se beneficia, e a terceira, a declaração de caráter.

O que importa nessas declarações é que elas são virtualmente o mapa da estrada para todas as decisões relacionadas ao produto, à embalagem (ou qualquer meio usado para entregar o produto ou serviço para o usuário) e à publicidade. A publicidade deve ser consistente com a declaração de caráter e transmitir claramente o benefício daquele produto e a razão pela qual um usuário pode acreditar nele, se houver uma razão para aquele produto. A embalagem/mecanismo de entrega deve capturar o caráter da marca e, se possível, ajudar na comunicação do benefício. O produto deve entregar o benefício consistente com essa estratégia de marca.

P&G: detergentes

Para dar alguns exemplos, quando eu era o vice-presidente sênior de *marketing* da P&G, no início da década de 1990, a declaração de benefício do detergente *Tide* era "o melhor detergente". Apenas isso. Uma simples frase, mas que dizia muito. Queria dizer que o departamento de P&D sempre teve de fornecer capacidade de limpeza superior para o detergente *Tide*. O interessante é que hoje, 15 anos depois, a declaração de benefício do detergente *Tide* é "limpar a roupa com o cuidado de que ela necessita". Basicamente, o benefício ainda é a superioridade da limpeza, mas ele foi modificado para assegurar também maior cuidado com a roupa. Conseqüentemente, o detergente *Tide* oferece uma versão com alvejante segura, uma versão com fragrância fresca e uma versão de condicionamento das roupas - todas elas com o poder de limpeza superior de *Tide*.

Naquela época, o detergente *Oxydol* era "o melhor detergente alvejante". Nas propagandas eram exibidas camisas brilhantemente brancas e o produto continua uma mancha azul que significava, para o usuário, que existia uma razão para o *Oxydol* ser superior. E ele era - em relação às roupas brancas.

A fórmula química do produto era muito consistente para endossar as reivindicações de benefício de cada um desses produtos, porém, na maioria das situações de lavagem de roupa, os consumidores tiveram certa resistência para perceber a diferença porque suas roupas não estavam tão sujas. O importante é a mensagem que o cliente tira da publicidade e extrai do uso do produto. Essa é a meta da declaração de estratégia de marca. A chave para tudo isso é amarrar especificamente o que você quer que a marca represente e então executar implacavelmente o que aquela declaração afirma, em relação a todos os detalhes referentes ao produto, à embalagem e à publicidade.

P&G: pasta de dentes Crest

Naturalmente, é importante manter a marca contemporânea. Assim, com o passar do tempo, a declaração de estratégia de marca precisa mudar, assim como mudam os benefícios que você fornece para o consumidor e o ambiente do mercado. Apenas para exemplificar, nas décadas de 1960 e 1970, a pasta de dentes *Crest* estava enfocada exclusivamente na proteção anticáries, que era superior devido a seu famoso fluoreto. Quando esse atributo tornou-se comum, a P&G começou a lançar novos sabores e embalagens para apelar para o amplo interesse dos consumidores em usar bombas em vez de tubos, ou escovar com um gel em vez de usar um produto em pasta. Na década de 1980, surgiu uma nova fórmula para efetuar o controle de tártaro e foi lançada, então, uma versão da pasta *Crest* para o controle de tártaro.

Depois, entrou em voga a saúde da gengiva e houve um alvoroço para lançar produtos que apresentassem benefícios à saúde da gengiva. Já nos últimos anos, o clareamento dos dentes é que se tornou importante. Com o surgimento de todas essas inovações, o fluoreto e a proteção anticáries tornaram-se comuns, por isso a *Crest* ampliou sua declaração de benefício às linhas de produtos: "cuidado oral superior para sua família".

Para a Pocter & Gamble, essas declarações eram sagradas. No começo da década de 1980, quando eu fazia parte do grupo da marca *Crest*, lançamos a pasta com sabores para as crianças. Entretanto, essa proposta havia circulado pela alta administração alguns anos antes de eu fazer parte do grupo da marca, mas o CEO tinha escrito uma nota no canto superior direito da proposta que dizia: "Suspenda isto até que eu me aposente." Ele

> *A chave para tudo isso é amarrar especificamente o que você quer que a marca represente e então executar implacavelmente o que aquela declaração afirma, em todos os detalhes relacionados ao produto, à embalagem e à publicidade.*

nos lembrou que a pasta *Crest* era um produto imensamente bem-sucedido e que isso se devia à proteção anticáries e não à fútil oferta de sabores.

Dois anos depois, com um novo CEO no conselho, o grupo desengavetou a antiga proposta e meu papel foi tornar o argumento mais convincente. Para tanto, reunimos um arsenal de dados de pesquisa de mercado que apontavam claramente que as mães queriam uma pasta de dentes com fluoreto como a *Crest*, porém também queriam que a pasta tivesse sabores que as crianças gostassem, pois isso facilitaria fazê-las escovar os dentes. A pesquisa também confirmou que aquelas mães estavam tomando decisões de compra com base na aceitabilidade dos sabores por seus filhos. Também obtivemos informações concretas que demonstraram que determinados sabores, aliados à forma de gel, atraíam exclusivamente as crianças.

Enviamos nossa proposta à nova gerência e, depois de algumas sessões cansativas para examinar as informações dos consumidores, conseguimos aprovação para adicionar sabor à *Crest* para crianças. Finalmente convencemos a gerência de que os dados diziam claramente que a proteção anticáries ainda era importante, mas o sabor também era. O segundo sabor de *Crest* foi um grande sucesso de mercado e foi comercializado com foco na "grande proteção anticáries *Crest*, com um sabor que suas crianças vão amar". Toda a marca *Crest* alcançou significativa participação de mercado. Esse é um exemplo interessante acerca da importância do cuidado e do carinho para empreender a estratégia de marca.

MCDONALD'S

Vejamos a história do McDonald's. Em 2003, a companhia tentou resolver seus grandes problemas, por meio do desenvolvimento de uma estratégia de marca clara e concisa focada em transformar os clientes do McDonald's em "apaixonados" pelo McDonald's.[1] Essa era a estratégia: transformar "pessoas que gostam" em "apaixonadas". Para tanto, a empresa enfocou todos os aspectos de suas operações nesse tema. O *slogan* da nova campanha publicitária era "amo muito tudo isso," e a publicidade estava sob medida para os vários públicos-alvo da empresa. Para um grupo demográfico específico, foram mostradas pessoas a ele pertencentes, celebrando a grande experiência do McDonald's. O *menu* foi revisado, foram incluídas várias alternativas de pratos saudáveis e, acima de tudo, foi feito um importante esforço para que o atendimento nas lojas realmente fizesse com que os clientes amassem a experiência. O final feliz dessa história do McDonald's foi comprovado no resultado das mudanças que levaram a uma repentina e significativa reviravolta, isto é, na segunda metade de 2004, o McDonald's anunciou que os ganhos relativos às vendas subiram mais de 10%, um desempenho que a empresa não tinha alcançado em 30 anos.

Junto com a necessidade de uma declaração clara e concisa daquilo que se deseja que a marca represente, há outra necessidade-chave: pioneirismo. Para que sua marca seja bem-sucedida e se mantenha bem-sucedida, ela tem de se distinguir e oferecer claramente algo pioneiro e inovador para o cliente. Às vezes esses elementos são atributos físicos, como, por exemplo, a alta qualidade desenvolvida nos automóveis *Lexus*. A *Lexus* ganha constantemente, ano após ano, prêmios de qualidade, de modo que esta é nitidamente uma vantagem que distingue a marca.

Ao longo de décadas, o detergente *Tide*, que se chama *Ariel* em muitos países, tem conseguido se manter no mercado como o melhor detergente. No caso do *Tide*, é importante notar que a superioridade de sua fórmula é aprimorada regularmente conforme os químicos aperfeiçoam suas abordagens. Por exemplo, originalmente a fórmula continha fosfato como ingrediente-chave para a limpeza. Como os fosfatos estão sob suspeita de causar impactos nocivos ao meio ambiente, surgiram novas fórmulas livres de fosfato. Então, foram adicionadas enzimas a esse produto para torná-lo mais eficaz.

Depois, vieram os aditivos para proporcionar alvejamento seguro que aumentaram a superioridade do desempenho do detergente *Tide*. Além disso, vieram as fórmulas para água fria.

Às vezes, os aspectos diferenciais de uma marca são emocionais. Um grande exemplo disso é a marca de cosméticos CoverGirl, que alcançou enorme sucesso ao utilizar modelos para criar a aura de que as consumidoras estavam proporcionando um mimo a si mesmas ao usar os mesmos produtos utilizados pelas *top models* que estampam capas de revistas. Embora outras empresas de cosméticos, como a Revlon, tivessem usado modelos, quando a CoverGirl foi fundada, em 1961, ela montou as franquias com base no conceito de "usar os produtos que as garotas das capas de revista usavam". Na verdade, o nome selecionado para a marca, CoverGirl ("Garota da Capa"), é a estratégia de marca.

HARLEY-DAVIDSON

Um ótimo exemplo para compreender realmente o significado de inovação e pioneirismo é a Harley-Davidson. Em 1985, essa empresa passava por grande dificuldade. Suas motocicletas eram de baixa qualidade e isso era de conhecimento público. O problema mais grave era um constante vazamento de óleo. Dez anos antes, os negócios estavam em queda e, em meados da década de 1980, a empresa chegou muito perto da falência.[2] Durante esse declínio, felizmente Jeff Bleustein ingressou na empresa como vice-presidente de engenharia e, finalmente, resolveu os problemas de qualidade. Geralmente ele é visto como o homem que pôs fim aos crônicos vazamentos de óleo.

A partir de então, a Harley-Davidson se tornou uma incrível história de sucesso, principalmente por causa de sua fantástica marca. Basicamente, construiu-se uma motocicleta *cult*. A construção da marca abrangeu muitos ângulos, mas o elemento central em todos os seus produtos e *marketing* era a inconfundível **"atitude Harley"** de individualismo, liberdade e rebeldia.

Quanto ao produto em si, os sons profundos, ressonantes, emanados por uma Harley-Davidson são absolutamente inconfundíveis. Embora pareça grande e poderosa, a motocicleta propriamente dita não possui quantidade exagerada de equipamentos. Possui todos os refinamentos funcionais esperados, o acabamento é usualmente em preto e cromo e tem um inconfundível visual Harley-Davidson.

Com a mais nova motocicleta *Fat Boy*, com preços a partir de US$ 18.500, muitas Harleys são vendidas para um público economicamente diferenciado, mas ainda é possível comprar uma Harley por US$ 6.500. Segundo

Bleustein, é importante ter uma ampla faixa de preços: "nós trabalhamos duro para manter uma marca para as pessoas."[3]

Do ponto de vista do posicionamento da marca, a imagem do proprietário da Harley-Davidson é de alguém um pouco fora-da-lei, um motociclista "bad-boy" em busca de liberdade de espírito e aventura. Como relatou James Speros na revista *Advertising Age*: "Quando você compra uma Harley, não está comprando somente uma excelente máquina ou um meio de transporte; você está comprando um estilo de vida, algo místico, cultivado ao longo da história da empresa."[4]

Harley-Davidson: uma enorme investida de marketing

A Harley-Davidson lida com o *marketing* de modo muito multifacetado. Por exemplo, há 600 clubes de proprietários de Harley (*Harley Owners Group* - H.O.G.) nos Estados Unidos. Cada um desses grupos tem centenas de membros, que são orgulhosos proprietários das motocicletas Harley-Davidson. Esses grupos organizam viagens de motocicleta, festas da cerveja e uma grande variedade de atividades sociais, as quais giram em torno da forte sensação de individualidade que a motocicleta Harley-Davidson representa.

Enquanto os proprietários da Harley-Davidson são freqüentemente vistos como pessoas difíceis, desordeiras, geniosas e com grandes tatuagens, o surpreendente é que hoje o salário médio do cliente da Harley-Davidson é US$ 78 mil por ano,[5] ou seja, é este indivíduo quem monta em uma motocicleta de US$ 16 mil, que é o custo médio da maior motocicleta da Harley, a *Cruiser*.

A Harley é ótima na promoção de eventos para celebrar a "cultura Harley-Davidson". Um exemplo disso é o que ocorreu na celebração do 100º aniversário da empresa, em agosto de 2003, na qual mais de 250 mil pessoas do mundo inteiro foram a Milwaukee, Wisconsin, comemorar esse aniversário.[6] Há mais de 880 mil sócios dos vários clubes H.O.G. espalhados pelo mundo; um número surpreendente que mostra a força incrível que essa marca tem com seus clientes.[7]

Além disso, a Harley também lança uma variedade de outros produtos no mercado, bombardeando continuamente seus clientes de modo a envolvê-los com a marca. Existe, por exemplo, uma grande variedade de roupas e acessórios disponíveis para esses motociclistas e a empresa mantém seus clientes constantemente informados sobre os eventos especiais, como reuniões e outras oportunidades de encontros pelas quais eles possam se interessar. A Harley ainda licencia outros produtos; por exemplo, existe até uma boneca *Barbie* motociclista e um cartão de crédito Visa com a marca Harley-Davidson.[8]

Harley-Davidson: idéias novas, mas consistentes

Assim como a Harley-Davidson entende de exclusividade e trabalha muito para manter sua "imagem moleque", também reconhece a importância de inovar seus produtos. Recentemente, isso a levou a lançar a *Harley V-Rod*, que é uma poderosa, macia e reluzente motocicleta conhecida por seu excelente desempenho. A empresa também está lançando um conjunto de novas motocicletas esportivas para competir com as japonesas, que são bastante populares entre os motociclistas mais jovens.

Todo esse brilhante *marketing* está focado na imagem exclusiva da Harley, da qual Jeff Bleustein, CEO da Harley há vários anos, realmente entende. Ele foi citado como o autor da frase: **"Você sempre precisa manter um pouco da agressividade na marca."**[9]

Nos últimos 20 anos, a empresa tem obtido um recorde incrível nos lucros e no crescimento das vendas. Como resultado, as ações da Harley-Davidson, que valiam apenas US$ 0,39 no final 1987, subiram rapidamente para mais de US$ 63 na baixa de 2006. A exclusividade da Harley tem criado uma verdadeira corrida a seus acionistas.

Esses exemplos da P&G, do McDonald's e da Harley-Davidson trazem uma lição muito simples: seja claro sobre o que sua marca representa e, então, crie identidade e a mantenha. Essa idéia parece simples, mas todos nós sabemos o quão difícil é realizá-la.

11

MANTENHA O FOCO DE MODO IMPLACÁVEL NOS DETALHES E NA EXECUÇÃO

Uma vez que você tenha uma estratégia de marca clara e concisa que é inconfundível, você enfrenta o árduo trabalho de colocá-la em execução com excelência na esfera comercial. Essa não é a parte mais fascinante do *marketing*, mas executar essa estratégia com alta qualidade é fundamental para realmente trazer vida à marca.

Todos os elementos de *marketing* têm de ser consistentes com os benefícios e o caráter da marca. Isso inclui todo o pacote: a atitude do pessoal de vendas, de atendimento ao cliente, todos os tipos de anúncios utilizados e a experiência do consumidor em relação ao uso do próprio produto.

Vejamos um excelente exemplo de uma companhia que faz tudo isso muito bem.

STARBUCKS

Essa companhia é um excelente exemplo de magnífica execução de estratégia de marca. Muitos de nós experimentamos isso todo dia ao ir a uma de suas lojas. A Starbucks tem uma visão muito clara do que deseja que o cliente tenha em mente e trabalha incessantemente para que todos os aspectos da experiência do consumidor estejam alinhados com esse objetivo.

Starbucks: o início

Em 1983, Howard Schultz viajava pela Itália e visitou uma cafeteria italiana em Milão. Enquanto apreciava seu café com leite, ele começou a pensar sobre a possibilidade de abrir uma cafeteria nos EUA, utilizando o mesmo conceito. Ao retornar a Seattle, ele não conseguia tirar essa idéia da cabeça. Assim, quando uma empresa, com seis lojas, que vendia café, filtros e cafeteiras foi posta à venda em 1987, Schultz levantou US$ 4 milhões e a comprou.[1]

A propósito, os proprietários originais dessa pequena rede de lojas escolheram o nome "Starbucks" porque eles acreditavam que palavras iniciadas com "St" eram memoráveis, e não porque houvessem pensado ternamente no imediato do navio, em Moby Dick, chamado Starbuck.

Nove anos depois, em 1996, um analista financeiro da consultoria americana de investimentos Piper Jaffray **"previu"** o futuro da marca claramente quando disse: "Não será nenhum toque de gênio se eu disser que achamos que a Starbucks se tornará uma das maiores marcas, não só internamente, mas também internacionalmente. Eles prestam muita atenção aos detalhes e tudo o que o consumidor toca, emana qualidade."[2]

Starbucks: o que é?

Quando você entra pela primeira vez em uma loja Starbucks, fica evidente, quando olha ao redor, que você não vai tomar uma xícara de café comum. As instalações são pós-modernas, o ambiente convida para um bate-papo e possui um aroma incrível de grãos torrados de café arábica por toda a parte.[3] Em um artigo sobre a Starbucks, Diane Brady, da revista *BusinessWeek*, a definiu bem quando disse que "o que as pessoas realmente almejam é o ambiente relaxado, a música e até os baristas (atendentes) que lembram das misturas favoritas dos clientes."

Quando Brady entrevistou Amy Berkman, uma cliente que estava tomando seu *Chai latte* diário em uma loja Starbucks, ela descobriu que Amy estava lá porque era o local onde encontrava seus amigos. Amy Berkman não gosta de café; ela gosta da sensação de estar na Starbucks. Ao longo dos anos, Howard Schultz resumiu esse pensamento sucintamente quando foi questionado sobre o que é a Starbucks. Ele disse: **"O produto é a experiência."** A Starbucks não está apenas vendendo café, é muito mais que isso, está criando uma experiência emocional.[4]

Starbucks: treinamento completo

Em um artigo da *Fortune,* de 1996, Jennifer Reese discutiu o quão disciplinada a Starbucks é para proteger aquela experiência a que Howard Schultz se referia.[5] Ela mencionou uma mulher chamada Kim Sigelman, que estava administrando uma loja Starbucks em Emory, na Califórnia. Para demonstrar o nível com que os baristas são treinados para manter a coerência da experiência Starbucks, Sigelman explicou no referido artigo o que isso significava para ela com a seguinte frase: "A princípio eu achei o *dress code* (código de conduta e modo de se vestir) uma afronta para meu modo de ser. Levei algum tempo para avaliar onde eu queria chegar e percebi que existiam sacrifícios que eu precisaria fazer." Segundo a história, isso a fez tomar a difícil decisão de remover o *piercing* da língua, porque isso não estava de acordo com o *dress code* da *Starbucks,* e cobrir suas quatro tatuagens durante o trabalho. Ela disse: "São pessoas como meus pais que pagam US$ 300 por uma máquina de café expresso doméstica na Starbucks e elas não querem ver minhas tatuagens; eu posso compreendê-las." Os baristas da Starbucks são altamente treinados para proteger essa exclusividade proporcionada pela experiência de ir à Starbucks.

A seguir, para assegurar uma experiência positiva com o produto, a empresa empreende enormes esforços em seminários de treinamento, que ensinam a seus funcionários como ser um barista (atendente *expert* em cafés) da Starbucks. "Preparar a xícara perfeita" é uma aula-chave à qual todos os "parceiros", como são chamados os funcionários, devem freqüentar nas suas primeiras seis semanas de trabalho. A Starbucks promove essas aulas ininterruptamente, dado o número de lojas que vem abrindo. Os participantes têm de ler em voz alta as seções do material para os outros alunos para que realmente acreditem nele. Eles aprendem como lembrar os clientes de comprar os grãos semanalmente, aprendem também a fazer com que os clientes entendam que a água de torneira pode ser inadequada para fazer café e, ainda, a lembrar os clientes para que nunca deixem o café em uma chapa quente por mais de 20 minutos. A respeito da água, o manual ensina: "Você não desejaria fazer café com uma água de sabor desa-

> *A Starbucks está constantemente buscando novos caminhos para criar estímulo.*

gradável, assim como não desejaria fazer um *milkshake* com leite azedo, não é?"

É também nesses cursos de treinamento que os baristas aprendem sobre os novos produtos e como prepará-los. Tendo em vista que a Starbucks sempre lança novos produtos, como o *Frappuccino,* por exemplo, é vital que esses produtos sejam preparados com alta qualidade; dessa maneira, não existe nenhum substituto para o treinamento de alta qualidade de cada barista.

O treinamento é importante não apenas para que os baristas se mantenham atualizados em relação aos produtos, mas também para que sejam treinados a tratar os clientes de modo positivo e entusiástico. De fato, a Starbucks destaca a importância de passar uma sensação de trabalho de equipe para os clientes, por intermédio da interação dos funcionários nas lojas. Esses são tópicos significativos no treinamento de um barista e são todos focados no objetivo de fazer com que os clientes vivenciem uma consistente experiência ao irem à Starbucks.

Starbucks: produtos e lojas

A Starbucks também trabalha muito para ter certeza de que se mantém atualizada e oferece novos estímulos para seus clientes; tudo isso dentro do contexto de sua marca muito bem definida. Primeiro, há o café. A empresa está constantemente em busca, pelo mundo, de descobrir, literalmente, os melhores grãos de café. Ela trabalha arduamente para desenvolver relacionamento com produtores de café em vários países para ter a certeza de que estão sendo oferecidos os melhores grãos de café. Se um produtor não estiver acompanhando o nível de qualidade que a Starbucks exige, ele é dispensado. Em comentário sobre esse incrível empenho para conseguir os melhores grãos de café, Howard Schultz disse: "Nós somos zelosos e nos orgulhamos disso."[6]

A Starbucks está constantemente buscando novos caminhos para estimular seus clientes e, assim, ter certeza de que não está apenas "deitada em sua fama". O lançamento do *Frappuccino* em meados da década de 1990, uma bebida à base de café gelado, elevou as vendas de verão ao topo e, desde então, o *Frappuccino* tem sido um estrondoso sucesso. Para capitalizar esse sucesso, a Starbucks começou a engarrafar uma versão dessa bebida para venda em supermercados. Também trabalhou com o fabricante de sorvete Dreyer e lançou um dos sorvetes de café mais vendidos do país. Além disso, fechou um acordo com a United Airlines, em que os clientes da United podiam apreciar o rico sabor do café da Starbucks enquanto sonhavam com o ambiente harmonioso da Starbucks, mesmo estando a bordo de um avião, em uma linha aérea comercial!

Quanto à franquia de lojas, Schultz, há muito tempo, recusou-se a franquear as lojas da Starbucks. Ele simplesmente não confiaria a qualquer outro a tarefa de proporcionar a experiência vivida pelo cliente da Starbucks. Em 1992, em um artigo da *Fortune*, ele declarou: "Toda essa integração vertical tem como base perguntas que fazemos a nós mesmos: 'O que temos de fazer para obter o melhor produto e a melhor atmosfera para nossos clientes?' **A resposta é: nós mesmos temos de fazer tudo.**"[7]

Starbucks: protegendo a marca

Então, **"como"** Howard Schultz e sua equipe mantêm a tradição da Starbucks sólida, ao mesmo tempo em que renovam constantemente sua linha de produtos? Em um artigo da *Fortune*, de 2005, o CEO Jim Donald frisou a importância de proteger a excelência: "Nosso sucesso decorre do modo com que nos relacionamos com nossos clientes, nossas comunidades, nossas fazendas - com cada um deles. Nós acabamos de realizar uma conferência de quatro dias sobre liderança. O tema era *Relacionamento humano*. Não conversamos sobre vendas e lucros nenhuma vez. Conversamos sobre como continuamos crescendo e como nos relacionamos. Como se sabe, Howard sempre disse, 'nós não estamos nos negócios de café, servindo pessoas; nós estamos nos negócios de pessoas, servindo café.'"[8]

Em 2003, Schultz revelou: "Queremos nos tornar uma das mais respeitadas e reconhecidas marcas no mundo... como a Coca-Cola." Bem, se a Starbucks continuar a manter aquela experiência inigualável enquanto cria constantemente estímulo às lojas, por meio de atendentes bem treinados, novos produtos e novas idéias de serviço, sua recente tendência, durará... Um típico cliente norte-americano freqüenta sua Starbucks favorita, em média, 18 vezes por mês. Nenhum varejista norte-americano tem freqüência mais elevada de visitas de clientes.

ARMADILHA 3: TÉDIO

> *Para criar uma reputação realmente sólida para uma marca, é vital que a representação e o visual sejam absolutamente consistentes e verdadeiros para com a imagem única que está sendo criada.*

As vendas subiram em média quase 20% por ano e, desde então, a empresa se tornou popular. A Starbucks representa a essência de manter o âmago de uma marca muito forte que se preocupa constantemente em saber "como" está interagindo com seus clientes e também com as novas idéias que estão sendo propostas, para ter certeza de que não está "deitando na fama" e simplesmente apreciando o sucesso.

A Starbucks faz um ótimo trabalho, usando todos os elementos de *marketing* e a experiência de produto para reforçar e transmitir claramente sua imagem. Para criar uma reputação realmente sólida para uma marca, é vital que o que ela representa e o seu visual sejam absolutamente consistentes e verdadeiros para com a imagem única que está sendo criada. A exposição freqüente de consumidores a uma imagem consistente é o segredo para criar uma identidade clara para uma marca e um produto. Os símbolos gráficos da marca e do logotipo deveriam sempre ser os mesmos, não importando onde eles aparecem, e o "tom" utilizado para apresentar informações sobre o produto precisa ter consistência com todos os elementos de *marketing*. A Starbucks faz tudo isso muito bem.

Sempre preparar corretamente os detalhes da marca e executar essa estratégia sempre com precisão é o segredo para construir um diferencial importante. A Starbucks nos ensina lições valiosas todos os dias, dia após dia.

No início de 2008, Howard Schultz, que estava afastado da presidência da Starbucks, foi obrigado a voltar à ativa e realizar vários movimentos radicais, entre os quais, a paralisação da abertura de novas lojas nos EUA. Podemos destacar algumas mudanças: a melhoria do treinamento dos atendentes, buscar novos produtos, etc. Tudo isso devido a uma rota de declínio que a empresa começava a apresentar.

Como se nota, não é possível nunca se manter inerte, seduzido pelo sucesso do passado; pois novos concorrentes e produtos vão surgindo, podendo tirar a empresa da liderança, tornando-a obsoleta.

12
PERMANEÇA RELEVANTE

Para que uma marca se mantenha como líder do mercado, ela deve não só acompanhar as principais tendências do mercado, mas também conduzi-las.

Como vimos antes, o McDonald's passou por diversos problemas em 2002, mas um que demonstrou claramente uma vulnerabilidade significativa foi o fato de o McDonald's ter ficado para trás no quesito alimentos saudáveis. Em artigos sobre alimentação saudável, a empresa era constantemente citada como a provedora da maioria de gorduras e calorias por dólar. Em novembro de 2002, o McDonald's contratou Kay Napier, da Procter & Gamble, como executiva de *marketing*, que rápida e diretamente comentou sobre sua administração: "As mulheres não gostam de ir ao McDonald's." Ela foi informada de que o McDonald's havia tentado vender saladas por três vezes, mas não tinha obtido sucesso. Kay Napier, não se deu por satisfeita e conseguiu convencer todos a tentar vender saladas novamente.[1]

A mudança que Napier fez nesta quarta tentativa de vender saladas no McDonald's foi estabelecer o compromisso de garantir que o produto fornecido fosse uma **excelente** salada do McDonald's.

Ela se recusava a ir pelo caminho mais fácil. A nova oferta de salada da empresa contava com 16 tipos de alface e os molhos eram da linha de Paul Newman. Tudo isso contribuiu para reforçar a imagem de qualidade geral da oferta.

ARMADILHA 3: TÉDIO

> *Saia na frente das principais tendências do setor ou correrá o risco de perder relevância e se prejudicar bastante.*

No final de 2003, o McDonald's havia vendido cerca de 150 milhões de saladas, o que o ajudou a reverter esse problema comercial bastante desagradável. Outro fator importante foi que os outros setores do McDonald's começaram a perceber a importância de aderir à **tendência da alimentação** saudável, em vez de resistir a ela, tanto que a empresa lançou uma oferta de *Chicken McNuggets* de carne branca para o McLanche Feliz das crianças, o que gerou um ganho comercial imediato de 15%.[2] Além disso, lançou outros itens saudáveis, como o *Chicken Selects*, um filé inteiro de peito de frango, e essas ofertas superaram as expectativas.

A lição que tiramos desse exemplo é a seguinte: saia na frente das principais tendências do setor ou **correrá o risco de perder relevância e se prejudicar bastante**.

A relevância é particularmente importante quando as empresas tentam vender suas marcas a novos grupos demográficos ou em diferentes áreas geográficas. É importante ser sensível às seguintes questões que afetam a relevância:

1. **Compreenda a cultura local e as práticas aceitáveis.** Quando um profissional de *marketing* decide lançar uma marca em uma nova área geográfica, a sensibilidade inadequada dos costumes locais geralmente torna-se um problema. As ilustrações das atuais embalagens de seu produto podem ter um significado, em alguns países, que você não espera. O tom de sua propaganda pode ser inaceitável para aquela cultura e as ferramentas de mídia que você utiliza nos países em que você faz sucesso podem não ser a maneira mais correta para lançar sua campanha de *marketing* em um outro país. Cabe a você compreender perfeitamente a cultura e os consumidores locais e obter diversos dados sobre os hábitos e as práticas da nova área.

> **2. Ao avaliar os riscos da mudança de alguns elementos de seu complexo de *marketing* bem-sucedido, pondere sobre a cultura local.** Geralmente há certa hesitação em mudar alguns elementos do complexo de *marketing*, tais como a embalagem, a estrutura da propaganda e outras características do produto em si. Às vezes, os costumes locais indicam que algo deve ser mudado, entretanto você se preocupa quanto ao fato de mudar as abordagens que foram utilizadas com sucesso no passado. Essas questões, que são legítimas, devem ser completamente pesquisadas, se possível. Por outro lado, é importante julgar o quão negativas são suas práticas atuais à outra cultura, para poder avaliar devidamente os riscos. Caso seja imprescindível, certamente você deve ponderar sobre a cultura local.

Essas questões são muito complicadas, pois você se esforçou bastante para compreender o que está fazendo sua marca funcionar e quais elementos de seu produto levaram ao seu sucesso. Ir para uma nova área geográfica e obter as informações necessárias para modificar algo é desafiante. A prática herdada leva a querer proteger tudo; pensa-se que, uma vez que o produto fez sucesso em um lugar, não deve haver motivo para ele não fazer sucesso em uma nova área.

COCA-COLA

Essa gigante global de bebidas foi certamente inflexível ao proteger sua prática herdada para embalagens na Alemanha.[3] Vejamos a história. No início de 2003, a Alemanha colocou em vigor uma lei que exigia a devolução de embalagens de refrigerantes não-retornáveis às lojas, com um reembolso de 0,25 euros (aproximadamente 33 centavos de dólares). Os lojistas não aprovaram esta lei, pois ela exigia que eles aceitassem a devolução de embalagens adquiridas em outras lojas, sem compensá-los devidamente pelo custo de manuseio delas. Basicamente, o governo estava tentando fazer com que todos os fabricantes de refrigerantes utilizassem uma embalagem comum retornável. A expectativa era de que essa penalidade fizesse com que eles adotassem essa prática.

Coca-Cola: uma decisão crítica

Naturalmente, a Coca-Cola evitou isso, visto que sua garrafa era uma peça fundamental, uma herança e um elemento essencial de identificação da marca. Sem dúvida, esse ponto de vista era razoável, mas a Coca deu pouca importância aos potenciais desdobramentos ao ignorar esse importante esforço de reciclagem na Alemanha. Essa decisão acabou gerando enormes repercussões para a Coca-Cola. As grandes cadeias de lojas de desconto da Alemanha, como Lidl e Plus, foram inundadas com uma quantidade superior de sua parcela justa de embalagens de refrigerantes não-retornáveis, que eram devolvidas, com custo de 0,25 euros cada, e decidiram interromper a comercialização de Coca-Cola em suas lojas. Com isso, elas investiram todos os seus esforços de *marketing* na marca de suas lojas, que foi estampada nas embalagens comuns retornáveis. Elas tornaram pública sua decisão de se recusarem a armazenar Coca-Cola até que esta fosse distribuída na embalagem retornável padrão. Essa foi uma forma de elas se absterem da obrigação de pagar por embalagens não-retornáveis.

Em 2003, a Coca-Cola cedeu e adotou a embalagem retornável, mas seus problemas ainda não haviam acabado. As maiores cadeias de lojas demoraram muito para voltar a reabastecer seu estoque de Coca-Cola e sua relação com esses grandes clientes estava muito prejudicada. Quando essas cadeias de lojas voltaram a reabastecer seu estoque de Coca-Cola, deram-lhe um espaço na prateleira bastante insatisfatório.

Coca-Cola: as implicações comerciais

A postura assumida pela Coca-Cola e os conseqüentes problemas geraram graves implicações comerciais. Embora a parcela de vendas de refrigerantes da Coca-Cola na Alemanha fosse de 62% no início de 2003, um ano depois do ocorrido, as vendas caíram para 55%. Em 2004, a Coca-Cola teve um ônus de US$ 374 milhões para suas unidades da Europa, Oriente Médio e África e citou o problema ocorrido na Alemanha como a principal razão de seu enfraquecimento. As vendas de Coca-Cola na Europa continuaram a cair e, no primeiro trimestre de 2005, caíram 12%. Ao informar esses resultados, o CEO da Coca-Cola, Neville Isdell, afirmou: "A Alemanha continuará a ser um desafio para o balanço do ano."

Com base nessa experiência, o que a Coca-Cola basicamente fez foi avaliar o que o comércio varejista estava passando com essa decisão do governo para recusar embalagens fora do padrão. Para piorar ainda mais, sua principal concorrente, a PepsiCo, reagiu rapidamente à nova legislação alemã e distribuiu seus produtos nas garrafas aceitáveis e sua parcela do mercado aumentou de 11%, em 2003, para 15%, em 2004.[4]

Esses tipos de apelos são realmente complicados, visto que se deseja proteger os elementos de sua marca, que contribuíram para seu sucesso no passado. Por outro lado, seja objetivo sobre o que o mercado está dizendo e ajuste-se adequadamente.

> *Proteja os elementos de sua marca que contribuíram para seu sucesso no passado. Por outro lado, seja objetivo sobre o que o mercado está dizendo e ajuste-se adequadamente.*

PROCTER & GAMBLE (P&G)

Outro exemplo da necessidade de considerar as práticas locais diz respeito à P&G e seus negócios no Japão. Nas décadas de 1970 e 1980, a P&G passou por dificuldades no Japão e perdeu centenas de milhões de dólares. As marcas que fizeram imenso sucesso em diversos países eram levadas ao Japão pela P&G, mas não conseguiam emplacar. As agências de propaganda utilizadas pela P&G e no Japão eram originalmente subsidiárias japonesas das grandes agências de propaganda globais utilizadas pela P&G em outros países. Embora estas agências contratassem criadores e diretores de arte japoneses, sua administração era geralmente norte-americana ou européia e, ainda mais importante, a equipe da matriz da P&G esforçava-se, para sempre que possível, globalizar todos os aspectos das marcas da empresa. Isso significava que, caso você tivesse uma campanha de propaganda bem-sucedida que consolidasse uma marca em muitos países, esta campanha seria seu ponto de partida em qualquer novo país para o qual você levasse a marca.

Por exemplo, a propaganda da Head & Shoulders no Japão mostrava pessoas com caspa e a intolerância social em relação a este fato; então, a Head & Shoulders apresentava a solução, tornando-se a heroína por solucionar o problema, deixando o usuário satisfeito. Geralmente, isso é conhecido como propaganda de solução, e a P&G era mestra nisto. Em comerciais de lavanderia, apresentava-se duas peças de roupa previamente sujas, depois mostrava-se uma lavada com o detergente da P&G e outra, com o detergente do concorrente; demonstrava-se visualmente como o produto da P&G era claramente superior em seu poder de limpeza. Além disso, como, em praticamente todos os outros países, a Procter & Gamble não divulgava propaganda sobre sua empresa (ou seja, a P&G), no Japão ela também não fazia essa divulgação. Todas as propagandas eram destinadas a marcas individuais; nenhuma propaganda divulgava a empresa P&G.

Procter & Gamble: duras lições

A frustração da P&G pela sua falta de sucesso no Japão tornou-se grande o suficiente para que a P&G decidisse conversar com algumas agências de propaganda japonesas para obter o ponto de vista destas sobre a falta de sucesso da empresa. O pessoal que forneceu algumas das melhores idéias era da agência de propaganda Dentsu, no Japão, uma agência de propaganda japonesa geralmente reconhecida como uma das melhores agências de propaganda para lidar com marcas japonesas. Após a P&G conhecer um pouco este pessoal, a administração da Dentsu finalmente teve a ousadia necessária para explicar à P&G que a cultura e os telespectadores japoneses consideravam a maioria de sua propaganda ofensiva. Eles, profissionalmente, explicaram que os japoneses, na verdade, não gostam de ver situações problemáticas ou pessoas sendo retratadas em situações negativas. Além disso, enfatizaram que os consumidores japoneses querem conhecer a empresa que produz os produtos. Na maioria dos países, a P&G sente-se orgulhosa pelo fato de sua empresa ser discreta e de toda sua notoriedade estar associada às marcas. Acontece que, no Japão, essa opinião estava equivocada.

Certamente, essa experiência foi constrangedora para o pessoal de *marketing* da P&G, mas esta teve de encarar a realidade, e os vários anos de fracasso no país fez com que ela se tornasse mais receptiva.

Então, como a empresa reagiu? Ela passou a utilizar mais agências japonesas, as quais criaram propagandas que evidenciavam os produtos e os benefícios que eles proporcionavam ao cliente, mostrando apenas o lado positivo na propaganda. Dessa forma, a P&G passou a anunciar sua empresa e explicar ao público japonês quem era a P&G e quais eram seus valores corporativos.

Algumas dessas mudanças nas abordagens de marketing, aliadas ao fato de a P&G finalmente compreender o complicado sistema de distribuição no setor de produtos de consumo no Japão, fizeram com que a empresa passasse a ter sucesso no país.

Observando os fatos, quando chegou ao Japão, a P&G estava simplesmente seguindo as práticas herdadas de outros países; estava demasiadamente confiante e **falhou ao fazer a lição de casa básica**. Não tentou compreender os costumes locais da maneira que deveria nem se esforçou para garantir que suas práticas fossem relevantes e aceitáveis para a cultura e os hábitos locais.

Diversas empresas erraram ao ignorar a cultura e os costumes de outros países, ou lugares, ao tentarem globalizar suas ofertas. O que ocasiona isso são as práticas herdadas que surgem em relação aos produtos e às marcas conforme estes obtêm um certo grau de sucesso, isto é, acredita-se que a empresa deve congelar tudo da maneira que está e seguir com as mesmas práticas por todo o mundo coletando o lucro dentro de cada país. Infelizmente, as coisas não são tão simples assim. **Mais uma vez, se você acha que já sabe tudo, cuidado!**

PARTE IV

ARMADILHA 4
COMPLEXIDADE: IGNORAR SEUS PROCESSOS DE NEGÓCIOS À MEDIDA QUE ELES SE TORNAM INCÔMODOS E COMPLICADOS

À medida que as organizações bem-sucedidas crescem, geralmente caem na armadilha de **contratar mais pessoas**, o que as torna mais complicadas. Então elas se reorganizam em pequenos grupos para conseguir um grau maior de responsabilidade, mas isso geralmente leva à fragmentação improdutiva de processos que deveriam ser seguidos por toda a organização. Esses pequenos grupos argumentam que estão trabalhando bem e, por isso, precisam administrar seu próprio negócio.

Em pouco tempo, eles percebem que são diferentes do restante da empresa e precisam de seu próprio sistema de informação, sua equipe e práticas de recursos humanos. Então, se empenham para se desvincular de quaisquer atividades corporativas de fabricação e desenvolvem seu próprio processo de fornecimento de produtos e logística e suas próprias instalações fabris. Naturalmente, quando um segmento da organização está tentando operar sozinho, ele precisa ter sua própria equipe e processos financeiros que mostrem as diferenças daquela parte da empresa. Assim, as coisas se fragmentam em feudos e cada um deles trabalha constantemente para se manter o mais independente possível, pois isso faz parte da natureza humana.

Esse tipo de fragmentação dificulta a introdução de mudanças nos processos fundamentais. Dessa maneira, fica muito difícil estabelecer regras para toda a empresa e implementar uma nova abordagem em uma área como finanças ou recursos humanos se torna muito complicado, já que os diversos **"fragmentos"** estão conduzindo suas atividades de modo independente.

Recentemente, prestei consultoria a uma empresa, cujo orçamento é de US$ 10 bilhões, que fornece materiais para a indústria automobilística. Aceitei essa proposta para resolver problemas relativos a lucratividade. Quando questionei sobre o número de funcionários de cada uma das divisões da empresa e de cada uma de suas equipes, tais como finanças, fabricação, TI e recursos humanos, a administração disse que poderia me informar quantos funcionários havia nos grupos corporativos, mas isso iria requerer um grande esforço para calcular, por exemplo, quantos funcionários de recursos humanos havia nas várias divisões da empresa. Eu perguntei por que isso acontecia e eles me disseram que cada grupo possuía seu próprio sistema de informação e que esses sistemas não estavam conectados entre si. Então não era possível criar um relatório.

Após passar dois dias nessa organização e perceber como era difícil descobrir como as várias áreas, como TI e recursos humanos, estavam realmente estruturadas e quais eram suas despesas, sugeri que os gerentes encarassem o fato de que eles não sabiam muito sobre sua estrutura de custos e que precisariam de alguns meses para que uma equipe financeira incumbida dessa tarefa descobrisse onde realmente estavam seus custos. Sugerimos, por exemplo, que eles isolassem o número de funcionários por divisão e área funcional, como finanças e TI; entretanto, eles afirmaram que essa tarefa levaria de dois a três meses, já que essa informação existia dentro das unidades, mas não estava centralizada, e as unidades utilizavam métodos próprios para definir essa quantificação e haviam elaborado seu próprio banco de dados.

Quando eu voltei àquela empresa três meses depois, ela tinha terminado a dura tarefa de reunir todos os dados. A administração ficou surpresa quando viu os números. A empresa tinha um quadro de 1.250 funcionários de recursos humanos. Anteriormente, todos os gerentes sabiam que possuíam cerca de 60 profissionais de recursos humanos no grupo corporativo. Comparando com outras fornecedoras do setor de autopeças com aproximadamente o mesmo tamanho, concluiu-se que eles teriam um quadro de, no máximo, 300 funcionários de recursos humanos.

Cada uma das divisões havia se separado e elaborado seu próprio conjunto de práticas para gerenciar e realizar avaliações de desempenho. Cada divisão possuía seu próprio banco de dados de funcionários para manter em dia os planos de benefícios e salários. Na área financeira, cada divisão havia desenvolvido seu próprio plano de contas e contratado um número razoável de analistas financeiros para monitorar os novos sistemas desen-

ARMADILHA 4: COMPLEXIDADE

volvidos para capturar as diferenças de suas atividades relacionadas ao que acontecia com o restante da empresa, ou seja, os processos de negócios da empresa, fundamentais para o funcionamento da organização, estavam completamente destruídos e fragmentados e a introdução de qualquer mudança na organização como um todo era extremamente difícil.

À medida que as organizações envelhecem e experimentam o sucesso, esse tipo de dificuldade em relação aos processos centrais que a organização utiliza para desenvolver suas atividades surge a todo instante. Há diversos casos de empresas que se deparam com problemas de lucratividade por não enfrentarem essas situações continuamente e por não possuírem uma forte liderança para manter esses processos em andamento.

Agora, vamos ver algumas dicas sobre o que você deve fazer para não cair nessa armadilha e verificar, por meio de exemplos, como evitar esse tipo de problema.

13
NÃO ESPERE PELA CRISE

Por que é tão difícil manter o desenvolvimento dos processos que auxiliam no funcionamento da organização? O motivo é a dificuldade que as pessoas têm para aceitar mudanças. Elas acreditam que agindo dessa forma estariam admitindo que não são tão boas quanto gostariam de ser e isso é algo difícil para os seres humanos aceitarem. Geralmente, os gerentes ficam relutantes quando precisam pressionar as pessoas responsáveis por um determinado processo, pois temem ofendê-las, já que as coisas parecem estar indo bem.

O preço que se paga por esperar e permitir que um processo se torne obsoleto pode ser muito alto. Tentar consertar as coisas apenas para prosseguir, sem idéia de como agir diante da concorrência, geralmente leva à crise. Além disso, ao enfrentar essa situação em um momento em que se está progredindo razoavelmente bem, você tem mais de uma oportunidade para experimentar novas abordagens, uma vez que não está em apuros e não precisa solucionar o problema imediatamente.

SCHNEIDER NATIONAL

A Schneider National é uma transportadora que atende clientes como Wal-Mart e Lowe's e fornece um exemplo consistente de como agir para não cometer erros e como tomar uma série de medidas para garantir, de forma contínua, que os processos sejam aprimorados.

Fundada em 1935, a Schneider National é uma transportadora de controle privado com sede em Green Bay, Wisconsin (EUA). Ela cresceu de maneira satisfatória e, no final da década de 1990, se tornou a maior transportadora dos EUA. É comum ver seus grandes caminhões cor de laranja nas auto-estradas interestaduais norte-americanas.

Em 2000, houve uma queda no crescimento da Schneider e um enfraquecimento da economia, porém a empresa estava se prejudicando muito mais do que deveria em virtude da economia decadente. Tanto sua produtividade quanto seu rendimento estavam caindo.[1]

> *É muito difícil para as pessoas aceitarem mudanças. Elas acreditam que agindo assim estariam admitindo que não são tão boas quanto gostariam de ser e isso é algo difícil para os seres humanos aceitarem.*

Um dos fatores que causaram os problemas da Schneider era o fato de que, durante a década de 1990, houve a disponibilização *on-line* de muitas ofertas de serviços de transportadoras no país. Com o enfraquecimento da economia, ocorreu uma grande oferta e os clientes passaram, então, a ter a possibilidade de pesquisar várias transportadoras e selecionar as que ofereciam os melhores serviços e preços.

Durante as décadas de 1980 e 1990, época em que a Schneider cresceu rapidamente, a demanda de seus serviços estava em alta, mas o setor de transporte precisava ser aprimorado. Então, não havia muita preocupação com a visão dos clientes em relação aos seus serviços. Por exemplo, depois de o cliente solicitar um orçamento, a Schneider levava de 30 a 45 dias para dar um retorno a ele.[2] Isso acontecia porque a Schneider não ia atrás dos clientes, eles vinham até ela. A resposta a um pedido de orçamento do cliente para um conjunto específico de serviços demorava muito e não era tratada como prioridade. Em 2000, a variedade de ofertas no setor e a economia fraca mudaram tudo isso.

Michael Hammer descreveu em *Harvard Management Update* como a Schneider National colocou alguns princípios operacionais em ação para garantir que isso não ocorresse novamente, ao mesmo tempo em que solucionava os problemas imediatos, como o lento retorno de respostas aos clien-

ARMADILHA 4: COMPLEXIDADE

tes que solicitavam orçamento de serviço.[3] Eis os seis passos que a Schneider empreendeu para colocar em prática um conjunto de procedimentos de forma contínua, para que ela não passasse por esses problemas novamente.

1. **Com relação ao processo.** A Schneider desenvolveu um modelo de processo de negócios que descrevia como os mesmos funcionavam. Então examinou os processos que compunham esse modelo e comprometeu-se a aperfeiçoar constantemente cada um deles. Exemplos desses processos são (a) dar respostas ao pedido de orçamento; (b) adquirir novos negócios; (c) receber pedidos e preenchê-los; e (d) desenvolver transporte específico de acordo com cada pedido. Seguir todos esses passos foi um ponto importante para ela entender como poderia melhorar essas áreas de forma contínua.

2. **Responsáveis pelo processo.** Cada um dos processos descritos no modelo de processo de negócios foi atribuído a um responsável em particular, que era um executivo sênior autorizado a realizar quaisquer alterações necessárias para manter o processo superior ao da concorrência. Com esse enfoque na responsabilidade, as expectativas para essa pessoa tornam-se claras.

    É importante destacar **uma** pessoa responsável. Geralmente, as organizações constituem comitês *ad hoc*, responsabiliza-os pelo aprimoramento de um processo e depois os desmancham. É importante ter uma pessoa-chave responsável por garantir que um dado processo seja inovador e líder do setor de forma contínua para não correr o risco de acordar um dia e perceber que os processos herdados te levaram à mediocridade.

3. **Compromisso administrativo.** Os gestores sêniores de uma organização devem elogiar os responsáveis pelo processo e criar a expectativa de que tudo mudará. A administração de uma organização deve ter uma forte liderança ao criar expectativas de melhorias constantes. Pense na Toyota!

4. **Equipes de desenvolvimento em tempo integral.** Quando as melhorias potenciais em um determinado processo são reconhecidas, é preci-

so escolher pessoas com capacidade para realizá-las, bem como trabalhar em tempo integral. As organizações erram quando deixam vários funcionários gastando a maior parte de seu tempo para realizar o trabalho de melhoria do processo. O que a administração está, basicamente, mostrando a eles é que a melhoria do processo é secundária em relação às suas atuais prioridades. Os resultados geralmente são afetados por causa dessa atitude. Os projetos se enfraquecem e, na maioria dos casos, nada importante acontece.

> *Tenha uma pessoa-chave responsável por garantir que um dado processo seja inovador. Isso aumenta muito suas chances de não ser levado à mediocridade pelos seus processos.*

5. **Criando adesão.** Mudar processos pode ser uma tarefa bastante difícil para os funcionários, pois instintivamente eles não querem mudar e o grupo que traz idéias novas geralmente é encarado como o vilão. Para evitar isso, a equipe de desenvolvimento deve se empenhar para remanejar aqueles cujo trabalho será afetado. Ela precisa ouvir as idéias dessas pessoas e se empenhar na mudança e realizar um progresso significativo.

6. **Influencie a ação.** Tanto a equipe de desenvolvimento, quanto o responsável pelo processo precisam ter em mente que 80% é o suficiente. No caso da Schneider, a equipe de desenvolvimento adotou o princípio de que **"70% bastam"**.[4] Isso significa que quando a equipe desenvolvesse uma melhoria, mesmo que ela não estivesse perfeita, o que estivesse em mãos seria executado e modificado durante o processo. Ainda mais importante, quando se faz isso, a **tendência é aprender**, durante a implementação, que assim você pode melhorar muito mais as coisas do que se tentasse fazer com que a mudança chegasse a um maior nível de aperfeiçoamento antes de executá-la.

ARMADILHA 4: COMPLEXIDADE

A Schneider National seguiu esses seis passos para alavancar seus negócios e obter um enfoque maior na satisfação dos clientes. O esforço obteve bastante sucesso. O tempo de resposta para os pedidos mencionados anteriormente, que levava de 30 a 45 dias, foi reduzido para 1 ou 2 dias. A Schneider informou que isso gerou um grande impacto em relação aos seus clientes e a quantidade de orçamentos aumentou 70%, o que elevou as vendas em centenas de milhões de dólares por ano.

É claro que a Schneider International, ao realizar essas melhorias, não contava com a crise de desaceleração econômica. Por outro lado, é claro também que as organizações bem-sucedidas tendem a contratar pessoas demais, o que cria complexidade e duplica os esforços em áreas como recursos humanos e TI, que devem ser consistentes por toda a empresa. Acabar com processos complicados, incoerentes e que geralmente exigem bastante cooperação de diversos grupos é vital para que sejam realizadas mudanças por toda a empresa.

Além disso, com o tempo, os processos tendem a tornarem-se cada vez mais obsoletos, visto que as pessoas responsáveis por estes sistemas herdados lutam para mantê-los da forma com a qual estão acostumados. Quando ocorrem aquisições, ou são lançados novos produtos, geralmente novos sistemas são adicionados ao conjunto, e as pessoas se remetem aos antigos sistemas. Em pouco tempo, tem-se uma crise, uma complexidade incrível, altos custos comparados ao de sua concorrência e nenhum método-padrão para aplicar nos processos normais necessários para gerenciar uma organização.

Esses tipos de problemas geralmente emergem nas áreas de TI, compras, práticas de recursos humanos, práticas de fabricação e informes financeiros. As pessoas que já estavam administrando os processos herdados fazem um bom trabalho para protegê-los e a organização tende a adicionar todos os tipos de características complicadas a eles. O conceito de normas rígidas e simplicidade se torna bastante complicado. As pessoas herdadas assumem a postura de que elas e os processos que protegem são essenciais ao dia-a-dia dos negócios. Essa atitude cria uma barreira na sua administração. Quando quaisquer desafios surgem, as pessoas responsáveis por esses processos geralmente se escondem atrás de seu sucesso anterior e criam todos os tipos de objeções à mudança de coisas que já fizeram sucesso anteriormente, ou que são consideradas críticas à execução diária dos negócios.

Os seis passos que acabamos de descrever devem permitir que a organização evite esse tipo de crise. Entretanto é necessário um grande enfoque para se obter continuamente simplicidade, eficiência e normatização. Vamos dar uma olhada em um importante banco que precisou de tal enfoque e liderança para se reestruturar por causa da crise.

BANK ONE

No começo de 2000, Jamie Dimon tornou-se o CEO do Bank One. Quando ele ingressou na organização, ela estava passando por uma situação difícil. Em 1998, o Bank One havia se fundido com o First Chicago NBD.[5] O Bank One era originalmente um banco de varejo no meio-oeste e sudoeste dos EUA e o First Chicago, um banco corporativo que fazia empréstimos a empresas de médio porte. Embora parecesse que os dois bancos se complementassem bem, um problema típico ocorreu com essa fusão – ninguém estava de fato no controle. Dave Donovan, chefe de recursos humanos do Bank One e veterano do First Chicago, afirmou: "Os dois lados discutiriam por meses qual banco, varejo ou corporativo, deveria obter os grandes recursos, que pessoas e de qual banco deveriam comandar os negócios, entre outras coisas."[6]

Os problemas da fusão tiveram um grande impacto nos resultados financeiros do Bank One. O banco perdeu duas vezes mais que as suas expectativas de lucros por margens bastante significativas. Os principais problemas estavam na divisão de cartão de crédito do First USA, que viu sua renda cair de US$ 303 milhões no primeiro trimestre de 1999 para US$ 70 milhões no primeiro trimestre de 2000. Essa enorme queda de 77% mais outros problemas que surgiram no banco fizeram o valor das ações cair, em um ano, para US$ 24, ou seja, uma queda de 50% em relação a junho de 1999.[7]

Bank One: uma busca por simplicidade

Jamie Dimon, com vários anos de experiência no Smith Barney e Citigroup, demonstrava ser bastante habilidoso em relação à organização de fusões complicadas. Sem dúvida alguma, o Bank One era o maior desafio que ele já havia encarado. Havia uma devastadora falta de simplicidade e normas por toda a organização. Por exemplo, havia 87 diferentes tipos de carta patente bancária e 7 sistemas de depósito diferentes.[8] A empresa possuía 3 redes de compensação e 5 plataformas de transferência eletrônica. Toda essa diversidade de sistemas precisava de manutenção e, como cada sistema era diferente, necessitava-se de equipe e/ou pessoas tecnicamente habilitadas para mantê-los. A empresa estava gastando 16% de suas despesas administrativas com sistemas de computadores, comparado com o *benchmark* do setor de 10%.[9]

Então o que Jamie fez? Enquanto lançava alguns novos produtos bancários surpreendentes, ele reformulou os principais sistemas do banco, que haviam sido adquiridos com o passar dos anos, em um único sistema informatizado, dotado de procedimentos-padrão através dos quais todos os funcionários entrariam em contato. Por exemplo, ele encontrou uma variedade de sistemas de dados na área de investimentos e unificou todos em um único sistema.[10]

Jamie Dimon mostrou à organização que ele estava no controle e que pretendia organizar de maneira sucinta os complicados processos do Bank One. Para reforçar publicamente suas intenções, ao ingressar na empresa, ele investiu US$ 2 milhões em ações e explicou claramente a Wall Street e aos funcionários do banco que ele esperava lucrar bastante com seu investimento. Ao adquirir a ação por US$ 28, Jamie declarou: "Eu não sei se a ação valia US$ 35 ou US$ 20, provavelmente US$ 20. Achei que eu deveria testar meu próprio produto." Shawn Tully, da *Fortune*, afirmou, em 2002, "Dimon é um gestor arrojado, que pouco se importa com planos de cinco anos grandiosos ou grandes declarações de missão".[11] De fato, Dimon declarou: "Eu prefiro ter uma execução de primeira linha e uma estratégia de segunda linha do que uma idéia brilhante com uma administração medíocre."

Bank One: reestruturação de pessoal

Para chegar aos resultados que esperava, Dimon reestruturou o quadro de pessoal, dando prioridade ao talento. Logo após assumir sua função, ele nomeou Charles Scharf, CFO (Chief Financial Officer) da Salomon Smith Barney, como o novo CFO do Bank One e atraiu Bill Campbell, co-CFO do Grupo de Consumidores Global do Citigroup, para ser consultor técnico. Isso foi apenas o começo. Durante os dois primeiros anos, ele substituiu 12 de seus 13 diretores; 7 desses eram de outras empresas e 5 eram do próprio grupo. A maioria dos diretores que vieram de outras empresas já haviam trabalhado com Jamie anteriormente. Scharf expressou-se bem quando questionado sobre a razão de ter se unido a Dimon: "Não foi de fato uma escolha. Estou apenas seguindo o melhor líder que eu já conheci."[12]

> *"Com licença. Esta é a realidade. Lide com ela!"*
> – Jamie Dimon.

Um ingrediente fundamental para adquirir simplicidade e eficácia é a habilidade para lidar com a realidade. Esta é uma das maiores forças de Jamie Dimon. Como discutido por Patricia Sellers, em um artigo da *Fortune* em 2002, Jamie tratou de maneira rápida um problema muito delicado no Bank One.[13] Especificamente, ele não acreditava que seus colegas estavam comentando a respeito de como podem ser ruins as perdas de crédito durante uma recessão. Quando ele recebia alguma recusa, seu comentário era: "Com licença. Esta é a realidade. Lide com ela!" Conforme a economia apertava, embora não fosse oficialmente chamado de recessão, os instintos de Jamie mostravam-se corretos; as perdas de crédito do banco aumentaram US$ 1,5 bilhão. Ao procurar simplicidade e eficácia, precisa-se ter responsabilidades claras e não sobrepostas para seus funcionários e deve-se utilizar o mínimo possível de grandes comitês ou forças-tarefas. Dimon certamente demonstrou estas características ao diminuir a diretoria do Bank One de 20 pessoas para 11 e as concentrar em importantes questões como **"O que poderia destruir a empresa?"** e **"Quais medidas poderíamos tomar para realmente criarmos melhorias e resultados significativos?"**.

Bank One: os resultados

Toda essa busca por eficácia e eficiência teve um grande impacto nos custos do Bank One. Em dois anos, Jamie Dimon diminuiu as despesas da empresa em 17%, o equivalente a US$ 1,8 bilhão.[14] A empresa relatou um prejuízo de US$ 544 milhões antes de sua chegada. Quando todas as principais medidas de eficácia foram concluídas, os lucros dispararam. Para surpresa, três anos após a chegada de Jamie, os lucros do exercício atingiram um recorde de US$ 3,5 bilhões. Em 2003, o Bank One abriu 434 mil novas contas correntes contra apenas 4 mil do ano anterior. As vendas de cartão de crédito aumentaram 83% e os empréstimos imobiliários, 29%.[15]

O mais interessante é que em janeiro de 2004, Jamie Dimon coordenou a venda do Bank One para a JPMorgan Chase, uma transação equivalente a US$ 58 bilhões e isso representou um bônus de 14% para os acionistas do Bank One. Na transação, foi acordado que em 2006 Jamie Dimon sucederia William Harrison e se tornaria o CEO do novo banco que surgiria com esta fusão, ou seja, ele teria que começar tudo de novo o que faz de melhor: apresentar resultados financeiros excelentes, concentrando-se na obtenção de processos comerciais extremamente rápidos. No final de 2006, era evidente que ele havia partido para um começo rápido. A JPMorgan Chase tinha uma solução bastante desafiante para o sistema de cartão de crédito, que diminuiria em 38% o custo do banco em relação ao processamento de extratos, e Jamie Dimon estava envolvido no processo de redução do número dos centros de dados globais de 80 para 30 em 2008.

Os exemplos de eficiência do Bank One ao enfrentar seus problemas e a delonga da Schneider são claros. Não espere uma crise para reestruturar a organização. Comece a atacar a complexidade agora mesmo.

14

SOLICITE NOVAS ABORDAGENS PARA PROCESSOS "APROVADOS"

Os processos podem assumir vida própria. Quando uma linha de montagem está operando e os devidos componentes foram adicionados, ela atinge um estágio resistente a mudanças. É o que acontece, também, com sistemas de computadores, com intrincados conjuntos de programas que mantêm as funções vitais de uma empresa, tais como procedimentos de pedidos, envio e faturamento e sistemas de administração financeira.

Quando essas coisas estão bem estabelecidas e a organização alcança certo grau de estabilidade e/ou sucesso, os procedimentos e sistemas tendem a ser encarados como extremamente fundamentais, passando a ser arriscado ajustá-los. Além disso, as pessoas que administram esses processos de forma contínua são, em geral, mantidas no cargo, pois elas possuem uma experiência maior de como mantê-los funcionando bem.

Com o tempo, dois problemas surgem. Primeiro, os responsáveis por esses sistemas ano após ano tendem a ficar desatualizados em relação a novas tecnologias ou a abordagens ao tipo de processo que administram.

Seu objetivo é executar com excelência, e eles têm profundo orgulho quando obtêm essa excelência. Sem dúvida, essa execução diária confiável é uma realização, mas também representa uma oportunidade perdida de tirar vantagem de novas coisas.

Segundo, as pessoas que administram esses processos tornam-se, com o tempo, muito associadas a eles e, inconscientemente, preocupam-se com o que poderia acontecer caso tivessem de executar outra atividade dentro da organização. Elas sabem que perderam o contato com as novas tendências tecnológicas, por terem despendido suas energias em operar com excelência o dia a dia. Dessa forma, elas se tornam bastante defensivas diante de qualquer tipo de mudança, pois sabem que, nessa hipótese, correm o risco de serem transferidas de função, e o que seria delas? Elas temem o desconhecido e se tornam cada vez mais protetoras do que fazem.

Então o que você faz para evitar esses problemas? Em primeiro lugar, precisa alternar as pessoas de acordo com as tarefas, para que não caiam nessa armadilha. Sim, é necessário mais treinamento quando você transfere as pessoas para novas posições, mas o resultado final é muito melhor, considerando-se a curiosidade que os funcionários trazem e as novas perspectivas que geralmente levam à verdadeira inovação.

Em segundo lugar, você deve deixar claro que está procurando por uma melhora significativa nesses processos e precisa explicar quais medidas serão utilizadas. A administração precisa estar atenta para estimular esses grupos com o intuito de garantir que os processos melhorem continuamente e não se tornem "processos herdados", que são um fardo para a organização.

PROCTER & GAMBLE

A P&G é um ótimo exemplo de uma empresa que pegou um processo "aprovado", que lhe serviu bem por décadas, e fez importantes mudanças que geraram grandes melhorias. O exemplo envolve sua atividade de pesquisa de mercado.

P&G: o processo aprovado

Durante décadas, a organização de pesquisa de mercado da P&G foi vista como dona de um excelente conjunto de ferramentas de pesquisa de consumidor para avaliar o potencial de oportunidades de produtos, qualificando-os no mercado e analisando seu desempenho quando eram lançados.

Dessa forma, tomando-se como exemplo um produto como o detergente *Tide Liquid*, lançado pela P&G em 1984, verificou-se que sua fórmula limpava melhor do que a da marca líder na categoria de detergente líquido naquele momento, que era o *Wisk*. A P&G deu o produto *Tide Liquid* em uma embalagem simples a um grupo de consumidores e deu o produto concorrente, também em uma embalagem simples, a outro grupo e confirmou que as capacidades de limpeza da nova fórmula de *Tide Liquid* eram superiores à do concorrente. Esses testes de produto "às cegas" eram uma inovação na P&G.

> *Você precisa alternar as pessoas em tarefas diferentes para não estagnarem.*

Para uma dada categoria, como detergentes ou antitranspirantes, as marcas da P&G seriam trabalhadas regularmente com estudos de uso e atitude e estudos de hábitos e práticas. Essas ferramentas de pesquisa de mercado ajudaram a empresa a compreender como as pessoas utilizavam os produtos e quais eram suas atitudes em relação a vários deles. Ela também se concentrava em grupos, dos quais ouviria os prós e os contras sobre suas amostras atuais, e realizava entrevistas individuais com pessoas em uma sala especial, onde conversavam sobre suas experiências com o produto.

A P&G estava bem ciente dos riscos da pesquisa qualitativa, tais como grupos de discussão e individuais. Nesse tipo de pesquisa, é preciso confiar nas pessoas que vão contar o que fazem quando estão em suas casas, em vez de observá-las diretamente para ter a visão geral sobre como elas interagem com o produto e quão satisfeitas estão durante o uso.

Ninguém pode discutir sobre os resultados que a P&G obteve por décadas utilizando seu arsenal de metodologias de pesquisa de mercado "aprovadas". Por outro lado, quando A. G. Lafley se tornou o CEO em 2000, ele reconheceu que a P&G teria de ter ousadia em suas inovações para conseguir cumprir as metas de receita e lucro que a empresa havia estabelecido.

P&G: uma nova reviravolta

Lafley e seu quadro de gerência instituíram na P&G uma nova abordagem muito importante às suas práticas de pesquisa de mercado "aprovadas,[1] seguindo por um caminho diferente, deixando de lado sua dependência de estudos quantitativos tradicionais, tais como aqueles de hábitos e práticas, e de ferramentas qualitativas, como grupos de discussão. Eles exigiram que seus funcionários de desenvolvimento de produtos e *marketing* "saíssem a campo" e de fato observassem as pessoas utilizando os produtos da P&G e outros produtos relacionados em seus lares. Eles assumiram um modo de operação com compromissos regulares de visitas a lares para observar o modo como as pessoas lavavam suas roupas, limpavam seus pisos e trocavam as fraldas de seus bebês. Conforme os usuários realizavam estas tarefas, o observador da P&G lhes perguntava sobre o que eles gostavam e não gostavam.

Assim, uma nova geração inteira de consultores de inovações que se concentravam no que é chamado de **microinovação** estava emergindo. Ao pensar sobre o desenvolvimento e o planejamento de produtos, essas organizações constantemente pregam a necessidade de conectar-se com as emoções dos consumidores e compreender como eles se sentem e quão satisfeitos estão enquanto utilizam os produtos de uma dada categoria.

Ao comentar sobre a P&G, Patrick Whitney, diretor do Instituto de *Design* do Instituto de Tecnologia de Illinois afirmou: "A P&G possuía as melhores operações de engenharia química e *marketing* do país. Ela não se preocupava com a experiência do usuário. Ainda que este seja um leve exagero, pois tenho certeza de que o pessoal da P&G se importava, sim, com a experiência do usuário, mas não levava isso muito a sério a ponto de passar um tempo nos lares vendo as pessoas fazerem as tarefas da categoria pela qual era responsável". Whitney concluiu seu comentário dizendo; "A P&G tinha de criar novos produtos e, para isso, ela tinha de se aproximar do consumidor."[2]

Na edição de 1º de agosto de 2005 da revista *BusinessWeek*, Bruce Nussbaum descreve com consideráveis detalhes como a P&G e a General Electric (GE) inovavam e criavam novos produtos. Ele perguntou: "Qual é a metodologia da nova estratégia de *design* que Lafley, (Jeff) Immelt e outros estão adotando? Os princípios são simples. Eles começam com a observação – saindo e vendo os consumidores fazendo compras em *shoppings-centers*, famílias comendo em restaurantes ou pacientes sendo tratados em hospitais."[3]

Para institucionalizar uma mudança em uma prática "aprovada", como o caso do processo de pesquisa de mercado utilizado por décadas na P&G, o líder precisa reforçar de maneira constante a necessidade de empreender mudanças. É o que A. G. Lafley, com certeza, faz. Foi relatado que

SOLICITE NOVAS ABORDAGENS PARA PROCESSOS "APROVADOS"

em uma excursão à América do Sul, ele acabou na lavanderia de uma casa, onde observou como as coisas eram realizadas e aprendeu sobre alguns dos obstáculos que a P&G poderia ajudar aquele consumidor a superar. Garantir que a história de sua visita a esta lavanderia da América do Sul chegasse ao restante do grupo foi um ótimo jeito para garantir que todos compreendessem que havia um importante novo passo a ser dado em sua prática "aprovada".

Exibir o quadro de como será o futuro é um avanço para garantir que as pessoas o alcancem.

Outro modo pelo qual você pode deixar claro que deseja novas abordagens é pela reorganização. Quando a estrutura de uma empresa permanece da mesma forma durante anos, e o enfoque dessa estrutura é simplesmente conduzir o modelo comercial atual, utilizando os processos comerciais atuais, a organização pode se tornar bastante imóvel em sua forma, e isso é uma prescrição para pensamentos e práticas herdados. Quando os funcionários vêem uma organização configurada mudar, indicando que é importante criar melhorias, eles compreendem com rapidez a necessidade das alterações.

Eis algumas dicas consideradas úteis para indicar aos membros de uma empresa o que se espera e o que será recompensado:

1. **Organize novas abordagens.** Alternar as pessoas em suas responsabilidades e formar uma organização que é focada na criação de melhorias significativas é uma ação muito eficaz. Isso mostra à organização que você vai agir de modo diferente no futuro e também lhe dá o enfoque necessário para realizar as mudanças importantes.

2. **Coloque seus melhores funcionários em operações direcionadas a mudanças.** Decisões de escalação enviam um sinal bastante claro sobre a cultura da organização. Os funcionários sabem quem são os melhores e mais brilhantes, e quando você pega esses funcionários e lhes dá responsabilidades importantes, fica claro o que a organização valoriza.

> **3. Seja claro sobre como é o sucesso.** O líder de um grupo precisa descrever ao grupo, repetidamente, como as coisas deverão funcionar no futuro. Exibir o quadro de como será o futuro é um avanço para garantir que as pessoas o alcancem.

Vamos agora observar uma gigante global que nos oferece um excelente exemplo de reorganização para criar melhorias significativas.

SAMSUNG

Há dez anos, a Samsung era conhecida, em princípio, como uma fabricante de televisores em preto e branco baratas.[4] Ela não era de fato uma protagonista importante no setor de eletrônicos, cuja arena era dominada pela Sony. Contudo, isso mudou totalmente, pois em menos de uma década a Samsung se tornou a empresa de eletrônicos mais lucrativa do mundo e a líder do mercado, assumindo a posição da Sony. Em 2006, foi informado que a Samsung estava na frente da Sony em três áreas fundamentais. A renda anual da Samsung era US$ 78 bilhões, contra US$ 67 bilhões da Sony; os lucros da Samsung foram US$ 10,3 bilhões, contra US$ 1,5 bilhão da Sony; e a capitalização de mercado da Samsung era US$ 96 bilhões, contra US$ 39 bilhões da Sony.[5]

Grande parte do sucesso da Samsung deve-se à criação de um novo processo para o desenvolvimento de novos produtos, o qual se constitui em uma organização chamada "programa de inovação de valor".[6] Dentro da Samsung, ele é chamado simplesmente de VIP (*value inovation program*). É uma organização independente, que se concentra no processo de desenvolvimento de projetos de ponta, com intuito de colocá-los no mercado com muito mais rapidez do que os concorrentes.

Essa organização VIP é fruto da imaginação de Jong-Yong Yun, o CEO da Samsung. O Centro VIP da Samsung é um prédio de cinco andares, dentro do grandioso complexo da empresa, que abrange grandes fábricas e duas torres de escritórios. É localizado em Suwon, na Coréia do Sul, onde, em 1969, a Samsung Electronics foi fundada.

A instalação VIP abriga amplas salas de treinamento e possui três andares de salas de trabalho, para as diversas equipes concentradas em projetos específicos. O último andar possui cerca de 40 dormitórios, cada um com duas camas, um chuveiro, uma pequena mesa e uma cadeira. Há pequenas cozinhas que são compartilhadas por várias unidades no quinto andar também. No subsolo há mesas de sinuca e *ping-pong*, um ginásio e uma sauna.

O propósito dos quartos no último andar não é fazer com que o pessoal do projeto se mude permanentemente para lá. Em vez disso, os quartos são apenas um lugar para dormir quando o pessoal está no meio de um projeto e não quer perder a concentração indo para casa e se envolvendo com outras coisas!

> *Na sede da Samsung, 40 dormitórios estão disponíveis para que os funcionários possam ficar concentrados quando estão no meio de um projeto.*

A Samsung acredita ser a primeira no mercado e sabe que se os produtos concorrentes chegarem logo depois de ela colocar seus produtos no mercado, a categoria inteira se tornará logo genérica, havendo pouca oportunidade para bons lucros. Além disso, ela pressiona muito as equipes de projetos para que criem coisas bastante empolgantes, que terão um grande impacto no mercado, e difíceis de serem copiadas rapidamente pelos concorrentes. Os engenheiros da Samsung são encarregados de reduzir a complexidade logo no começo do ciclo de desenvolvimento de seus produtos e baixar os custos de fabricação e, assim, alcançar margens de lucro maiores.

Com o centro VIP e os processos de desenvolvimento de produtos que ele representa, a Samsung deixa bem claro à organização o que ela quer ver acontecer. Ao colocar seu melhor pessoal nele e encarregá-lo da criação de produtos líderes do setor que cheguem logo ao mercado, ela faz com que todos na empresa compreendam qual comportamento é esperado deles.

Nesses exemplos específicos, um motivo pelo qual os processos são ocasionalmente abandonados é a suposição de que eles são de importância secundária se comparados às atividades de vendas, *marketing* e finanças da empresa. Sem dúvida, os processos podem às vezes apenas manter a empresa no jogo, mas em outros momentos eles, de fato, podem ser sua razão de vitória, sua vantagem estratégica central. Por exemplo, com relação à

ARMADILHA 4: COMPLEXIDADE

> *Um motivo pelo qual os processos são ocasionalmente abandonados é a suposição de que eles são menos importantes do que as atividades de vendas, marketing e finanças da empresa. Contudo, os processos podem ser sua razão de vitória.*

Toyota, o seu processo de melhoria contínua gradual foi sua vantagem competitiva com o passar do tempo e é a competência central mais importante dessa organização. Outra empresa cujo processo é sua vantagem estratégica é o Wal-Mart, pois nenhuma organização é melhor que ela em relação à logística.

Há também muitos processos conduzidos por uma organização que são importantes para que ela esteja no jogo, mas não são necessariamente estratégicos. Um exemplo disso seria o serviço *on-line* ao consumidor de uma companhia aérea. Embora alguns *websites* e processos de pedido *on-line* sejam melhores que outros no setor de companhias aéreas, eles não se destacam como uma vantagem competitiva para nenhuma companhia aérea.

Algumas empresas possuem processos que as diferencia de outras e lhes dão superioridade sobre seus concorrentes. Não importa qual seja sua situação, cada processo deve ser avaliado com regularidade, para garantir que esteja atualizado e determinar se novas abordagens ou tecnologias permitiriam que ele se tornasse uma vantagem competitiva em seu setor. O que acontece em muitos casos é que processos centrais se tornam práticas herdadas arraigadas, levando à falta de agilidade quando uma mudança é realmente importante para se manter competitivo.

Eis a descrição de uma empresa que é centrada em seu processo de logística; de fato, esse processo é a razão de ser da empresa.

DELL

Em apenas 21 anos, a Dell cresceu, passando de uma operadora situada em um escritório para a empresa mais admirada nos EUA em 2005, conforme indicado pela revista *Fortune*.[7] O ponto determinante dessa história sensacional é o processo de logística bem ajustado que a Dell adotou durante sua história. Ela fornece seus produtos apenas por meio de vendas diretas ao consumidor. As pessoas podem fazer pedidos utilizando correio, telefone ou Internet. Em 2005, a Dell foi levada devido a essa vantagem de logística à posição **número um** nos EUA em PCs de mesa, *notebooks* e servidores, no que se refere a lucros, margens de lucros e taxas de crescimento.

A fórmula da Dell era bem simples. Ela vendia coisas relacionadas ao setor de computadores que são de grande volume e se encaixavam em seu modelo de logística de vendas diretas. A empresa é montadora e distribuidora da tecnologia Wintel mais eficiente do mundo, que são as máquinas que rodam o *software Microsoft Windows* e possuem microprocessadores Intel ou AMD.[8]

Dell: sua vantagem

A diferença fundamental entre a Dell e os outros fornecedores de PCs é o fato de que nela cada máquina é feita para um dado pedido. Os concorrentes produzem grandes quantidades de seus produtos com base em numa previsão de vendas e as colocam em estoque. As vantagens da abordagem da Dell são enormes. Como Andy Serwer, da *Fortune*, indicou em seu artigo de março de 2005, a empresa normalmente possui apenas 4 dias de estoque, enquanto a IBM possui 20 dias e a Hewlett-Packard (HP), 28 dias.[9] Essas estatísticas demonstram a enorme diferença na quantidade de capital de que a Dell e suas concorrentes necessitam. Ela solicita que seus fornecedores posicionem seus estoques o mais próximo possível de suas fábricas. Ao visitar uma fábrica da Dell, pode-se ver que os estoques de componentes são descarregados de caminhões diretamente na linha de montagem. A similaridade entre essa empresa e o Wal-Mart é incrível. Ambas dominam seus setores através de logísticas superiores.

Não ter necessidade de legiões de vendedores que visitam lojistas e os encorajam a promover as suas máquinas é uma vantagem gigantesca. Com todas as máquinas da Dell sendo feitas por pedido e entregues diretamente ao consumidor, a empresa pode vender seus produtos a preços mais baixos. Além disso, ela é, em geral, paga pelo consumidor semanas antes de pagar aos seus fornecedores.[10] Isso é uma abordagem de Sam Walton, que sempre afirmou que conduziria seus negócios com o dinheiro de outros e não com o seu próprio e precioso capital.

Dell: a cultura

Para manter a abordagem direta ao cliente absolutamente na vanguarda de seu setor, Michael Dell criou uma cultura de paranóia em manter sua excelência na logística, e isso teve grandes resultados. Mesmo sendo muito bem-sucedidos, os líderes da Dell são bastante modestos e estão sempre preocupados com o futuro. Aliás, quando Michael Dell foi informado pela *Fortune* que sua empresa foi nomeada a **mais admirada** dos EUA, em 2005, sua reação foi: "Eu sei que minha mãe ficaria orgulhosa, mas eu de fato não sinto que somos a empresa mais admirada." Ele então adicionou: "Bem, é bem legal, muito obrigado. Fico lisonjeado por isso, mas temos muito trabalho a fazer."[11]

Essa atitude paranóica é que levou a Dell, no começo de 1994, a preocupar-se com o surgimento rápido da Internet e em como poderia utilizá-la a seu favor. Com extrema velocidade, Michael Dell e sua equipe desenvolveram um *website* estimulante e lançaram o Dell.com em junho de 1994. Esse *website* é preenchido com informações de suporte técnico valiosas, bem como listas de preços, detalhes de todos os produtos e *menus* claros que explicam aos consumidores como fazer seu pedido para a Dell e como rastrear o pedido *on-line*. A Internet é a ferramenta dos sonhos para qualquer um que encara a logística como uma fonte de vantagem no setor. Dessa forma, não foi surpresa quando a empresa emergiu rapidamente como líder nessa área. O próprio Michael Dell estava recebendo centenas de pedidos por mês para dar palestras sobre como a Dell estava utilizando a Internet a seu favor.[12]

Dell: os resultados do mercado

Conforme mencionado, a Dell não apenas era a gigante de renda no setor de PCs nos EUA e no mundo inteiro, mas também a líder de lucros. Para se ter uma idéia, em 2004, o resultado bruto da Dell de 18% era, de fato, inferior ao da IBM e da HP. O motivo é que a empresa tende a vender máquinas de valor inferior. Por outro lado, quando se observa a margem líquida, é possível ver a empresa com 6%, enquanto suas concorrentes estão próximas de 1%.[13] O motivo é a incrível vantagem que a Dell tem com despesas operacionais, uma vez que seu modelo de vendas diretas dá origem a grandes vantagens nas vendas e nos custos administrativos, ou seja, ela pula o intermediário, mas suas concorrentes têm de pagá-lo, o que cria a necessidade de grandes organizações de vendas e largas quantias de estoque, resultando em altos custos e variabilidade nos negócios das concorrentes. Por exemplo, em 2004, a Dell realizava US$ 900.000 de vendas por funcionário, enquanto a número dois no setor, a HP, gerava US$ 540.000 por funcionário.

Sem surpresa alguma, várias fabricantes de PCs permaneceram à margem. Ainda que a IBM tenha praticamente inventado o negócio de PCs, ela ficou bastante frustrada com seus resultados e vendeu sua divisão de PCs para a firma chinesa, Lenovo. A Gateway foi colocada em um severo estado de pânico pela Dell e nunca se recuperou. A Compaq agüentou a tempestade razoavelmente bem até o sucesso da Internet, e então a vantagem da Dell se tornou tão grande que ela também entrou em estado de pânico e, de maneira sábia, vendeu tudo para a HP. Apesar de a fusão da Compaq com a HP ter lhe dado por algum tempo a posição número um em PCs nos Estados Unidos, a Dell obviamente tinha a empresa em sua mira e a superou, tornando-se a número um nos EUA. Como disse um analista, a fusão HP-Compaq deu à Dell um "traseiro maior para chutar".

Acredite ou não, quando a Dell começou no negócio de PCs, a Commodore era a líder no setor, com uma parcela do mercado de 27%.

Tandy, Atari, Packard Bell e Kaypro também eram protagonistas que rapidamente desapareceram quando a Dell engatou a marcha rápida.

Muitas pessoas criticam a Dell por seu baixo orçamento de P&D. Por outro lado, ela fez um trabalho maravilhoso para manter seus produtos próximos à vanguarda da tecnologia, enfocando apenas em categorias de alto volume que se encaixam com sua experiência em logística.

É interessante observar que os negócios da Dell reduziram bastante em 2006. O motivo básico é que sua concorrente primária, a HP, finalmente acordou e está movendo-se de maneira agressiva com o intuito de diminuir seus custos.[14] Para isso, a HP eliminou seu grupo de vendas central, cortou cerca de 30.000 cargos e contratou novos talentos executivos da Siemens, Palm e Dell. A HP também está reduzindo o número de centros de dados que servem suas atividades de 85 para 6.[15] Tudo isso está colocando uma enorme pressão de preço na Dell, levando-a a perder várias projeções de renda no final de 2005 e 2006.[16] Até mesmo a **mais admirada empresa** não pode ficar parada. De fato, ela caiu para o número oito na lista de **mais**

ARMADILHA 4: COMPLEXIDADE

admirados da *Fortune*, em 2006, e depois de esta lista ser anunciada, a empresa passou por mais problemas que envolviam um grande *recall* (solicitação de retorno) de baterias de *laptop* e uma queda em seus índices de serviços. No começo de 2007, Michael Dell voltou para o cargo de CEO (ao qual ele havia renunciado em 2004) para colocar a empresa de volta nos trilhos. Uma logística superior e com extrema rapidez na entrega havia servido bem à empresa por duas décadas, mas o mundo evolui e se aprimora de maneira constante.

Concluindo, raras vezes as pessoas se concentram nos processos comerciais quando a empresa goza de sucesso. A suposição é de que as coisas continuarão a operar bem, como no passado. Contudo, os processos comerciais que ajudaram a empresa a alcançar seu sucesso se tornam obsoletos e muito complexos e, em geral, emergem como um grande impedimento ao sucesso contínuo.

Nossos estudos de caso de Jamie Dimon, no Bank One, Michael Dell, na Dell, e outros demonstram que é preciso constantemente consolidar e reexaminar os processos centrais que se utilizam na organização, ou então correr o risco de cair na armadilha da complexidade.

PARTE V

ARMADILHA 5
GERENCIAMENTO EXCESSIVO: RACIONALIZAR A PERDA DE VELOCIDADE E AGILIDADE

Organizações bem-sucedidas, que já foram ágeis e rápidas, geralmente tendem a se recompensar pelo sucesso, contratando mais mão-de-obra. Com a contratação dessa mão-de-obra extra, o negócio tende a ficar mais fragmentado, o que reduz o tempo hábil para tomar decisões, além de levar a empresa a reagir com lentidão às mudanças exigidas pelo mercado. Além disso, há uma atitude defensiva por parte dos grupos "esquecidos" na organização, que temem que a mudança faça com que eles percam responsabilidades e território.

Essa difusão de responsabilidades e estrutura organizacional excessivamente complicada resulta em decisões advindas de longos debates. Idéias unilaterais perdem força porque a tomada de decisão com base no consenso tende a prevalecer.

Uma indústria química do nordeste dos EUA, com renda de aproximadamente US$ 7 bilhões por ano, enfrentava dificuldades financeiras em seus negócios no começo de 2003. Ela tentou analisar por que seus custos estavam tão altos e por que a situação tinha se tornado tão complexa. Por meio de uma análise, ela descobriu que havia uma grande fragmentação na organização. Entretanto, a desorganização no sistema de informação provavelmente era a pior parte.

Em meados de 2003, quando essa empresa finalmente conseguiu apurar todos os sistemas de informações mantidos pela organização de TI, nas diversas áreas, o número obtido foi um tanto assustador. Havia 2.400 sistemas de informações separados que exigiam uma contínua equipe de suporte. Mas, o mais importante era que a empresa precisava de pessoas que estivessem familiarizadas com cada um desses sistemas, porque assim ela poderia mudá-los quando quisesse. Entretanto, isso gerava confusão e al-

ARMADILHA 5: GERENCIAMENTO EXCESSIVO

> *Os clientes estavam cansados de lidar com diferentes processos dentro da mesma empresa e quando solicitavam informações ou assistência que não estavam ao alcance das divisões, a empresa tinha dificuldades em atendê-los.*

tos custos. A empresa calculava que estava gastando 7,1% de sua renda em TI. Nesse setor, o *benchmark* era de 3% a 3,5%.

A razão desse problema era a estrutura divisional da empresa. Cada divisão havia se tornado uma unidade isolada, ou feudo, com sua própria organização de vendas, grupo de fabricação, grupo financeiro, organização de TI e equipe de recursos humanos. Cada grupo desenvolveu seu próprio sistema de informação para realizar sua parte do negócio. Não havia padrão na organização e isso estava causando enormes problemas em relação aos clientes, já que alguns compravam produtos químicos de várias divisões. Os clientes estavam cansados de lidar com diferentes processos dentro da mesma empresa e quando solicitavam informações ou assistência que não estavam ao alcance das divisões, a empresa tinha dificuldade em atendê-los.

Havia duas razões para essa lentidão e falta de agilidade. Primeiro, os processos dentro das várias divisões não foram desenvolvidos para serem trabalhados em conjunto ou para efetuarem registros de maneira consistente. Segundo, a empresa resolveu as questões entre as divisões através de reuniões e consensos, já que não havia "uma" pessoa responsável nas áreas de vendas, fabricação e logística capaz de tomar uma decisão rápida sobre o assunto.

A armadilha do gerenciamento excessivo, da fragmentação e da tomada de decisão em consenso leva à falta de agilidade, o que pode ser prejudicial quando você está se esforçando para criar maneiras diferentes de atender ao cliente ou para sair na frente no direcionamento da estratégia de um produto. Agora, vejamos algumas dicas para evitar essa armadilha ou para sair dela, caso você tenha caído nela.

15
VOCÊ ESTÁ PARALISADO POR SUAS ATUAIS PRÁTICAS DE NEGÓCIOS?

As pessoas responsáveis pelos diversos aspectos de um negócio bem-sucedido, geralmente, se tornam orgulhosas e protetoras das práticas que levaram ao sucesso. Embora haja exceções, essas pessoas tendem a ser incapazes de desenvolver e lançar efetivamente melhorias ou novos processos que levariam a empresa adiante. Geralmente, elas ficam presas ao passado. O que é de fato problemático é que, caso surjam mudanças em sua área, elas serão resistentes a qualquer iniciativa. Isso ocorre porque essas pessoas temem ser rotuladas de perdedoras; caso alguém esteja disposto a empreender mudanças que possam trazer à tona que o que elas fazem é **obsoleto**.

Além disso, caso você atribua a tarefa de planejar e desenvolver o futuro aos responsáveis pelos produtos ou processos atuais e os mantiver com seu conjunto atual de responsabilidades, o futuro tende a ficar em segundo plano.

Os atuais responsáveis temem a mudança e, por isso, sempre darão menos prioridade a ela, caso sejam designados para empreendê-la. A lição é simples: designe pessoas com talento para empreender projetos de mudanças importantes e dê a elas a autonomia necessária para desenvolver as idéias delas!

KODAK

Encontrar o momento certo para desenvolver um modelo de negócio novo ou uma iniciativa nova importante pode ser bem difícil. A Kodak é um bom exemplo disso. No capítulo 2 (Por que isso ocorre?), mencionamos a lentidão da Kodak em relação à fotografia digital na segunda metade de 1990. Vamos observar os detalhes e ver o que podemos aprender com eles.

Kodak: meados de 1990

A Kodak foi uma das empresas líderes dos EUA na década de 1980 e começo da década de 1990. Ela obteve resultados financeiros impressionantes, foi a líder global em filme e processamento fotográfico e obteve prêmios, como a presença na lista da *Fortune* como uma das 10 melhores empresas. Infelizmente, em 1997, os negócios da Kodak iam mal. Os lucros operacionais estavam caindo consideravelmente, pois ela estava perdendo uma parcela significativa do mercado para a Fuji em uma árdua disputa quanto ao preço dos filmes, e seus custos estavam elevados porque a Kodak tinha a tradição de não demitir funcionários.

George Fisher, que era o CEO por quatro anos, finalmente teve de encarar os fatos e empreender algumas mudanças drásticas na Kodak. No final de 1997, ele anunciou a demissão de 20.000 funcionários, o que gerou um grande impacto na empresa. Enquanto os analistas de mercado de curto prazo estavam preocupados com o setor de filmes, os de longo prazo estavam "abalados" com a falta de foco que a Kodak tinha em relação à fotografia digital. Embora estivesse investindo bastante dinheiro em P&D (pesquisa e desenvolvimento) no setor digital, ela estava perdendo mercado para as empresas japonesas.

Como Linda Grant, da *Fortune*, citou na ocasião: "Fisher demorou para agir."[1] A atividade central da Kodak estava sob ataque e ela não enfrentava esse fato. Embora o excesso de custos em sua estrutura estivesse arruinando seu setor de filmes, a fotografia digital, tecnologia que no final das contas seria sua atividade central, não estava tendo a atenção devida, pois estava perdida nas discussões da atual crise comercial. Devido à crise no setor de filmes, a Kodak não conseguiu ajustar nova escalação funcional nem estrutura de preço baixo necessárias no novo ambiente competitivo que a Fuji havia criado.

Kodak: 1999

Diante dessa confusão, não houve surpresa quando, em junho de 1999, a Kodak anunciou que o CEO George Fisher seria afastado do cargo. Entretanto, a maioria das pessoas pensava que Fisher iria trabalhar até o término de seu contrato, que seria em 1º de janeiro de 2001. Ele foi substituído por uma pessoa da própria Kodak, Dan Carp.

Os problemas que levaram à demissão de Fisher eram os mesmos discutidos em 1997. Segundo artigo da *BusinessWeek* de 1999 "Fisher esperou muito para cuidar dos custos excessivos da Kodak e o futuro a longo prazo da empresa não ficou claro".[2] O setor de filmes havia perdido seu diferencial em comparação com a estratégia de produto agressiva da Fuji e a Kodak tratava o setor digital como prioridade secundária. Os setores de filme e fotografia digital precisavam ser tratados com atenção e liderança rígida, isto é, pessoas mais arrojadas deveriam ter sido as responsáveis pela iniciativa digital, com liberdade para maximizar seu impacto.

Em 1999, o valor das ações da Kodak havia caído para US$ 69 por ação, comparado com US$ 90 em 1997. Como a *BusinessWeek* observou: "Apesar de sua marca ilustre, a Kodak estava operando com uma expectativa de margem de lucros em 1999 de apenas 14 pontos, de acordo com a First Call Corporation, muito aquém da expectativa dos 25 pontos acordados em relação à Média Industrial da Dow Jones."[3] A lenta reação da Kodak em relação à Fuji e à fotografia digital fez com que Wall Street perdesse a confiança em seu poder de lucros futuros.

Kodak: 2002

Surpreendentemente, três anos depois, em 2002, os mesmos problemas centrais estavam sendo discutidos na Kodak. Como citado por Andy Serwer, da *Fortune:* "Apesar das boas intenções da Kodak, esta velha empresa norte-americana poderia estar se comportando como a Wang Laboratories, ou seja, a empresa estava no mercado há anos, mas não acompanhava o ritmo das mudanças ocorridas no mercado."[4]

Os problemas em 2002 não eram diferentes dos que a Kodak enfrentou em meados da década 1990: a Fuji continuava enfraquecendo o setor de filmes bastante lucrativo da Kodak, e a revolução da imagem digital estava acontecendo. A Kodak estava colocando algumas idéias boas no mercado em relação à fotografia digital, mas estava claro que era apenas mais uma entre tantas empresas. Além disso, também estava claro que o setor digital seria um setor menos lucrativo que o tradicional negócio de filmes da Kodak. Como citado pela *Fortune*, uma fonte bem-informada de Wall Street descreveu a Kodak como "arraigada, inerente e indiferente".[5]

Em 2002 havia a crescente preocupação de que a Kodak estava continuamente subestimando a velocidade com que o mercado mudaria "do filme para a fotografia digital". A Kodak ficou completamente surpresa quando os resultados finais de 2001 mostraram que as vendas de câmeras digitais haviam subido 30%. As implicações financeiras advindas do fato de a empresa não ter enfrentado seus problemas centrais de forma impactante foram imensas. O valor das ações havia passado de US$ 69 em 1999 para US$ 27 no começo de 2002. Os rendimentos da empresa, que estavam em aproximadamente US$ 19 bilhões por ano no começo da década de 1990, caíram para US$ 13 bilhões.

Kodak: 2003

No final de 2003, a situação estava mais complicada. O CEO Dan Carp lançou uma grande iniciativa para reformular a Kodak. Ele falou para os investidores que a Kodak cortaria seus dividendos em 72% para investir US$ 3 bilhões em fotografia digital. Ele afirmou que a fotografia digital era a principal esperança para colocar a Kodak de volta na trilha do crescimento. A reação a esse pronunciamento foi bem negativa. Bill Symonds, da *BusinessWeek*, escreveu: "O problema é que, após anos de decepções, os investidores têm pouca confiança na capacidade de Carp e na sua administração para gerar resultados."[6] O pronunciamento de Carp gerou uma rápida queda de 14% nas vendas da Kodak e os acionistas ficaram enfurecidos. Jim Mackey, consultor de negócios, afirmou: "Os investidores perderam a confiança de que a Kodak sabe o que fazer com o dinheiro."

O problema era que esse pesadelo estava durando anos. Symonds resumiu a situação ao dizer: "O problema não é que Carp possui a visão errada, mas, sim, que ele esperou a situação se complicar demais para resolvê-la. A Kodak tropeçou em sua iniciativa para construir um negócio digital. Ela adotou um tratamento disperso em relação ao processamento fotográfico digital, apostando em tudo, de quiosques *on-line* a minilaboratórios utilizados por revendedores para imprimir fotos. Em contraposição, sua poderosa inimiga Fuji Photo Film Company começou cedo, tinha uma tecnologia melhor e concentrou-se mais em minilaboratórios, com o foco em dominar o mercado de processamento."

Durante esse período, Dan Carp fez o incrível pronunciamento citado no capítulo 2: "Eu vi minha primeira câmera digital há 20 anos... e soube desde então que essa empresa se transformaria"[g] Dan Carp fez esse pronunciamento no final de 2003, quando a empresa havia sido praticamente atropelada por suas concorrentes nos últimos 10 anos. Demorou demais para Carp e sua equipe reconhecerem o poder da tendência da tecnologia digital e, quando perceberam, atacaram lentamente. O mais importante é que o setor de filmes não foi bem administrado durante esse período. Como mencionado, uma vez que o setor de filmes não obteve o resultado esperado, a administração deveria ter cortado gastos da gestão anterior e empreendido uma iniciativa direcionada ao setor digital com a meta de dominar esse mercado e garantir que a Fuji não ganhasse mais uma parcela do mercado.

Kodak: 2005

Em relação ao comportamento anterior da Kodak, pouca coisa havia mudado em 2005. Como o *The Economist* citou: "Em 2003, o Dan Carp supôs que o setor de filmes cairia uns 10% ao ano nos EUA e 6% no mundo. De fato, é provável que recue 30% neste ano nos EUA e 20% no mundo. Parece que o mundo está mudando mais rápido que a Kodak."[8]

Diante desses problemas, não houve surpresa quando, em maio de 2005, Dan Carp deixou o cargo de CEO. Não há dúvidas de que ele pudesse descrever a natureza dos problemas da Kodak durante seu reinado de cinco anos, mas a empresa não era capaz de se mobilizar rapidamente e superar os problemas. No primeiro trimestre de 2005, Dan Carp havia anunciando novamente resultados financeiros "decepcionantes". A Kodak teve um prejuízo líquido com base ainda em outras despesas de reconstrução e o rendimento caiu 3%, seguindo a longa tendência que a Kodak encarava há anos.[9]

Em 2005, Dan Carp foi substituído como CEO por Antonio Perez, que passou grande parte de sua carreira na HP. Não levou muito tempo para que ele percebesse o que estava acontecendo. Imediatamente anunciou publicamente que a excessiva queda contínua nas vendas de filmes exigiria que a reestruturação da empresa fosse maior do que o anunciado anteriormente. Ele estava se referindo ao fato de as vendas mundiais de filmes da

ARMADILHA 5: GERENCIAMENTO EXCESSIVO

> *A Kodak não conseguia agir com determinação e agilidade nem fazer duas coisas ao mesmo tempo – ou seja, administrar o setor de filmes e lançar-se de maneira impactante no setor digital.*

Kodak terem caído 31% em um ano. Ela havia previsto anteriormente uma queda de 20%. A reestruturação foi bem drástica, com a meta de demitir cerca de 24.000 funcionários, ou um terço da força-trabalho da Kodak.[10] Ainda mais importante, o setor digital finalmente obteve o foco que necessitava nos últimos 10 anos.

Se você prestar atenção na história que relatamos, há um tema comum durante o período: a Kodak não conseguia agir com determinação e agilidade nem fazer duas coisas ao mesmo tempo, ou seja, administrar o setor de filmes e lançar-se de maneira impactante no setor digital. Por muito tempo, seu foco ficou exclusivamente no setor de filmes e neste setor faltava agilidade para competir adequadamente com a Fuji. É uma lição clara sobre a importância de proteger seus negócios atuais, ao mesmo tempo em que enfrenta novas oportunidades, mesmo que elas acabem superando seus negócios atuais. Você deve ser ágil e eficaz em ambas as áreas e então deixar o consumidor decidir qual direção o setor seguirá.

Outra vulnerabilidade que surge quando você está paralisado pelas suas atuais práticas de negócios está relacionada à mudança de seus negócios atuais para novos ambientes. Especificamente, ao levar seu negócio atual para uma nova região geográfica, ou lidar com uma nova categoria comercial, a maioria das organizações bem-sucedidas simplesmente reaplicam práticas herdadas que, no passado, levaram ao sucesso e à estabilidade. Elas tendem a se apegar às suas práticas herdadas em praticamente todas as áreas, tais como posicionamento de *marketing* dos produtos, propaganda, abordagens de venda, práticas de TI, ferramentas de análises financeiras etc. A expressão **"se não está quebrado, não conserte"** é geralmente aceita, sem verificar se está quebrado ou não, ou se está prestes a quebrar!

Vejamos dois pontos importantes para se ter em mente quando você se deslocar para colocar seus produtos ou serviços em novas regiões geográficas ou categorias comerciais.

1. **Utilize um novo talento para desenvolver planos para novas regiões.** Quando você entra em um novo mercado ou região geográfica, todas as práticas-padrão que você utilizou no passado devem ser reavaliadas. As práticas atuais precisam ser avaliadas a fundo por pessoas que não tenham interesse pessoal em simplesmente manter o *status quo*.

2. **Determine as diferenças relativas ao novo ambiente e as mudanças necessárias.** Geralmente o sucesso faz com que as pessoas encarem qualquer diferença apresentada pelo novo mercado como um fator sem importância. A teoria é que você aproveitará os fundamentos que aprendeu bem e que o levaram ao sucesso no passado. Tudo deve ser testado nesta área. Todas as diferenças que surgem devem ser completamente investigadas e avaliadas no contexto para verificar se elas justificam realizar modificações nas suas práticas atuais.

Vamos analisar um exemplo de uma empresa que parece fazer estas coisas bem.

CITIGROUP

Essa potência global de serviços financeiros é um bom exemplo de organização que teve um bom desempenho em relação a ter agilidade enquanto expandia seus negócios mundo afora.

A questão da expansão geográfica é muito importante para o Citigroup. Isto porque cerca de 60% de seu rendimento líquido vem da América do Norte. Infelizmente, a América do Norte não é uma área de grande crescimento para um banco global como o Citigroup, já que possui uma grande atuação nessa região.[11] Ele sabe que as possibilidades de obter grandes taxas de crescimento estão fora da América do Norte, regiões nas quais ele está conquistando o dobro de clientes. Conseqüentemente, o verdadeiro foco do banco está direcionado para os mercados internacionais e sua meta foi claramente determinada: ele deseja que, em 2009, metade de seus lucros venha de mercados internacionais.

Citigroup: os desafios

Para alcançar essas metas, o Citigroup não pode simplesmente reaplicar suas atuais práticas bancárias em outras áreas do mundo. Por exemplo, Bernard Condon, da *Forbes*, mencionou os desafios que o banco encontra em locais como o Brasil.[12] Ele descreveu uma rua movimentada de São Paulo, onde pessoas contratadas por financeiras concorrentes distribuem folhetos para os transeuntes e gritam "Empréstimos! Nós fazemos empréstimos pessoais". Essa é uma situação bem diferente da que o Citigroup enfrenta em cidades como Toronto ou Atlanta. Então, ele deve ser rápido para compreender as práticas locais e adaptá-las.

Outro desafio importante que o Citigroup enfrenta em alguns desses países é o fato de que os clientes não confiam aos bancos o dinheiro conquistado com muito esforço. Além disso, em muitos desses países, as pessoas nunca utilizaram cartões de crédito e nunca fizeram um empréstimo bancário para comprar uma TV ou um carro. O *marketing* deve refletir sobre essas realidades culturais e levar as pessoas a compreenderem como um banco pode facilitar sua vida.

Outro obstáculo existente em países como a Rússia, por exemplo, é a estrutura legal primitiva. Em muitos casos, não há um programa de seguro de depósito e não há instituições de crédito. Os funcionários do Citigroup estão se empenhando juntamente com os governos locais para obter liberação para essas práticas e mudar as leis de empréstimo para que o interesse pelo cartão de crédito possa ser ampliado de forma que seja aceitável para as autoridades governamentais e compreensível e chamativo para os clientes.

Isso requer abordagens inteligentes de *marketing*. Por exemplo, ao entrar em um país, o Citigroup geralmente explora o lado bancário corporativo. Isso funcionará com empresas multinacionais que têm negócios naquele país, para deixá-las interessadas em fornecer os serviços do Citigroup a seus funcionários.

Para o Citigroup, o desafio de vendas nesses países é um tanto incomum. Geralmente, o banco deve se encontrar com a pessoa três ou quatro vezes antes de persuadi-la a acreditar que seu dinheiro estará seguro em um banco do Citigroup. Além disso, ele precisa garantir aos seus clientes que eles podem retirar seu dinheiro a qualquer momento; o banco dispõe de caixa eletrônico, recursos *on-line* e agências, o que deixa claro aos potenciais clientes que seu dinheiro estará disponível para eles no momento em que precisarem.

Citigroup: aprendizado, agilidade e resultados

Nesses países, a equipe de vendas do Citigroup precisa aprender sobre a cultura, os modos ideais de interagir com os clientes, como descrever as ofertas atuais do banco para que sejam compreensíveis e como desenvolver metas para atrair os clientes e torná-los fiéis ao banco. Essa flexibilidade está gerando bons resultados, visto que, por exemplo, o esforço do Citigroup para aprender como empresas de pequeno e médio porte operam permitiu obter cerca de 20.000 clientes que emprestaram de US$ 500 mil a US$ 1 milhão, tornando sua operação na Índia uma de suas iniciativas bancárias corporativas de crescimento mais rápido.

O impressionante é que o Citigroup, que possuía uma abordagem bem desenvolvida que levou ao sucesso na América do Norte, trabalhou incansavelmente para refletir as características singulares de cada país e agiu rapidamente. Sua agilidade foi fundamental para obter sucesso e isso, geralmente, é difícil em uma organização que gozou de sucesso duradouro. Um ótimo exemplo para fazer as coisas certas em relação à agilidade é buscar metas coerentes.

16

NOMEIE GRANDES TALENTOS PARA TRATAR DOS ASSUNTOS DIFÍCEIS E SAIA DO CAMINHO DELES

Vários livros já foram escritos sobre a importância de colocar as pessoas certas nos cargos certos. Diferentes organizações se ocupam disso de diferentes formas, mas quando essas pessoas estão "a bordo" você precisa deixá-las motivadas sobre o que podem conseguir e, então, delegar-lhes responsabilidades e ver o que elas fazem. Vamos observar como algumas organizações se ocupam da contratação de novos funcionários e da delegação de responsabilidades a eles.

PROCTER & GAMBLE

Durante meus 26 anos na P&G, aprendi a apreciar o processo utilizado para conseguir praticamente, de maneira consistente, o melhor talento de *marketing* e gerenciamento empresarial disponível. Embora ela seguisse os mesmos procedimentos na maioria dos países, descreverei o processo no contexto dos EUA. A P&G contrataria aproximadamente 150 dos melhores alunos das melhores universidades, interessados em *marketing*, e os colocaria em sua organização de gerenciamento de marca. Ela consistia de vários grupos de marca, cada um tendo de três a cinco pessoas. Cada grupo de marca era atribuído a uma única marca e o papel do grupo era fazer a marca crescer significativamente no mercado.

Esses grupos de marca eram lugares incrivelmente estimulantes para estar. O membro com mais experiência de cada grupo de marca era o gerente de marca, que tinha, em média, de três a cinco anos de experiência na empresa. O grupo estava gerenciando uma marca que possuía um rendimento, em qualquer lugar, de US$ 200 milhões a US$ 1 bilhão. Ainda mais importante, todas as mudanças relacionadas à marca se originariam do grupo de marca que interagia com o desenvolvimento de produto para descobrir qual era a melhor forma de melhorá-lo; era responsável pela embalagem e por mantê-la contemporânea; desenvolvia planos de *marketing* e conseguia aprovações da gerência para executá-los. Era uma opor-

> *Uma lição que aprendi na P&G e na Microsoft é que, quando você coloca ótimas pessoas "a bordo" e as motiva, a pior coisa que você pode fazer é sobrecarregá-las com processos burocráticos, comissões, forças-tarefas, processos de liberação e outras atividades pouco criativas e até inúteis que só emperram o trabalho.*

tunidade bastante estimuladora e inspiradora para aqueles jovens. O trabalho de indicar oportunidades para fazer as marcas crescerem era de total responsabilidade do grupo de marca.

O mais importante: todos os 200 componentes desses grupos sabiam desde o começo que, a cada ano, aproximadamente um terço deles seria dispensado. Essas decisões quanto ao pessoal tinham como base os resultados comerciais e o potencial de longo prazo estimado. Era um sistema *up-or-out* (cresça ou saia), que começava com a vinda do melhor talento do *campus* de uma universidade. O que a P&G estava fazendo era refinar continuamente esse acervo de talentos, até que algumas pessoas de negócios com talento incrível fossem claramente identificadas e, por meio de uma série de experimentos, se mostrassem capazes de administrar partes maiores da empresa.

Como trabalhei no gerenciamento de marca da P&G por vários anos, posso dizer que foi bastante estimulante. De fato, foi bem libertador saber que a única coisa que importava eram os resultados. Estava bem claro o que você precisava fazer: vir com novas idéias que funcionavam no mercado. Além disso, como o lugar tinha ótima reputação quanto ao treinamento de gerenciamento geral prático, não havia o medo de ser demitido. Os caça-talentos ficariam na sua cola com excelentes oportunidades de emprego. Basicamente, a P&G contratava grandes talentos e saía do caminho deles.

MICROSOFT

Durante meus quase sete anos como diretor de operações da Microsoft, vi um processo de contratações bem diferente, mas também muito eficaz, particularmente no setor tecnológico. A Microsoft estava procurando por pessoas com uma incrível paixão pelo setor tecnológico e, ainda mais importante, que fossem superinteligentes. A empresa treinava seus funcionários para entrevistarem candidatos e identificá-los pela paixão e pela inteligência. Ela buscava candidatos das melhores faculdades e de outras empresas. A ênfase estava no QI (quociente de inteligência) e esses recrutadores aprendiam e aplicavam uma variedade de perguntas para utilizar na sondagem da inteligência. Por QI, entenda-se aqui habilidades de pensamento quantitativo profundas que, combinadas com a paixão, são ideais para enfrentar problemas tecnológicos e comerciais.

Por exemplo, seria solicitado que um candidato estimasse o número de postos de gasolina nos EUA. O que importava era ver quais tipos de passos o candidato proporia imediatamente para fazer uma estimativa razoável desse número. Não estávamos atrás de uma resposta correta; estávamos interessados na velocidade e na criatividade com as quais o candidato conseguiria formar um processo lógico para fazer uma estimativa um tanto razoável. Eu geralmente falo às pessoas que, em minha opinião, a competência essencial da Microsoft está no recrutamento. Ela recruta o candidato devido a seu **entusiasmo incrível** e à sua **"inteligência bruta"** e a lista pára por aí, isto é, você pode ser bastante "incomum", mas se for incrivelmente entusiasmado e consideravelmente inteligente você se encaixa bem no perfil exigido pela Microsoft.

Durante o período em que estive na Microsoft, de 1994 a 2001, a empresa estava crescendo muito rapidamente, entre 25% a 30% ao ano. O número de funcionários era mantido com rigidez e, conseqüentemente, a idéia de delegar responsabilidades era uma necessidade absoluta para que o lugar funcionasse. Capacidades como a Internet começavam a emergir e a Microsoft estava enfrentando fortes concorrentes como a *WordPerfect* e a *Lotus 1-2-3*. A tarefa era clara: precisávamos de um produto melhor que o dos nossos concorrentes e de bastante inovação, para sair na frente de tendências tecnológicas importantes. Devido a escassez de funcionários, você não tinha alternativa a não ser delegar e contar com pessoas para fazer acontecer.

Uma lição que aprendi com os anos na P&G e na Microsoft, bem como nas consultorias que tenho prestado desde então, é que, quando você coloca ótimas pessoas "a bordo" e as motiva para obterem resultados maravilhosos, a pior coisa que você pode fazer é sobrecarregá-las com processos burocráticos, comissões, forças-tarefas, processos de liberação e outras atividades pouco criativas e até inúteis que só emperram o trabalho. A grande meta é obter distinção e singularidade, e o modo de obter isso é ter excelentes pessoas, de fato empolgadas para fazer uma grande diferença. Comissões e processos burocráticos enfraquecem a singularidade e tornam as coisas satisfatórias para todos, mas nada estimulantes para quem quer que seja.

NIKE

Vamos observar de perto outra empresa que se saiu bem ao longo dos anos em um setor que exige rapidez e agilidade.

Nike: o começo

Em 1964, Phil Knight lançou um pequeno negócio de calçados com seu antigo treinador, Bill Bowerman. Eles importaram tênis de corrida relativamente baratos, mas de alta qualidade, do Japão, fabricados pela Onitsuka Tiger. Knight literalmente vendia esses calçados no porta-malas de seu carro, em festas do ensino médio. Contudo, ele e Bowerman preocupavam-se com que a Tiger viesse a procurar um distribuidor mais estabilizado; então, decidiram criar sua própria marca e entrar nos negócios.

> *O modelo de Knight era bem simples: encontre excelentes pessoas que se preocupam intensamente com o produto e saia do caminho delas.*

Eles agiram rápido. Escolheram o nome Nike, pois era o nome da deusa grega da vitória. Pagaram a um estudante de Portland US$ 35 para que ele desenvolvesse um logo: um traço simples (que atualmente é identificado com o nome Nike, no mundo inteiro). Mesmo nessa época, Phil Knight procurava por pessoas apaixonadas. Daniel Roth, da revista *Fortune*, descreveu algumas das antigas reuniões com a equipe: "As antigas reuniões da administração da Nike eram desordeiras, reuniões de bêbados, conhecidas internamente como *buttfaces*. Quando estouravam brigas entre seus homens – que eram a maioria da equipe –, Knight raramente as interrompia. Ele gostava de ver a paixão."[1]

Nike: delegação

Knight também era conhecido por ser muito prático quanto à direção. Por exemplo, quando começou as atividades da Nike na Europa, falou ao seu pessoal de vendas para "vender calçados". Ele sabia que havia contratado pessoas realmente boas e precisava deixá-las livres para correr (sem trocadilhos).

Como exemplo da independência que deu aos seus funcionários, é interessante observar como o famoso calçado com a sola *waffle* surgiu. Seu inventor foi o parceiro de Knight, Bowerman. Ele mesmo relatou como aconteceu: "Eu estava olhando para a máquina de fazer *waffle* de minha esposa e achei que parecia um bom mecanismo de tração."[2] Ele fez alguns experimentos, despejando um composto líquido de borracha na forma da máquina de fazer *waffle* de sua esposa. Isso levou a Nike a lançar o calçado *waffle*, em 1970. Esse lançamento foi perfeitamente cronometrado, pois nos EUA a corrida estava começando a se tornar uma mania nacional. Parte do motivo para isso, foi um livro chamado *Jogging*, lançado em 1967 por ninguém menos que Bill Bowerman.

Bowerman havia sido o treinador de Knight, em Oregon. Phil Knight adorava Bowerman porque ele, sem dúvida, sabia como inspirar as pessoas. Recordando-se daqueles dias de corrida em Oregon, Knight disse: "Bowerman realmente colocava na sua cabeça que você seria o melhor do mundo." Phil Knight tornou-se um aluno convicto dessa capacidade e, para ele, Bill Bowerman era sua inspiração absoluta. De fato, a estrada que leva ao império da Nike, em Oregon, é chamada Bowerman Drive.

O modelo de Knight era bem simples: encontre excelentes pessoas que se preocupam intensamente com o produto e saia do caminho delas. Ele de fato fez isso com a equipe inicial que lançou a empresa. Bowerman desenvolvia os calçados e Jeff Johnson administrava o *marketing*. Bowerman foi o catalisador do famoso calçado com sola *waffle;* Johnson foi quem pagou US$ 35 pelo logotipo.

Há várias estórias sobre Knight e sua delegação completa de funções e aversão a estruturas complexas. Mark Parker, que foi o co-presidente da marca Nike, disse que em apresentações formais, em que as pessoas ficam passando *slides* de *PowerPoint*, Knight "meio que só dava uma olhada".[3] Outra estória sobre Parker e Knight refere-se a uma visita feita por eles à famosa reunião de sábado de manhã do Wal-Mart. Lee Scott, CEO do Wal-Mart, estava passando pelo tipo-padrão de análise de negócios com diversos números e diretivas, e a estória é que Parker virou-se para Knight e disse: "É um pouco diferente aqui." Knight respondeu: "Sem dúvida."

O interessante em Knight é que ele não é de fato alguém comum. Como Roth, da *Fortune*, diz: "Ele administra para que três coisas sejam melhores do que qualquer pessoa nos negócios: contratar boas pessoas, misturá-las e inspirá-las."[4] No começo de 1983, Phil Knight decidiu fazer uma extensa viagem pessoal à China. Ele designou o funcionário Bob Woodell presidente e foi para a China. Infelizmente para Woodell, a febre por corrida nos EUA começou a esfriar, mas a aeróbica estava fervendo. Woodell manteve o enfoque na corrida e no basquete. A Reebok percebeu a tendência e focou nela.

Nike: pessoas decisivas agem

Knight percebeu que precisava colocar as pessoas certas nos cargos certos rapidamente e voltou, no final de 1984, para reorganizar a empresa. O final da década de 1980 foi duro, com Phil Knight trabalhando para colocar o trem nos trilhos novamente. Em 1988, ele fez a seguinte afirmação aos acionistas: "Todos os nossos vice-presidentes listados no relatório anual de

1981 partiram." Agora, seu trabalho era reconstruir a empresa e selecionar uma nova equipe, utilizando sua abordagem simples e incomum de ir atrás de pessoas excelentes com muita paixão pelo produto.

No início e no meio da década de 1990 a Nike alcançou resultados incríveis. No meio de 1996, ela estava vendendo US$ 6,5 bilhões em tênis, roupas e equipamentos esportivos por ano, com rendimentos anuais de mais de US$ 550 milhões. Era uma margem de lucro de 8,5%, o que é incrível, dado que muitas pessoas acham que itens como tênis, roupas e equipamentos esportivos são artigos de luxo.

No meio de 1997, a parcela de mercado de calçados da Nike, nos EUA, era de cerca de 40% e a Nike estava claramente no topo do jogo. Mais uma vez, como aconteceu em 1983, Phil Knight parecia entediado e passava menos tempo na empresa. Se você ler os artigos sobre a Nike durante esse período, não fica claro o que Knight estava fazendo na época, mas ele era visto geralmente em eventos esportivos. Basicamente, a empresa estava sendo comandada por Tom Clarke, um engenheiro de produto nomeado presidente em 1994. Repetindo a história, da mesma forma como quando Phil Knight se retirou, os negócios da Nike começaram a abrandar. O sofisticado mercado de tênis nos EUA passou por um período de baixas e a Nike foi atingida por uma publicidade negativa incrível. Ela foi acusada de fabricar seus calçados em **"fábricas de escravos"**, na Ásia.

Em 1999, Phil Knight estava novamente no comando da Nike e Clark foi transferido para outro cargo na empresa. Conforme informado na imprensa: "Knight fez o que faz melhor: encontrou e motivou pessoas talentosas e as deixou fazer o que queriam. Ele trouxe pessoas de fora, estrelas como Mindy Grossman, da Ralph Lauren, para administrar o setor de roupas, Don Blair, da Pepsi, para ser o CFO (Chief Financial Officer), e Mary Kate Buckley, da Disney, para liderar novos empreendimentos."[5]

Phil Knight foi muito astuto para identificar novas tendências, não só no mundo dos calçados e roupas de atletismo, mas também observando o que estava acontecendo no mundo à sua volta. Por exemplo, quando a Internet começou a surgir, a intuição de Knight dizia que ela era importante, mas, lembre-se, ele não é uma pessoa detalhista. **Então, o que fez?** Ele trouxe uma lista impressionante de executivos do setor de Internet para ensinar seus funcionários sobre a rede.[6] Ele iniciou a sessão dizendo: "Eu não entendo essa coisa toda, mas ela é incrivelmente importante e vamos progredir com ela". Knight colocou boas pessoas para conduzirem essa tarefa e, em pouco tempo, a Nike.com tornou-se uma grande ferramenta da empresa.

Nike: inspiração

Knight era famoso por contratar pessoas excelentes. Ele lhes indicava uma certa direção e deixava a cargo delas descobrir o que fazer, mas também deixava claro que ele esperava grandes resultados. Uma estória da ex-vice-presidente da Global Marketing, Liz Dolan, demonstra como Knight descobriu essa abordagem. Knight contou a Dolan que: "Certa vez, durante a faculdade, pediu conselho a Bowerman sobre como melhorar seus tempos de corrida. Bowerman respondeu: 'triplique sua velocidade.'" Dolan, então, explicou: "Esse é o tipo de conselho que você consegue de Knight." Ela complementou: "É menos provável que ele se sente e explique algo para você. Ele acha que você consegue descobrir... Ele se concentra mais em falar diretamente com você para obter o melhor de ti, do que definir estratégia corporativa por si."[7]

> *Coloque pessoas excelentes em cargos fundamentais, inspire-as a realizar sonhos fabulosos e, então, saia do caminho delas.*

Em 1999, quando retornou de sua segunda "licença", Knight convocou uma rara reunião com todos os funcionários. Todos se encontraram no Bo Jackson Fitness Center, da Nike, e 1.500 pessoas ouviram Knight contar que eles já estiveram por baixo antes, mas sempre voltaram ao topo. Ele enfatizou que era hora de eles **"virarem o jogo"**.[8] No final da apresentação, ele se desculpou por sua ausência e engajou-se. Ficou claro para todas as 1.500 pessoas da platéia que era a função delas sair e tornar realidade o sonho dele de "virar o jogo", pois sabiam que ele, de fato, se preocupava bastante com elas e com a empresa. O ex-diretor geral, Andrew Black, disse: "Nunca me esquecerei daquele discurso." E completou: "Ele nos inspirava a um nível em que você só compreendia que queria fazer mais por ele do que antes. Ele desafiou a nós todos a realmente nos concentrarmos. Ele é o tipo de líder que você podia ouvir um alfinete cair enquanto falava. Ele conseguiu que o auditório todo o ovacionasse por bom tempo depois que acabou de falar."

Nos anos seguintes, a Nike fez o que faz melhor e, no final do exercício de 2004, estava de volta ao topo. De 2000 a 2004, a receita cresceu de US$ 9,5 bilhões para quase US$ 14 bilhões. A parcela do mercado da empresa de calçados atléticos cresceu para 40%, enquanto a próxima maior era da Reebok, com 13%.

Entre 2000 e 2004, o valor das ações da Nike subiu de US$ 40 por ação para US$ 87 e continua a progredir, tendo alcançado US$ 100 no final de 2006. Um investidor que havia investido US$ 1.000 na Nike e seu calçado de sola *waffle* e logotipo de US$ 35, quando ela se tornou pública em 1980, estaria agora com US$ 73 mil.

Há várias maneiras de se administrar uma organização, mas está bem claro que uma forma de sempre afastar práticas herdadas é colocar pessoas excelentes em cargos fundamentais, inspirá-las a realizar sonhos fabulosos e sair do caminho delas. Phil Knight foi claramente superior em relação a isso. Seus funcionários o amam, pois sabem que ele se preocupa profundamente em ver o grupo obter sucesso e confia muito neles para fazer com que isso aconteça.

# 17

A LIDERANÇA É A CHAVE PARA TER VELOCIDADE E AGILIDADE

Se você deseja conduzir a organização de forma inteligente para enfrentar o futuro, deve colocar as pessoas certas nos cargos certos. Por sua vez, esses profissionais não devem ter uma mentalidade uniforme; devem ser verdadeiros líderes que gostem de se arriscar e empreender mudanças de modo rápido e dinâmico e, além disso, devem estar abertos a novas aprendizagens em sua busca por definir novas tendências.

Vejamos o exemplo de uma empresa bem-sucedida que estava começando a enfraquecer, quando um líder forte assumiu o comando e tomou algumas decisões difíceis para colocá-la nos trilhos novamente.

HEWLETT-PACKARD (HP)

A HP tinha alcançado imenso sucesso no setor de impressoras e dominava mais de 50% da parcela do mercado desse setor ascendente nas últimas duas décadas e, em 2005, seus rendimentos estavam na média de US$ 24 bilhões por ano.

No ano fiscal de 2004, as impressoras representavam 73% do lucro de US$ 2,4 bilhões da HP, mesmo representando menos que um terço dos US$ 80 bilhões da HP em vendas para o mesmo ano fiscal. É fácil estar no caminho certo quando esses números mantêm uma regularidade.

HP: os desafios

Em 2005, havia claros sinais de que a HP estava se arrastando no setor de impressoras. A Dell havia lançado impressoras que competiam em pé de igualdade com as da HP.

Em 2004, a parcela do mercado da HP do setor de impressoras dos EUA caiu para 47% e os preços das impressoras estavam caindo. Conseqüentemente, as margens operacionais da HP estavam diminuindo e o crescimento do rendimento ao ano estava cada vez mais lento. A projeção para 2005 era que chegasse a 5,7%.

Além de ter a Dell como concorrente, a verdadeira preocupação da HP era a grande quantidade de recarregadores de cartuchos que estavam aquém das lucrativas vendas de tinta da HP. Todas essas forças concorrentes fizeram com que o consultor de TI, Marco Boer, avaliasse a situação da seguinte forma: "Eles estão sendo pressionados por todos os lados."[1]

Uma evidência clara dessa lentidão ocorreu no primeiro trimestre de 2005, quando a divisão de impressoras da HP verificou o aumento da receita de apenas 5%, contra o aumento de 11% do ano anterior. Além disso, a margem de lucro de 15,6% obtida no ano anterior caiu para 13,8%.

Pela primeira vez em anos, a HP estava evidentemente sob ataque, pois, além da Dell, ela enfrentava forte concorrência da Epson, da Canon e da Lexmark. Em 2004, todas essas concorrentes haviam lançado produtos redesenhados a preços reduzidos. Elas vendiam os recarregadores de tinta a preços 20% a 50% inferiores aos da HP e, juntamente com outros fatores, foram a fonte das dificuldades da HP.

HP: surge um líder

Obviamente, a HP deveria ter previsto esse panorama e se antecipado a ele, oferecendo novos produtos e serviços. Ela finalmente começou a fazer isso, com a chegada de Vyomesh "VJ" Joshi, vice-presidente executivo da HP para os negócios de impressoras. Em dezembro de 2004, VJ organizou uma reunião de três dias com sua alta gerência.

Nela ele apresentou o trabalho publicado na revista *Harvard Business Review*, intitulado *Darwin e o Demônio*, no qual descrevia os perigos com que os negócios se deparam quando não se adaptam às novas condições.

Em 2004, VJ também deixou claras suas preocupações ao divulgar um documento de *marketing* de 48 páginas em que afirmava: "A história está contra nós."² Quando, então, explicou: "Negócios extraordinários sempre se tornam mornos se não agirem para enfrentar as dificuldades. Era evidente que precisávamos de mudanças."

Embora a HP não devesse ter esperado que a redução da sua parcela no mercado e as fracas margens de lucro lhe mostrassem que não estava enfocando o futuro rápido o suficiente, pelo menos um de

> *É importante cortar despesas e agir quando as coisas não estão indo bem. Isso exige uma verdadeira liderança.*

seus principais líderes percebeu essa necessidade e pôs a mão na massa.

Um dos primeiros passos de VJ foi dar início ao **corte de custos** para criar fundos que pudessem ser investidos no crescimento da empresa. Para tanto, lançou um programa de demissão voluntária nos EUA que eliminou 1.900 cargos. Em algumas unidades da divisão de impressoras, isso resultou em uma taxa de saída de até 25% dos funcionários. Outro passo ousado foi transferir a montagem dos cartuchos a jato de tinta das instalações internas da HP para a Malásia, onde os fabricantes ofereciam baixo custo. Isso não apenas poupou muito dinheiro, mas também enviou um claro sinal sobre o que era importante para os funcionários da HP enfocarem – ou seja, **o futuro**.

Joshi também levou adiante a tarefa de distribuir os investimentos da HP da linha de produtos básicos também para as áreas com grande potencial de crescimento, como fotografia e publicação digitais. Além disso, empreendeu iniciativas para desenvolver fluxos de receita de serviços, como *sites* de impressão de fotografia *on-line* e licenciamento da tecnologia das impressoras da HP.

Foi também competente e eficaz para enfocar o futuro. Assim, a HP desenvolveu uma tecnologia incomum e de alto potencial denominada *page-wide arrays*.[3] Essa tecnologia utilizaria milhares de injetores para imprimir uma página inteira de só uma vez, em vez de ter um único cartucho que se movia pela página. Esse é o tipo de iniciativa que o líder de um setor deve conduzir com empenho e, finalmente, a HP começou a fazer isso.

Para manter a organização enxuta e enfocada no futuro, VJ também se empenhou para extinguir as atividades realizadas há anos, cujo impacto no lucro era baixo. Por exemplo, havia um projeto antigo de entrar no negócio de copiadoras corporativas, mas que nunca havia, de fato, sido realizado; assim VJ o encerrou. Havia também um grande projeto enfocado no desenvolvimento de produtos para o setor de atendimento à saúde que também foi extinto. Tudo isso tornou a organização mais enxuta e focada no desenvolvimento de um fluxo contínuo de produtos líderes do setor, algo que as empresas bem-sucedidas devem trabalhar constantemente para conseguir.

Olhando para trás, embora tenha sido necessário a HP se deparar com alguns resultados financeiros negativos na área de impressoras para finalmente acordar, parece que ela entendeu o recado, e a questão agora é se a HP esperou ou não muito tempo para enfrentar as dificuldades e, assim, acabou dando às suas concorrentes muito espaço para equilibrar e até mesmo ultrapassar os produtos ofertados pela HP, que foram os responsáveis pelo seu sucesso no setor de impressoras.

Em relação à velocidade, à agilidade e à liderança, um outro fator que devemos abordar é a importância de cortar os prejuízos e agir quando as coisas não estão indo bem. Isso exige uma verdadeira liderança. Vamos observar esse problema detalhadamente.

Quando uma organização aprova um projeto e ele é implementado, geralmente é muito difícil encerrá-lo ou redirecioná-lo. Para que uma organização realmente permaneça ágil, ela precisa ser capaz de examinar constantemente o que faz e julgar quais atividades devem ser eliminadas e quais devem ser reforçadas no futuro. Encerrar um projeto ou serviço é complicado por três motivos:

1. **As pessoas se tornam protetoras.** As pessoas que trabalham no projeto, bem como a administração que o aprovou, têm interesse pessoal em torná-lo bem-sucedido. Com o tempo, a idéia de eliminar "seu bebê" se torna um problema real. O motivo é o medo. Aqueles que trabalham no projeto temem o que lhes aconteceria se ele fosse eliminado. Para a administração que aprovou o projeto, a tendência é dar continuidade a ele, pois teme constrangimentos. Encerrar um projeto é geralmente encarado como um fracasso, e todos os envolvidos se preocupam com a possibilidade de carregar

um estigma de fracasso. Por esses motivos, pode ser extremamente complicado fazer com que uma organização encerre um projeto.

2. **Falta de objetividade.** As pessoas que trabalham duro para tornar um projeto bem-sucedido são defensoras dessa iniciativa, ou seja, querem mantê-lo. Por outro lado, as pessoas geralmente perdem sua objetividade quando atuam como defensoras e, conseqüentemente, tendem a ver o projeto através de "lentes cor-de-rosa". Desse modo, embora os problemas existentes sejam trabalhados, a possibilidade de eliminar o projeto raramente é considerada.

3. **Baixa prioridade.** Quando um projeto é iniciado, o negócio existente da organização geralmente tem prioridade primária e o cuidadoso cultivo do novo projeto recebe prioridade secundária. Conseqüentemente, não há senso de urgência para avaliar de modo contínuo se a nova iniciativa deve ser encerrada ou não. Isso geralmente leva à análise superficial do que de fato está acontecendo, o que resulta em tomadas de decisão insatisfatórias em relação ao futuro da iniciativa.

Vejamos o caso de uma grande empresa que teve problemas em sua área, mas cuja forte liderança surgiu e lidou com eles.

INTEL

Esse gigante corporativo é um bom exemplo de organização que realmente lutou com alguns projetos novos e sofreu devido à falta de liderança. Na segunda metade da década de 1980 e durante a década de 1990, a Intel dominou o setor de microprocessadores de pastilhas de silício e, junto com a Microsoft, estabeleceu os negócios de PC como um setor gigante. Contudo, no final da década de 1990, a Intel foi vítima da onda da Internet.

Nessa época, a Intel estava particularmente vulnerável, pois até então tinha desfrutado de enorme sucesso e obtido grande lucro. Ela empreendeu diversas iniciativas direcionadas não só para o mercado de computadores pessoais, mas também para outros mercados, como comunicações, aplicati-

> *Liderança, foco e talento são os componentes fundamentais para manter a organização rápida e ágil.*

vos de informação e serviços de Internet.[4] Especificamente, ela passou a fabricar *chips* para mecanismos de rede, telefones celulares e computadores portáteis e empreendeu iniciativas para comercializar seus próprios *hardwares* na forma de servidores de rede, dispositivos de uso da *Web* e roteadores para guiar os dados por redes. Além disso, a Intel tentou desenvolver um negócio de serviços em que realizava operações de *e-commerce* para outras organizações.

Em 1999, a Intel adquiriu a Level One Communications, fabricante de *chips* para dispositivos de banda larga, por US$ 2,2 bilhões.[5] De fato, entre 1999 e 2000, a Intel gastou mais de US$ 8,7 bilhões em 28 aquisições.

A maioria dessas iniciativas começou bem devagar, mas, devido ao sucesso geral de que a Intel gozava, esses novos projetos provavelmente não foram analisados como deveriam para julgar, de forma contínua, o que deveria ser encerrado e o que deveria ser encarado como potencial gerador de lucro futuro.

Intel: a bolha estoura

No final de 2001, a Intel se deparou com a realidade.[6] A bolha da Internet havia estourado e as vendas de PC estavam caindo em relação ao ano anterior, algo que nunca havia acontecido antes. Em 2001, os rendimentos da Intel caíram 21%, o que foi um acontecimento traumático para a empresa, uma vez que estava acostumada com o crescimento dos rendimentos, que batia na casa dos dois dígitos. De fato, nas décadas de 1980 e 1990, o rendimento cresceu a uma taxa média anual de 21%, à medida que os *chips* da Intel conduziam o incrível aumento do mercado de PCs.

Um dos maiores projetos que a Intel teve dificuldade para extinguir foi seu empreendimento de hospedagem na *Web*. Estima-se que a Intel tenha colocado US$ 2 bilhões nesse negócio que nunca se materializou.[7] Em setembro de 2001, a líder em hospedagem na *Web*, Exodus Communications, entrou em bancarrota, e a Intel assumiu a posição que pretendia em seu empreendimento de hospedagem na *Web*, ainda que a maioria dos analistas informasse que os centros de dados da Intel estavam praticamente vazios.

Intel: começa a limpeza

Em vista de suas decepções financeiras no final de 2001, a Intel finalmente encarou os fatos e começou a extinguir alguns projetos. Ela encerrou o serviço de transmissão de reuniões de acionistas e sessões de treinamento pela *Web*, extinguiu o *iCat*, um serviço de *e-commerce* e hospedagem para pequenos e médios negócios, e também desativou seu negócio de ferramentas de informação, que trabalhavam em pequenos dispositivos para acessar informações na *Web*.

Em 2005, a Intel nomeou um novo CEO, Paul Otellini, veterano da Intel. Ele rapidamente anunciou que a estratégia de diversificação dos negócios seria colocada de lado, encerrada; em vez disso, a Intel se manteria somente no setor de microprocessadores, com foco em colocar seus microprocessadores em novos mercados.[8] Basicamente, Otellini estava voltando às origens do negócio que a Intel sempre fez bem: **microprocessadores**. Ele focou a organização inteira em quatro mercados finais: empresas, lares, dispositivos móveis e *chips* para atendimento à saúde. Em cada uma dessas quatro áreas, Otellini encarregou a organização de descobrir como seus microprocessadores poderiam ser mais explorados produtivamente e como lançar produtos e serviços focados nas necessidades dos clientes, em vez de ter como base estatística de desempenho para um *chip* em particular. Ele também aproveitou a oportunidade para extinguir todos os projetos remanescentes das iniciativas da empresa no final da década de 1990.

A Internet havia levado a Intel a um modo de operação que envolvia aumentar a velocidade do *chip Pentium* a cada ano, ao passo que lançava diversos novos projetos, quase como experimentos, no mercado. É surpreendente que esse modo de operação tenha continuado por tanto tempo. Embora o valor das ações da empresa estivesse na faixa de US$ 70 em 2000, ele havia caído para US$ 25 por ação no final de 2001 e ainda estava neste nível quando Paul Otellini assumiu em 2005. No final de 2006, o preço estava na faixa de US$ 20 a US$ 25, e a Intel estava tendo dificuldades para recuperar seus dias de glória.

Há grandes lições nessa estória da Intel. Quando os projetos começam, você precisa questionar a existência deles regularmente, senão você corre o risco dos mesmos eles se tornarem atividades herdadas arraigadas. Assim, é preciso haver uma liderança forte e decisiva para, constantemente, lidar com o que não está indo bem. Como podemos observar, com base nos casos de todas as empresas que comentamos nesta parte, liderança, foco e talento são os componentes fundamentais para manter a rapidez e a agilidade da organização.

PARTE VI

ARMADILHA 6
MEDIOCRIDADE: TOLERAR O FRACO DESEMPENHO E PERMITIR QUE SEUS MELHORES FUNCIONÁRIOS PERCAM O VIGOR

Várias organizações bem-sucedidas caem na armadilha de relaxar quanto ao gerenciamento de pessoal. Isso é muito perigoso, já que as pessoas são o seu patrimônio mais importante. Essas empresas tratam bem todos os seus funcionários, porém os tratam da mesma forma. Embora muitas delas tenham orgulho dessa abordagem, o problema é que os *superstars* não recebem a atenção especial devida e as performances fracas não são confrontadas. Normalmente o sistema de avaliação de desempenho atrofia, chegando ao ponto de ser praticamente inexistente. A organização passa da meritocracia para um estágio em que se tenta criar um espírito de equipe centrado em um passado bem-sucedido.

Há alguns passos simples e rápidos que você precisa seguir para revitalizar a concentração de talentos na empresa e criar aquela máquina enxuta e "agressiva". Esses preceitos são tirados diretamente do manual básico de recursos humanos, mas é impressionante como raramente são realizados com excelência.

> **1. Institua um processo de avaliação de desempenho que seja, de fato, utilizado para todos os funcionários pelo menos uma vez por ano.** Certifique-se de que haja controles e equilíbrio para garantir que todos obtenham uma avaliação de alta qualidade e que as classificações para os funcionários sejam devidamente separadas. Aproximadamente 10% de seus funcionários serão classificados como excelentes e, aproximadamente, 10% serão classificados com desempenho insatisfatório. Para aqueles que não estão se saindo bem, os desdobramentos devem ser explicitados: caso o desempe-

nho fraco continue, eles precisarão encontrar um novo emprego, dentro ou fora da empresa. Os 80% restantes dos funcionários é uma parcela significativa que precisa ser gerenciada de acordo com o desempenho deles. Há vários contribuintes genuínos neste grupo e eles também devem ser adequadamente recompensados. Além disso, há neste grupo alguns *superstars* emergentes e eles precisam receber a devida atenção.

2. **Planos de recompensa, bem como recompensas emocionais, precisam variar significantemente por classificação de desempenho.** Ou seja, quem apresenta bom desempenho deve receber recompensas significativas e quem apresenta fraco desempenho não deve receber, praticamente, nada. Os funcionários do grupo central devem ser recompensados adequadamente, dependendo do fato de eles estarem aptos ao grupo superior ou ao grupo inferior. Em várias organizações, o salário aumenta e os bônus são automáticos e não há muita diferenciação entre as recompensas dadas aos **desempenhos** realmente fortes e aquelas dadas aos **desempenhos** fracos. Isso é realmente desmotivador para os *superstars* da organização e faz com que os funcionários que apresentam fraco **desempenho**, de fato, continuem assim, pois estão em um ótimo negócio. Naturalmente, você não quer que nenhuma das duas coisas aconteça.

3. **Livre-se do peso morto.** Você realmente tem de lidar com os funcionários que apresentam fraco desempenho. Todos na organização sabem quem eles são e observam como você irá lidar com eles. Se você tolerar o fraco desempenho, isso mandará um claro sinal de que as pessoas realmente não precisam se empenhar a fim de realizarem um bom trabalho. Reforçando, isso é extremamente desmotivador para seus funcionários realmente bons.

4. **Promova rapidamente seus *superstars* e reveze seus protagonistas medianos.** Deixar as pessoas em um cargo por muito tempo é ruim. Os *superstars* precisam ser estimulados. Os funcionários medianos se tornarão os guardiões das práticas herdadas com as quais estão

> familiarizados. Isso prejudica a organização e, ainda pior, ela começa a acreditar que essas pessoas são imprescindíveis e, por isso, devem permanecer em seus cargos atuais porque representam um recurso raro, visto que possuem um profundo conhecimento acumulado. Infelizmente, o que elas acumularam foram as inflexíveis práticas herdadas que instituíram e protegeram enquanto suas habilidades atrofiavam.

Se você realmente deseja que a empresa seja ansiosa para assumir o próximo desafio, mesmo que ela esteja obtendo enorme sucesso, precisa criar uma atmosfera que expresse claramente que você está atrás do próximo nível de excelência.

Nos capítulos desta parte, focalizaremos os fundamentos principais que ajudam a evitar a desagradável armadilha de práticas de pessoal relaxadas.

18

ESTABELEÇA OBSTÁCULOS AO SELECIONAR PESSOAS E DEFINA EXPECTATIVAS

Primeiro, vamos tratar da questão de seleção de pessoal. Uma organização sofre as conseqüências por manter pessoas em cargos importantes que não são capazes de cumprir as expectativas que esses cargos exigem. Essas situações devem ser resolvidas rapidamente. É preciso estabelecer altos padrões ao selecionar um novo funcionário para que ele possa maximizar o impacto que a organização pode causar.

Nessas quase quatro décadas de experiência no setor, trabalhos com várias empresas sem fins lucrativos por anos e uma longa exposição a várias organizações educacionais, não consigo dizer quantas vezes vi gerentes finalmente admitirem que levaram tempo demais para removerem alguém que não estava obtendo sucesso. É preciso auxiliar essa pessoa a ajustar melhor o seu talento e contratar um funcionário mais adequado para o cargo rapidamente, para que se comece a obter os resultados desejados.

O principal motivo para essas decisões levarem tempo demais para serem tomadas é o fato de que estamos lidando com o desempenho de pessoas, um assunto difícil para ser tratado entre o supervisor e seu subordinado.

ESTABELEÇA OBSTÁCULOS AO SELECIONAR PESSOAS E DEFINA EXPECTATIVAS

Como é uma discussão difícil, a tendência é adiá-la. Este é o mesmo motivo pelo qual as avaliações de desempenho são geralmente ineficazes ou nem são realizadas.

A tarefa de contratar as pessoas certas para os cargos certos pode ser bem mais fácil se estes quatro princípios forem seguidos:

1. **Articule objetivos claros e delegue responsabilidades claras de tomada de decisões.** As pessoas geralmente não se sobressaem em um cargo específico porque nunca foi determinado o que elas devem buscar. Além disso, normalmente não são definidas quais decisões elas podem tomar e em quais precisam da colaboração de terceiros. O funcionário inteligente procurará saber quais são os objetivos e quais tipos de decisões devem ser tomadas. Quando se têm tais informações, há um esquema muito melhor para o julgamento contínuo de que se tem ou não o empregado certo no cargo certo. Você pode avaliar o desempenho em relação a esses objetivos claros e observar se a pessoa está tomando decisões adequadamente.

2. **Selecione as pessoas que você tem certeza de que podem alcançar os objetivos.** Ao definir os cargos para as pessoas, geralmente entramos em um acordo, reconhecendo que ainda que o ajuste esteja razoavelmente adequado poderá ainda ser melhorado. A decisão sobre o "ajuste" da pessoa ao cargo não exige grande experiência relativa à tarefa (embora seja benéfica); ela exige um senso de habilidade inata do indivíduo em captar rapidamente as necessidades do cargo e tomar atitudes. Caso você perceba que esse ajuste não está ideal, deve estar ciente de que isso, geralmente, leva a problemas. Deve-se ser bastante determinado ao selecionar os talentos. Precisa-se acreditar totalmente que a pessoa pode lidar com os desafios do cargo pretendido. Levar um tempo a mais para acertar rende lucros enormes. Não entre em acordos ao colocar pessoas em cargos e esperar que elas entendam perfeitamente de suas áreas de interesse. Esta é uma estratégia perigosa.

3. **Evite favoritismos.** Os gerentes tendem a colocar pessoas em quem confiam nos cargos. Há algum mérito nisso, pois os gerentes têm uma boa compreensão das forças e fraquezas dessas pessoas. Entretanto, esses gerentes devem compreender que eles são influenciados nessas decisões. É muito importante ser bastante duro consigo mesmo ao colocar uma pessoa em um cargo.

4. **Não deixe as pessoas interferirem quando elas não são as responsáveis.** Geralmente em uma organização, quando alguém é responsável por selecionar as pessoas mais importantes para os cargos principais, outras irão tentar interferir nesta decisão. Elas tentarão pressionar o gerente para selecionar alguém que as beneficiará, mas que não beneficiará necessariamente o gerente. A pessoa responsável por preencher um cargo precisa ser bem tranqüila em relação aos objetivos e ao tipo de habilidades necessárias. Ele ou ela precisa fazer avaliações bastante realistas sobre o que os candidatos serão ou não capazes de realizar. Normalmente os outros possuem planos diferentes e quando há muita interferência no preenchimento dos cargos principais, pode-se realmente enfraquecer uma organização.

Embora esse tipo de problema ocorra em todos os níveis de uma organização, vamos observar o que aconteceu em um nível bem alto em uma empresa bem conhecida. Acho que você verá algum dos tipos de problemas que estamos discutindo quanto à seleção das pessoas certas para os cargos certos.

COCA-COLA

Em outubro de 1997, a Coca-Cola sofreu com a perda de um líder realmente querido, o CEO Roberto Goizueta, que levou a Coca-Cola ao enorme sucesso financeiro com um aumento constante no valor da empresa durante 16 anos.[1] Goizueta foi vencido pelo câncer pulmonar e faleceu, deixando os funcionários da Coca-Cola um tanto abalados, já que ele havia sido um líder magnífico para a empresa.

ESTABELEÇA OBSTÁCULOS AO SELECIONAR PESSOAS E DEFINA EXPECTATIVAS

Coca-Cola: um jogo de alto nível

Ao preencher um cargo fundamental como o de CEO da Coca-Cola, ou qualquer outro cargo importante, é essencial deixar claro como será tomada a decisão de seleção. Para um cargo de CEO, geralmente é formado um subcomitê do conselho que analisa os candidatos e estabelece altos padrões para garantir que se obtenha o que precisa. Na essência, o subcomitê deve executar todos os passos que acabamos de descrever. O que aconteceu na Coca-Cola depois que Goizueta faleceu foi um desastre para a empresa. Como Betsy Morris, da *Fortune*, escreveu: "Não demorou muito para começar a briga."[2]

Os dois principais pretendentes eram: Douglas Ivester, que era o herdeiro aparente de Goizueta, e Don Keough, um executivo da Coca-Cola de longa data que de fato havia sido a face pública da empresa durante os vários anos em que Goizueta foi o CEO. Embora Keough tivesse se aposentado, em 1993, da Coca-Cola e de seu conselho por motivos de idade, ele continuava a freqüentar todas as reuniões do conselho como conselheiro de Goizueta. O conselho deu o cargo de CEO a Doug Ivester. Após esta decisão, muitos membros do conselho continuaram a acreditar que Keough era imprescindível à operação da Coca-Cola e buscariam regularmente sua contribuição. Por outro lado, como Betsy Morris afirmou em seu artigo na revista *Fortune*: "Era bem sabido que Keough e Ivester não se suportavam."

Não demorou muito para a imprensa começar a indicar os problemas que a Coca-Cola estava tendo e atribuiu-se muitos desses problemas a Ivester. Foi afirmado na revista *Fortune* que: "O maior problema (sobre Ivester) era sua falta de sensibilidade. Ivester possuía um QI alto, mas um QE (quociente emocional) muito baixo. Filho de fazendeiros da Geórgia do Norte, esforçado, determinado e bastante tímido, chegou onde estava pela inteligência e trabalho pesado. Ele se ofendeu com o discurso de Keough, disse que as pessoas o conheciam bem e nunca, de fato, apreciou a importância das conversas quase que diárias de Goizueta com os diretores. Em pouco tempo, em um mercado tumultuado, Ivester havia se indisposto com os reguladores europeus, executivos de grandes clientes como Wal-Mart e Disney e grandes engarrafadoras, incluindo a Coca-Cola Enterprises."[3]

ARMADILHA 6: MEDIOCRIDADE

> *Não consigo dizer quantas vezes vi gerentes finalmente admitirem que levaram tempo demais para removerem alguém que não estava obtendo sucesso.*

Quando Don Keough se aposentou em 1993, ele assumiu um cargo na empresa de investimentos Allen & Company, que era comandada por Herbert Allen, que também fazia parte do conselho da Coca-Cola. O impacto de Keough no conselho através de sua relação bem próxima com Allen e sua relação bastante ativa com outros membros do conselho gerou uma novela. Keough enviava memorandos e sugestões a Ivester, mas o novo CEO tentava manter Keough fora dos assuntos.[4] Como a *Fortune* afirmou: "Ao excluir Keough, Ivester cometeu um erro fatal. Para piorar ainda mais, Ivester também não havia feito muito ao longo dos anos para ser aceito pelo aliado de Keough, Herbert Allen. De fato, ele havia feito o contrário."

Com toda essa briga, não causou surpresa que em dezembro de 1999, quando Douglas Ivester estava em uma viagem de negócios, ele foi recebido no aeroporto de Chicago por Warren Buffett e Herbert Allen e avisado de que o conselho havia perdido a confiança nele. Ivester concordou em se aposentar.

Coca-Cola: outra tentativa

O conselho da Coca-Cola selecionou então Doug Daft, outro *insider* (interno) da Coca-Cola, para ser o novo CEO. Daft havia passado a maior parte de sua carreira fora dos EUA. Foi uma escolha surpreendente e Daft foi descrito pela *Fortune* como sendo o CEO "acidental" da Coca-Cola. Ela explicou: "Parte de seu sucesso na Ásia, de acordo com vários subordinados diretos, deve-se a seu estilo voltado ao consenso, seu dom pela diplomacia. Ele não suportava conflitos." A *Fortune* continuou e citou que um executivo da Coca-Cola havia comentado sobre Draft dizendo: "Ele fugiria de uma luta. Era um homem legal, mas uma escolha terrível para CEO."

Mais uma vez, você tem de voltar e se perguntar: por que esta empresa não está seguindo as normas simples definidas anteriormente e nomeia um comitê do conselho para realizar um trabalho completo de seleção de um candidato bem preparado para este difícil cargo na Coca-Cola? Embora estejamos enfocando o cargo de CEO de uma grande empresa, os mesmos princípios se aplicam aos cargos em qualquer nível em uma organização. Você precisa de um grande enfoque nos princípios básicos para descrever cuidadosamente como é o cargo e de atribuir objetivos às pessoas, bem como realizar uma avaliação objetiva da possibilidade de o candidato conseguir gerar resultados.

Em relação a Doug Daft, a imprensa o descreveu como "um homem de Keough". A *Fortune* citou o seguinte: "Daft buscou a aprovação de Keough em decisões importantes de pessoal, de acordo com pessoas que conheciam ambos. Uma das poucas vezes que discordou de Keough foi quando nomeou Jack Stahl (um homem de Ivester) seu presidente e COO. Keough se impôs. Em um voto óbvio sem segredo, Stahl não foi nomeado ao conselho. Em pouco tempo, Stahl foi deixado de fora de reuniões importantes, inclusive uma reunião fundamental de estratégia em Wyoming que incluía todos os seus subordinados diretos. Stahl partiu então para a Revlon." Isto fez com que Daft se aproximasse ainda mais de Keough, percebendo sua importância em fazer as coisas acontecerem. Em suma, é impressionante como o papel de Keough era forte, visto que estava apenas aconselhando os membros do conselho após sua aposentadoria em 1993.

Coca-Cola: o impacto

Toda essa interferência e incerteza nos maiores níveis da Coca-Cola tiveram um impacto negativo brutal. O período de 1998 a 2004 foi descrito da seguinte forma por Betsy Morris na *Fortune:* "Seis anos agitados de gafes públicas e dança das cadeiras na suíte executiva abalam qualquer empresa, especialmente a Coca-Cola, cuja liderança impecável sempre foi considerada fundamental para a manutenção da integridade de sua marca e reputação em Wall Street. Como resultado, em uma certa época, as ações da Coca-Cola foram negociadas na faixa dos US$ 50, bem longe dos US$ 88 em 1998."[5]

Embora a Coca-Cola tivesse essas dificuldades em um nível muito alto, os problemas dessa natureza podem existir em todos os níveis em uma organização. Independentemente do ambiente, quando você se depara com o preenchimento de um cargo em sua empresa, é preciso definir cuidadosamente as responsabilidades, delinear as habilidades ne-

ARMADILHA 6: MEDIOCRIDADE

> *As pessoas geralmente não se saem bem porque ninguém esclareceu o que elas devem buscar.*

cessárias e obter o melhor talento para o cargo, a fim de que o sucesso seja alcançado. Parece tudo muito simples, mas as emoções humanas que geralmente emergem de lugares não esperados, podem realmente encobrir o que de fato está acontecendo quando você está mudando pessoas em cargos importantes.

Agora vamos tratar da questão de garantir que as pessoas conheçam as altas expectativas exigidas. Em cada nível de uma organização, os funcionários devem compreender que precisam executar suas atividades atuais com excelência e, tão importante quanto isso, devem encontrar modos de gerar melhorias significativas, em todos os aspectos, do seu trabalho e do trabalho da organização. Há várias maneiras valiosas pelas quais um líder pode reforçar tais expectativas à equipe. Vamos analisar algumas das principais.

1. **Comunique constantemente sua mensagem.** Quando você é o gerente de um grupo, você precisa comunicar suas expectativas e enfatizar o valor dado a idéias novas constantemente. Sempre que enviar documentos escritos ao grupo é preciso também falar ao grupo. Se tiver sessões individuais com vários membros do grupo, é necessário reforçar constantemente suas altas expectativas e o fato de que deseja novas idéias e de que conta com o pessoal para gerar maneiras melhores para realizar as coisas. Isto deve ser um ataque integral por todos os ângulos. Não é algo que você pode simplesmente mencionar, numa conversa de Estado da Nação, uma vez ao ano para sua organização. Esse reforço deve ser constante e consistente para que, de fato, suas expectativas se tornem claras para a organização.

2. **Recompense a idéia nova e os riscos assumidos.** Por recompensa, não quero dizer apenas dar o devido benefício financeiro às pessoas que são altamente eficazes na melhoria da organização. Significa também dar a essas pessoas algum reconhecimento pú-

blico de que seu trabalho, o que é bastante apreciado. Às vezes isso significa selecionar uma pessoa ou um grupo ao falar a um contingente maior e destacar o que esta pessoa ou este grupo realizou e porque você o aprecia. Novamente, os gerentes devem olhar para todos os meios que utilizam para comunicar às equipes e pensar sobre os modos de enviar constantemente a mensagem de que esse tipo de atividade é profundamente apreciado e que as pessoas que realmente promovem mudanças e melhoram a eficácia são as que obtêm atenção.

3. **Coloque seus melhores funcionários para desenvolver novas idéias.** As pessoas da organização sabem quem são os melhores funcionários. Quando elas observam um gerente procurar esses funcionários e atribuir a eles o desenvolvimento e a implementação de idéias novas e a liderança de projetos voltados a mudanças, isto transmite um sinal bastante claro sobre o que é importante na organização. As próprias pessoas se sentirão bastante incitadas por receberem um desafio real e você tende a obter um desempenho extraordinário. Não há melhor maneira para desenvolver as pessoas do que colocá-las em situações novas e um pouco desorganizadas, mas seja claro quanto ao que deseja ver acontecer. É assim que você desenvolve futuros líderes na empresa.

4. **Tome cuidado com cadeias de comando sufocantes.** Normalmente, as organizações possuem diversos níveis hierárquicos. Em muitos desses níveis estão burocratas que simplesmente se encaram como guardiões. Quando surgem novas idéias, especialmente quando são diferentes do modo como as coisas foram feitas no passado, toda a sorte de barreiras são erguidas. Todos os gerentes precisam buscar constantemente trabalhar com o pessoal que é especificamente atribuído à área em que a ação irá acontecer. Esse tipo de ação regular, feita pelo gerente sobre como um determinado projeto está andando e como o líder deste projeto o está conduzindo, envia uma mensagem importante para todos na empresa: a delegação de responsabilidade, de fato, quer dizer algo e aí as pessoas realmente têm a capacidade de utilizar seus talentos por completo.

MICROSOFT

Uma grande história que surgiu na Microsoft alguns anos atrás demonstra o tipo de energia pessoal para criar melhorias de que estamos falando. Ela é sobre a necessidade de a empresa tomar uma grande iniciativa para fortalecer as capacidades de busca em seu *MSN Web Service*. O Google estava avançando rapidamente e parecia estar tomando o campo de pesquisa na *Web*. O Google seria claramente bastante lucrativo, pois havia encontrado um modo de ganhar dinheiro através de buscas na Internet. Ele havia aperfeiçoado a capacidade de colocar anúncios pertinentes próximos ao assunto em que a pessoa estava interessada.

Como informado por Fred Vogelstein da *Fortune*, um funcionário da Microsoft chamado Chris Payne apresentou-se para indagar à direção da Microsoft sobre a necessidade de tomar uma grande iniciativa para emparelhar e até mesmo passar na frente do Google nos negócios do mecanismo de busca.[6] Chris era o vice-presidente recentemente nomeado, responsável por supervisionar uma variedade de produtos da *Web* com o *banner* do MSN. Foi lhe dada a oportunidade de ouro para fazer seu discurso a Bill Gates e Steve Ballmer, junto com vários outros diretores da Microsoft. Devo citar que eu havia me aposentado nesta época, então não estava envolvido nesse processo. Chris vinha fazendo muito barulho a respeito da Microsoft colocar o esforço indevido nesta área, enviando *e-mails*, apontando as oportunidades perdidas. Na Microsoft, é perfeitamente válido alguém enviar um *e-mail* a qualquer um, então Chris certificou-se de que sua mensagem chegasse até o topo da Microsoft.

Bill Gates sabia que Chris estava pontuando um assunto importante e, então, agendou uma reunião para que ele apresentasse seu ponto de vista e sugerisse à empresa o que devia ser feito.

Microsoft: a proposta

Chris Payne sabia que seria uma reunião difícil. Como Fred Vogelstein informou: "O presidente nunca dizia **'sim'** até que houvesse submetido a idéia a uma contundente quantidade de perguntas." Como trabalhei na empresa por anos, sei que é exatamente assim que as coisas funcionam na Microsoft. Chris Payne fez seu discurso e, então, foi bombardeado por todos os ângulos sobre as fraquezas potenciais de sua idéia e planos. Até aquele ponto, o MSN estava terceirizando sua função de busca. Payne entrou em detalhes sobre a distinção das abordagens que o Google utilizava em seu mecanismo de busca e as comparou ao modo como as ofertas atuais da Microsoft no MSN operavam. Chris explicitou então o incrível potencial da propaganda *on-line* em um contexto de busca.

Chris Payne fez o pedido. Ele indicou que a empresa deveria gastar US$ 100 milhões em um período de 18 meses para desenvolver seu próprio mecanismo de busca e descreveu como ele achava que isto deveria ser feito; também sugeriu que a Microsoft colocasse seus melhores talentos na iniciativa.

Quando Payne terminou e todas as questões haviam sido finalmente debatidas, Bill Gates concordou que a iniciativa era necessária. Então Chris foi designado para comandá-la. Ela ficou conhecida como projeto *Underdog* e foi composta conforme Chris havia sugerido.

> *O fato de Bill Gates e seu alto pessoal darem a Chris Payne algumas horas para explicar totalmente sua idéia, envia um sinal poderoso para a organização. Ele evidencia que se espera que todos os funcionários apareçam com idéias para ajudar a empresa a se manter competitiva.*

A notícia sobre a nova iniciativa, que era bastante visada devido ao sucesso que o Google estava obtendo, espalhou-se pela Microsoft em questão de horas. Os funcionários viram diretores de várias organizações serem mobilizados para o projeto *Underdog*.

Microsoft: a cultura da mudança

Essa reunião ocorreu pelo fato de a Microsoft ter uma cultura cujo alvo legítimo era apontar os problemas e pressionar todos os níveis para solucioná-los. Na Microsoft, esse tipo de comportamento não só é aceitável, como também é esperado. A cultura inteira é basicamente centrada para encontrar modos de sair na frente da concorrência e permanecer nesta posição. *E-mails* que só encorajam as pessoas pelos sucessos anteriores são desaconselhados. O que é incentivado é indicar oportunidades e modos criativos para enfrentar as situações. Essa é a expectativa da Microsoft!

O fato de Bill Gates e de seus altos executivos darem a Chris Payne algumas horas para explicar detalhadamente sua idéia e recomendações transmite uma mensagem poderosa para a organização. Isso evidencia aos funcionários de todos os níveis que a expectativa é que eles apareçam com idéias para ajudar a empresa a se manter competitiva. Em muitas empresas, o estilo e o ritual são prioridades que estão acima de idéias importantes. Esta é a receita para a mediocridade.

As histórias da Coca-Cola e da Microsoft realmente enfatizam o fato de que você evitará a armadilha de usar inadequadamente seus talentos ao estabelecer obstáculos difíceis na seleção do pessoal e, essencialmente, definir as expectativas de desempenho.

19
NÃO TENHA RECEIO DE TRAZER NOVOS TALENTOS

Uma prática que raramente é utilizada por empresas experientes e bem-sucedidas é colocar novos talentos em posições-chave. Essas pessoas freqüentemente são de outra área, mas possuem sólida experiência de realizações em outras áreas. Um novo talento é especialmente eficaz quando as práticas de negócios se tornam rotineiras e quando a organização está sendo ultrapassada pela concorrência. Aqui estão algumas razões que se deve ter em mente quando você for pensar a respeito de sua situação e da necessidade de revitalizar o seu grupo.

1. **Nada como uma pessoa com "uma nova visão" para descobrir oportunidades.** Quando as pessoas permanecem na mesma função por muito tempo, começam a se orgulhar do que fazem e a acreditar que as coisas estão correndo muito bem. Sua habilidade para encontrar formas criativas para melhorar as coisas torna-se muito limitada. Os gestores dessas pessoas geralmente acreditam que está sendo realizado um bom trabalho e que não há problemas. Por outro lado, funcionários antigos raramente vêem o que podem estar perdendo. Todos estão aproveitando o conforto e o *status quo*. Essa é uma situação muito perigosa.

ARMADILHA 6: MEDIOCRIDADE

2. **Trazer um novo talento deixa claro que você está disposto a empreender mudanças.** Geralmente os funcionários ficam surpresos quando o líder de um grupo é substituído porque o consenso é de que o grupo e o líder estão trabalhando bem. Todos os tipos de consideração quanto à falta de talento da pessoa que estiver sendo substituída serão levantados. O que é natural, uma vez que o sistema de valores desenvolvido é o da proteção do *status quo*. Ao empreender essa mudança, você sinaliza que não está mais satisfeito com o *status quo*. Esse movimento deixa claro que você procura por idéias brilhantes, e não pelo *status quo*.

3. **Mudar alguém para uma posição que oferece grandes oportunidades aumenta muito a autoconfiança dessa pessoa.** Com a autoconfiança elevada, vem uma alta motivação para o sucesso e para fazer algo significativo. Isso é exatamente o que você quer que aconteça.

4. **Não estabeleça imediatamente um cronograma para as mudanças.** Você quer que a nova pessoa mergulhe em suas responsabilidades, descubra como fazer as coisas melhor e então execute. O que você não quer admitir é que sabe quanto tempo isso vai levar. O fato é que você geralmente não sabe. Além disso, ao estabelecer um cronograma antecipado você está automaticamente criando restrições que, com freqüência, limitarão o escopo das mudanças que as pessoas consideram. Você precisa delegar a responsabilidade ao novo talento e dizer-lhe que deseja que as coisas corram bem e quer idéias brilhantes que tornarão as coisas significativamente melhores no futuro.

5. **Esteja pronto para remanejar aqueles que atrapalham.** Quando você coloca um novo líder em um grupo e vê algumas boas idéias emergindo, é importante oferecer suporte àquelas pessoas que estão liderando a mudança. Se ficar claro que certas pessoas estão criando grandes problemas em relação às mudanças, você precisa remanejá-las para outras funções.

Vejamos uma história muito positiva, que destaca algumas práticas saudáveis na área de pessoal.

MICROSOFT

Quando cheguei à Microsoft em 1994, uma das áreas pelas quais era responsável como COO era a área de compras. Infelizmente, o processo de compras era muito fragmentado dentro da empresa. O maior grupo de pessoas responsáveis por compras estava na organização de finanças. Seu principal trabalho era consertar os erros cometidos na geração e no manuseio das faturas, rastreando ordens de compra e validando as despesas com vários vendedores. Cerca de 95% da sua atividade eram retrabalho, e havia muitos funcionários com essa responsabilidade. Por retrabalho nos referimos ao rastreamento de ordens de compra e faturas anteriores, com vistas a confirmar a validade da transação em questão e, finalmente, pagar o fornecedor.

O problema fundamental é que cada funcionário da Microsoft era um agente de compras. Cada um tinha um telefone e uma lista de Páginas Amarelas. Assim, quando qualquer funcionário precisava de alguma coisa, telefonava para o fornecedor e recebia. A fatura poderia vir de vários lugares e normalmente seria deixada na gaveta da mesa de alguém. Meses mais tarde, o fornecedor faria um levantamento da quantia que a Microsoft lhe devia e o pessoal de compras teria de rastrear os detalhes. Além de isso ocorrer em finanças, havia pessoas de compras na produção, nos grupos de produtos, em TI e vendas, com quem tentávamos resolver esse problema de falta de método, de pulverização de compras.

Não havia como a empresa rastrear quanto dinheiro gastava com um fornecedor específico, portanto perdia-se a possibilidade de obter descontos por causa da maneira desorganizada com que as compras estavam sendo geridas – ou devemos dizer não geridas – pela Microsoft.

O problema era um grande entrave e tinha de ser resolvido. Além disso, gostaríamos de usar um programa da Microsoft para solucioná-lo.

Microsoft: escolhendo a pessoa

Quando discuti o problema com Mike Brown, o CFO da Microsoft na época, ele sugeriu que delegássemos a reestruturação de compras para

Mike Huber, um rapaz relativamente novo na organização de finanças que estava realizando um bom trabalho de revisão dos processos de *budget* (orçamento) para a Microsoft. Mike estava na empresa há poucos anos, mas estava claro que ele tinha talento e habilidade para lidar com pessoas e com finanças.

Microsoft: definindo a tarefa

Nomeamos Mike chefe de compras corporativas e pedimos a ele que elaborasse um plano que reorganizasse completamente todo o setor de compras da empresa. Queríamos que ele usasse tecnologia recente e desenvolvesse práticas à prova de fraudes, começando por relacionar ordens de compras e faturas. Além disso, queríamos que o sistema tivesse um número pequeno de fornecedores para cada tipo de equipamento ou suprimento pedido. Dessa forma, poderíamos fazer contratos anuais com esses fornecedores e conseguir um bom desconto. Deixamos bem claro para Mike quais eram suas responsabilidades.

Mike Huber mergulhou nessa tarefa com grande entusiasmo. Ao final de seis semanas, ele descreveu detalhadamente como o setor de compras seria reorganizado na Microsoft e como os vários grupos de pessoas envolvidas em compras através da empresa seriam reunidos em um só grupo. A empresa poderia, assim, fazer compras de forma padronizada. Ele desenvolveu um método *Web*, capacitando cada funcionário a pedir suprimentos através de telas apropriadas em seus PCs. A seleção de suprimentos cobria todas as coisas de que os funcionários normalmente precisavam, e os pedidos eletrônicos possibilitavam que os funcionários recebessem o que precisavam em tempo hábil. Ao mesmo tempo, todos os registros, tais como pedidos e faturas, eram manejados eletronicamente.

Microsoft: os resultados

O incrível foi que Mike Huber e sua pequena equipe gerencial, escolhida para a tarefa, conseguiram desenvolver o plano em apenas seis semanas. Ao fim de cinco meses, o sistema estava pronto e funcionando e, no final do nono mês, ele continuava sempre recebendo ótimas avaliações. De forma notável, um ano após o lançamento do projeto, Mike Huber e sua equipe conseguiram diminuir a quantidade de funcionários envolvidos em compras corporativas em cerca de 65%. Esse fato se deu porque todo o retrabalho tinha sido eliminado. O sistema relacionava automaticamente faturas e ordens de compras, desde que ambas tivessem sido geradas eletronicamente quando um pedido de compras fosse feito.

Resumindo, quando você tem um funcionário inteligente com bom senso e habilidade com as pessoas, se deixar claros os objetivos e estimular que esse profissional seja criativo, ele poderá fazer coisas maravilhosas.

> *O que me surpreendeu no exemplo de compras da Microsoft foi o tempo que a empresa levou para se dar conta desse problema.*

O que me surpreendeu no exemplo de compras da Microsoft foi o tempo que a empresa levou para se dar conta desse problema. Por que as pessoas responsáveis por essas tarefas, que viam a maioria do pessoal simplesmente fazendo retrabalho, não pegaram o boi pelos chifres e solucionaram o problema? A razão era que as pessoas que trabalhavam no setor de compras da Microsoft tinham basicamente se convencido de que grande parte de seu trabalho era procurar faturas perdidas, ordens de compra originais, lidar com reclamações de vendedores; então, gerenciavam isso como sempre tinham feito. Isso nos faz lembrar daquelas tendências humanas básicas a respeito das quais falamos no início do livro.

HARRAH'S ENTERTAINMENT

Outro notável exemplo de uma pessoa que gerou grande impacto, ainda que não fosse intimamente familiarizada com sua área de responsabilidade, se deu nos cassinos Harrah's. O Harrah's era um grupo de cassinos desconhecido, com desempenho sólido nas décadas de 1970 e 1980. Por ter seguido basicamente o mesmo modelo de negócio herdado ano após ano, o negócio foi abrandado o suficiente para que o *board of directors* (conselho de diretores) e o CEO percebessem que precisavam lançar um grande projeto para revitalizar o Harrah's.

O *board of directors* concluiu que, se a companhia quisesse realmente conseguir uma grande revitalização, precisaria colocar um novo talento para trabalhar no problema. Isso é o que foi precisamente feito.

Cassino Harrah's: novo talento

Gary Loveman, professor da Harvard Business School, foi consultor da empresa do início a meados da década de 1990.[1] Sua especialidade acadêmica era a teoria dos serviços ao cliente em economias de serviço. Gary trouxe uma prática de negócio única ao ramo de cassinos. Durante seu tempo em Harvard, fez muitos trabalhos em que analisava grandes quantidades de informação que empresas do setor de serviços coletavam para compreender o consumidor, com esperanças de melhorar, o serviço ao cliente.[2] O *board* do Harrah's gostava da abordagem quantitativa de Gary e ele foi nomeado COO em 1999. A maior parte dos profissionais da indústria considerou essa nomeação muito estranha. A prática herdada naquela indústria era a de que cassinos deveriam ser liderados por pessoas que tivessem profunda experiência na indústria de apostas.

Cassinos Harrah's: o cartão de fidelidade

O novo modelo de negócios do Harrah's lançado por Loveman encorajava todo cliente que entrava no cassino a fazer um cartão de fidelidade Harrah's. Toda vez que o cliente participava de uma mesa de jogo como *blackjack*, dados, roleta ou máquina de apostas, ele passava seu cartão e, à medida que jogava, recebia créditos. Os jogadores recebiam *status* ouro, diamante ou platina, dependendo da quantia e da freqüência com que apostavam. Os créditos poderiam ser resgatados em qualquer cassino Harrah's na América do Norte; há cerca de 25 desses cassinos em 13 Estados norte-americanos.[3] Os créditos poderiam ser usados com alimentação, bebidas, diárias de hotel, *shows* ou com itens constantes do catálogo Harrah's.

Uma vez que o cassino conhecia a identidade do jogador através do uso do cartão de fidelidade, os funcionários do cassino, alertados através de mensagens exibidas nos monitores da casa, poderiam oferecer a ele mais vantagens pela sua fidelidade ou incentivá-lo a jogar em horários em que o cassino estaria menos cheio. Além disso, caso um usual apostador estivesse perdendo muito num dia em particular, o sistema de rastreamento em tempo real, que registra cada aposta, levava isso ao conhecimento da gerência através de um alerta via computador. Um funcionário seria, então, designado para oferecer ao cliente um jantar gratuito ou um quarto, a fim de melhorar seu humor e sua opinião a respeito do Harrah's.

Lembre-se de que a meta aqui é a satisfação do cliente, que resultará em fidelidade ao Harrah's.

Com freqüência, o Harrah's consolidava a informação completa do valor anual de cada jogador: se ele era bom ou mau jogador de *blackjack*; se ele apostava mais quando bebia; se ele gostava de jogar por horas ou se provavelmente ele iria querer uma reserva no restaurante para o jantar. Saber todas essas coisas permitia ao Harrah's preparar bônus especiais para clientes específicos, a fim de aumentar a fidelidade ao Harrah's e evitar que o cliente atravessasse a rua para apostar na concorrência.

> *O board do Harrah's gostava da abordagem quantitativa de Gary e ele foi nomeado COO em 1999. A maior parte dos profissionais da indústria considerou essa nomeação muito estranha.*

Cassino Harrah's: os resultados

Loveman não aceitava as muitas práticas herdadas da indústria. Suas instalações não são os complexos de multibilhões de dólares que estão dominando toda a publicidade de Las Vegas. Ele estava gastando muito dinheiro em tecnologia, comparando-se com as modestas quantias gastas pela indústria em geral. Por exemplo, o total atualizado das despesas na construção do Programa de Fidelidade Harrah's ultrapassa os US$ 500 milhões.[4] O resultado disso para o Harrah's foi gigantesco. Desde que Loveman foi nomeado COO, em 1999, e CEO, em janeiro de 2003, o valor das ações do Harrah's aumentou drasticamente de US$ 15, em 1999, para US$ 75, no final de 2006. A empresa teve mais de US$ 7 bilhões de lucro em 2006, contra US$ 4,1 bilhões em 2003, como resultado de sua nova prática de negócios e uma aquisição. Loveman foi eleito melhor chefe executivo na indústria de apostas e hotelaria em 2003 e 2004.

Gary Loveman teve a grande vantagem de nunca ter participado da indústria de apostas antes de sua indicação. Ele realmente trouxe um novo olhar sobre a indústria e a enxergou puramente do ponto de vista do **atendimento ao cliente**. Quando você quer manter seu grupo no rumo certo, fica muito claro que colocar as pessoas certas em posições-chave pode realmente gerar estímulo e progresso significativo no futuro.

20
QUANTO MAIS VASTA A EXPERIÊNCIA, MELHOR

Freqüentemente os gestores se deparam com a seguinte situação: um de seus funcionários ocupa o mesmo cargo há muitos anos e está apto para enfrentar uma mudança que enriqueça suas habilidades e perspectivas. Entretanto, ao mesmo tempo em que o gestor quer colocar esse funcionário para desempenhar uma função mais desafiadora, ele acredita que a pessoa precisaria ter certa experiência na nova área. Todavia, nessa situação, a necessidade real de haver essa experiência está superestimada. Em minhas décadas de experiência, tenho me deparado com essas situações com certa freqüência e apresento a seguir minhas considerações.

1. **Bons aprendizes aprendem rápido.** É surpreendente como uma pessoa com boa base intelectual e com boa dose de bom senso pode aprender rapidamente quando colocada em uma nova situação. Sempre tenho me surpreendido de forma positiva quando profissionais de alta qualidade são designados para ocupar novos cargos.

2. **Tarefas novas e diferentes podem estimular e flexibilizar pessoas.** Quando profissionais de alta qualidade recebem claramente a informação de que estão se saindo bem e estão recebendo uma ta-

refa nova a fim de flexibilizá-los, sentem-se muito motivados. Esse é o tipo de pessoa que gosta de ser versátil e que acabará atuando satisfatoriamente. Além disso, colocá-los como responsáveis por uma variedade de grupos e departamentos na organização pode, de fato, dar a entender que você endossa mudanças e espera que as pessoas e as organizações evoluam com o tempo.

3. **Novas situações levam a novas idéias.** Não há dúvida de que, ao colocar uma pessoa em uma nova situação, ela terá uma visão diferente daquela que tem a pessoa que está muito familiarizada com aquele trabalho. Conseqüentemente, será possível obter novas idéias; algumas podem ser ingênuas e outras podem apontar para a geração de lucro. Em geral, não leva muito tempo para que as idéias que não funcionam sejam expostas, compreendidas e descartadas; por outro lado, as idéias realmente boas podem causar grande impacto.

4. **Vasta experiência traz idéias maduras.** Quando um funcionário passa por várias partes de uma organização, sua visão é ampliada e fica mais alinhada com os objetivos gerais da companhia, o que o torna capaz de tomar decisões direcionadas para o bem maior da organização, e não para atender a uma necessidade imediata específica.

Vejamos, a seguir, três exemplos.

EBAY

Um ótimo exemplo da flexibilização de pessoas, possibilitando-lhes ter experiências variadas, vem da eBay. Em 2004, Meg Whitman, a CEO da eBay, colocou Jeff Jordan, o chefe das operações da eBay nos EUA, como responsável pelo PayPal, o sistema eletrônico de pagamentos que a eBay tinha adquirido muitos anos antes. Matt Bannick, que trabalhava com o PayPal, tornou-se chefe dos projetos internacionais da eBay. Bill Cobb, que trabalhava com o grupo internacional da eBay, assumiu a cadeira de Jordan como chefe das operações nos EUA. Quando lhe perguntavam acerca do que tinha feito, Whitman respondia: "Você fica muito motivado com novos desafios."[1] Ela devia saber. Meg começou sua carreira na gerência de marcas da P&G e, em seguida, mudou-se para a Bain & Company. Depois passou por Disney, Stride Rite, FTD, Hasbro e, finalmente, eBay.

MICROSOFT

Outro ótimo exemplo da aposta no desenvolvimento de pessoas vem da Microsoft. Quando cheguei em 1994, John Connors era *controller* da organização de finanças. Ele tinha vindo da empresa de contabilidade Deloitte & Touche e se juntou à Microsoft para fazer a análise financeira da organização de vendas. Depois de alguns anos, foi nomeado *controller* e durante dois anos desempenhou essa função de maneira excelente. Precisávamos de sangue novo na organização de TI (tecnologia da informação). Quem ocupava esse cargo era um CIO (chief information officer) muito experiente, mas era hora de buscar novos horizontes. Então, procuramos John Connors para que ele conduzisse a organização de TI. Inicialmente, essa decisão pareceu muito arriscada devido à sua falta de experiência em sistemas operacionais e à sua falta de conhecimento técnico em qualquer área relacionada à TI.

Microsoft: a experiência em TI

Em dois anos, Connors conseguiu que a organização de TI da Microsoft trabalhasse com absoluto sucesso. Além de diminuir a equipe, ele desenvolveu uma missão clara para a organização de TI, a qual tinha duas frentes: 1ª) processar os negócios diários com eficiência e efetividade de indústria líder; 2ª) ser uma fábrica-piloto para os programadores da Microsoft. Na empresa, esse segundo objetivo era encarado como "provar do próprio veneno". Como resultado, em dois anos, a organização de TI não apenas ia extremamente bem, como também estava desenvolvendo uma nova habilidade da Microsoft: fazer o papel de cliente, ao testar os novos *softwares* para detectar problemas.

Microsoft: a experiência em vendas

Em sua experiência na organização de TI, Connors trabalhou muito bem, e isso era percebido nas apresentações que ele realizava para os CIOs de outras empresas que visitavam a Microsoft para obter mais informações sobre as habilidades da empresa. Decidiu-se, então, transferir Connors para a organização de vendas, na qual seria responsável pelo segmento que gerenciava grandes contas. Essa mudança serviu para aumentar a perspectiva de Connors na empresa e para continuar flexibilizando-o para novas responsabilidades.

Microsoft: a experiência como CFO

Em 2000, nomeamos Connors CFO. Embora ele não tivesse experiência direta em lidar com Wall Street, estávamos confiantes de que o fato de ter tido experiência em várias áreas da empresa traria grandes benefícios a esta e os resultados não demorariam a aparecer. E foi exatamente o que aconteceu: **ele obteve muito sucesso como CFO da Microsoft**.

Tratamos aqui de um caso clássico de boa gerência. O que aconteceu com John Connors faz todo sentido, embora eu tenha certeza de que, em cada passo do processo, havia todos os motivos para as pessoas acharem que essas ações eram imprudentes.

Microsoft: a tarefa de desenvolver "pessoas-chave"

A Microsoft estava realizando o desenvolvimento de pessoal, assim como fez com John Connors, mas percebemos que ainda não era o suficiente. Isso nos levou a realizar a tarefa de desenvolver "pessoas-chave" que, com o tempo, foi possibilitando cada vez mais que a empresa soubesse onde estavam profissionais talentosos essênciais, em que pé estavam suas carreiras até o momento e quais eram as novas posições-chave em que essas pessoas poderiam ser colocadas para que pudessem crescer e, conseqüentemente, beneficiar a empresa com seu ótimo desempenho.

PROCTER & GAMBLE

Outro exemplo de empresa que faz um bom trabalho de gerenciamento de pessoal é a P&G, da qual fiz parte. Quando comecei a trabalhar na P&G em 1968, eu era Ph.D. em ciências da computação. Minha tese de Ph.D. era sobre a simulação, em computadores, das reações químicas, isto é, por meio de equações diferenciais que descrevem a interação dos componentes químicos, com base na teoria de como essas interações acontecem, utiliza-se o

> *Naturalmente aceitei o convite, uma vez que naquela época eu era um completo nerd e de fato gostava de computação.*

computador para simular o que ocorrerá. Anteriormente, os cientistas da P&G haviam construído fábricas-piloto, que eram instalações para testar se as reações químicas aconteceriam conforme o esperado. Em alguns casos, a fábrica-piloto pegava fogo ou, em outros poucos casos, explodia. Logo, era mais seguro, mais barato e mais rápido fazer a simulação das reações químicas utilizando o computador.

Quando fui para a P&G em 1968, trabalhei na divisão de pesquisa e desenvolvimento (P&D), na qual fazia esse tipo de trabalho com vários Ph.Ds. em química, no grande centro de pesquisa da P&G ao norte de Cincinnati.

P&G: trabalhando com data centers

Após fazer simulação de reações químicas por dois anos, fui convidado para gerenciar o *data center* (centro de dados) de P&D, o que para mim foi uma grande mudança. Eu passaria a gerenciar um pequeno grupo de pessoas e um importante *data center*. Aceitei o convite, uma vez que naquela época eu era um completo *nerd* e de fato gostava de computação. Depois de alguns anos, recebi uma proposta para me transferir de P&D, à organização de TI para ser responsável pelos *data centers* regionais espalhados pelos EUA e ajudar nos processos de negócios diários da P&G.

Depois de cerca de dois meses nessa função, ficou óbvio para mim que esses *data centers* regionais deveriam ser extintos, uma vez que estavam surgindo soluções em telecomunicações que podiam capacitar os vendedores para inserir os pedidos diretamente no *data center* central, em vez de fazer apenas parte do caminho, indo até um *data center* regional. Assim, planejamos eliminar todos os nove *data centers* regionais em 18 meses. Praticamente, eu tirei meu próprio emprego.

Entretanto, estava confiante de que a empresa encontraria algo interessante para eu fazer. Quanto à minha carreira, minha gerência dizia que tudo estava indo bem e que a empresa estava muito satisfeita com meu trabalho.

Dessa maneira, quando fechamos o último dos *data centers* regionais, a empresa decidiu me colocar como responsável por todo o *data center* corporativo em Cincinnati, o qual processava os negócios diários da P&G. Financeiramente, esse era o órgão vital da companhia porque todas as contas e todo o lucro passavam pelo sistema que rodava naqueles servidores *mainframe*. Eu adorava o trabalho, era como comandar uma pequena fábrica. Aquele *data center* funcionava em três turnos ao dia e a confiabilidade era o objetivo central.

> *Praticamente, tirei meu próprio emprego, mas estava confiante de que a empresa encontraria algo interessante para eu fazer.*

P&G: minha experiência em marketing

Depois de dois anos, minha gerência me perguntou se eu gostaria de ter um ano de experiência em *marketing*. Minha primeira reação foi: "Eu devo ter feito algo muito errado. Aquele pessoal do *marketing* é muito estranho." A gerência sugeriu que eu conversasse com algumas pessoas do *marketing* para sentir o ambiente e me explicou que o propósito dessa nova experiência era apenas ampliar minha visão em relação à empresa. Após conversar com alguns colegas da gerência de marcas, que surpreendentemente se mostraram muito racionais, eu disse à minha gerência que aceitaria a tarefa, desde que ela prometesse que eu retornaria à organização de TI da P&G. A gerência prometeu e, assim, fui para gerência de marcas.

O ano em gerência de marcas passou muito rápido e eu estava progredindo bastante. Os colegas do *marketing* solicitaram à gerência de TI que eu ficasse por mais um tempo. Dessa maneira, ficou combinado que eu ficaria mais um ano. Depois desses dois anos, solicitaram que eu ficasse um terceiro ano e, então, um quarto ano e assim por diante. Em 1983, eu era responsável pelo *marketing* da divisão de sabões e detergentes, que era a maior da P&G na época. Na P&G, *marketing* de produtos ao consumidor é uma área muito valorizada, e eu adorei ter essa experiência.

P&G: minha experiência em pesquisa de mercado

Para minha surpresa, em 1984, o vice-presidente de pesquisa de mercado ia se aposentar e a gerência me perguntou se eu gostaria de assumir esse cargo. Eu já adorava o mundo do *marketing* e gerência de marcas e fiquei um tanto surpreso, porém a mudança fez todo o sentido do mundo, pois

> *Sou um grande exemplo de funcionário que é direcionado para ocupar vários cargos na empresa a fim de testar sua capacidade de contribuição.*

vivíamos uma época em que a tecnologia do *scanner* estava invadindo os supermercados, o que possibilitava ter painéis de pesquisa de mercado que rastreassem todas as compras de produtos específicos. Isso gerou novas ferramentas para compreender o comportamento do cliente, mas era preciso ter um grande conhecimento na área de computação para gerenciar aquelas informações. Assim, meu trabalho como gestor de pesquisa de mercado era cheio de desafios na área de TI, assuntos de *marketing* e desafios quantitativos.

P&G: de volta à TI

Passados dois anos no comando da pesquisa de mercado, fui convidado para ser vice-presidente da organização de TI da P&G, o que, para mim, representou o retorno às minhas raízes. Fiz algumas coisas interessantes nos meus dois anos como chefe de TI, como a montagem de conexões eletrônicas com o Wal-Mart, por meio das quais os computadores do Wal-Mart e os da P&G se comunicavam todas as noites; assim sabia-se a quantidade de produtos que a P&G deveria enviar para reabastecer o Wal-Mart. Esses sistemas substituíram muitos vendedores que tendiam a fazer pedidos excessivos para o ciclo de reabastecimento e geravam vastos estoques tanto para a P&G quanto para seus clientes.

P&G: de volta ao marketing

Em 1989, fui convidado para ser vice-presidente sênior de *marketing* da P&G, e os vice-presidentes de pesquisa de mercado e TI reportavam-se a mim. Nesse trabalho foram muito úteis as várias experiências pelas quais eu tinha passado na empresa até então. Fiquei nesse cargo por cinco anos, até 1994, quando me tornei COO (chief operating officer) na Microsoft, reportando-me ao CEO Bill Gates.

Mas o que falávamos sobre minha carreira na P&G? Ela é um grande exemplo de empresa que direciona um funcionário para ocupar vários cargos a fim de testar sua capacidade de contribuir com ela. O acúmulo de experiências faz com que as pessoas sejam versáteis e produtivas para a empresa.

Concluindo, o recurso mais valioso é a **equipe**. Então, é muito importante dar especial atenção a assuntos como seleção de pessoal, estabelecimento de altas expectativas, avaliação de desempenho e mudança de cargos para, assim, maximizar a aprendizagem das pessoas e o impacto que podem causar no desempenho de empresa. A **armadilha da mediocridade**, que é essencialmente oriunda do fraco desempenho e da subutilização de seus melhores funcionários, é muito perigosa!

PARTE VII

ARMADILHA 7
APATIA: ENVOLVER-SE EM UMA CULTURA DE CONFORTO, INFORMALIDADE E CONFIANÇA

Quando empresas atingem o sucesso, freqüentemente, caem na armadilha do fomento de uma cultura de aposentadoria precoce, cujas características são lentidão, decisões com base em consensos, ambigüidade, informalidade, confiança e falta de comportamento agressivo, em geral. Esse tipo de cultura leva a quatro características que pioram ainda mais a situação:

1. **Sua empresa sempre adiciona projetos e nunca elimina um.** Esse tipo de comportamento surge para fazer parecer que a empresa é bem-sucedida e que as organizações de sucesso desenvolvem muitos projetos. Além disso, uma vez que a empresa é tão boa é claro que não eliminará nenhum projeto, já que o pessoal sabe o que faz. Nesse tipo de cultura todos os grupos concentram-se em suas próprias atividades e sempre que surge um projeto novo parece ser impossível eliminar o antigo. É preciso que haja um processo de inspeção regular do que está acontecendo em cada grupo para que sejam descartadas as atividades improdutivas ou as que consomem recursos demais e nunca contribuem para o negócio.

2. **Sua empresa contrata excessivamente.** O pensamento freqüente é: se somos bem-sucedidos é óbvio que precisamos de mais pessoal para que possamos realizar ainda melhor o nosso trabalho no futuro. Os grupos encontram razões notáveis para justificar sua necessidade de mais funcionários. É importante compreender que quando o pessoal adicional é contratado ele arruma o que fazer.

É surpreendente a rapidez com a qual essas coisas se tornam "tarefas-críticas" e as pessoas as protegem. Contratações precisam ser gerenciadas cuidadosamente e as novas idéias devem ser praticadas eliminando-se um projeto antigo, sem êxito.

3. Falta de competitividade intensa. Quando surge a concorrência com produtos singulares e líderes, a mentalidade da empresa é, com freqüência: os nossos produtos são bons e os consumidores sabem que eles são os melhores, vamos apenas diminuir nossos preços ou lançar uma promoção e este incômodo temporário desaparecerá. Essa cultura precisa focar mais para o fato de que o momento do negócio é sempre criado pela distinção e pela singularidade que envolvem o apelo aos clientes. É incrível como práticas herdadas delimitam esse tipo de pensamento. As idéias devem sempre estar concentradas em volta do último produto para que haja desenvolvimento contínuo.

4. Sua empresa teme a mudança. Quando as organizações ficam complexas, as suas tarefas tornam-se muito difíceis de serem executadas, a burocracia se generaliza e o medo na empresa em relação à mudança aumenta. Isso acontece porque todos estão preocupados pensando que serão afetados pela mudança. Esse tipo de paralisia organizacional é uma doença mortal. Gestores precisam reorganizar os grupos constantemente em volta de grandes oportunidades. Isso ajuda a criar uma cultura ágil e agressiva.

Agora vamos rever alguns dos passos-chave que uma organização deve seguir para se certificar de que a **armadilha da cultura de aposentadoria** precoce seja evitada e para manter constantemente a motivação e o vigor de um começo.

21
CLAREZA, SIMPLICIDADE E REPETIÇÃO SÃO ESSENCIAIS

Os valores e cultura de uma organização têm importância vital na a determinação de seu sucesso. A elevada importância de valores e culturas estabelece o sucesso corporativo, a curto e a longo prazos. Os três princípios a seguir são essenciais para a institucionalização dos valores e para a solidificação da cultura:

1. **Todos devem entender a cultura da mesma forma e de maneira clara.** Se o grupo ouvir mensagens confusas de vários líderes ou se entender que o comportamento de algum deles não corresponde aos valores eleitos, a cultura enfraquece e se fragmenta rapidamente. É imprescindível que todos na organização tenham a mesma compreensão clara da cultura.

2. **A mensagem deve ser simples.** Todos na organização devem ser capazes de reconhecer os valores-chave dela.

> **3. Os valores precisam ser repetidos continuamente.** Nada funciona melhor do que o fato de os funcionários ouvirem, com regularidade, a gerência se referir aos valores e observarem comportamentos que estão de acordo com tais valores.

Vejamos agora um excelente exemplo de empresa que desenvolveu um trabalho soberbo no que se refere à clareza e à simplicidade de seus valores, bem como à comunicação contínua desses valores a seus funcionários.

SOUTHWEST AIRLINES

Em 1966, Herb Kelleher atuava na área jurídica em San Antonio, quando foi abordado por um amigo chamado Rollin King, que tinha idéia de montar uma empresa aérea local que serviria às cidades de Dallas, San Antonio e Houston.[1] Eles levaram cinco anos para montar a empresa chamada Southwest Airlines, que iniciou as operações em 1971, com vôos entre Dallas e Houston por US$ 20. Aquele preço era um terço do que seus concorrentes cobravam, e a Southwest pôde fazer aquilo porque os vôos não ofereciam absolutamente nenhum serviço além do necessário. Os vôos podiam, ainda, dar a volta em determinada cidade e, em 20 minutos, partir para o próximo destino. Os custos da Southwest eram 22% menores do que a média do setor e sua margem operacional de 16,5% era três vezes maior do que a média do setor.

Assim, a Southwest emergiu rapidamente como uma verdadeira força no setor aéreo, com sua notável **eficiência e inovadora rota** de vôos ponto-a-ponto. A maior contribuição de Kelleher à Southwest Airlines, com o passar dos anos, foi a incrível clareza, simplicidade e consistência de suas mensagens aos funcionários no que se refere à intenção da Southwest.[2] A cultura era baseada em três valores:

> **1. Manter os custos baixos.** A Southwest tinha o menor custo estrutural no setor de aviação civil, o que a capacitava a ter tarifas que estavam 50%, ou mais, abaixo das da concorrência.

> Ela tomou atitudes inteligentes, como a compra de apenas um tipo de aeronave (Boeing 737), minimizando dessa forma a quantidade de manutenção de aeronaves e treinamento.
>
> **2. Divertir-se.** Herb Kelleher é uma lenda. O **fator diversão** era extremamente alto com Herb e isso ressoava pela organização. A tripulação é muito sociável e divertida.
>
> **3. Foco no cliente.** Embora a Southwest não desse a seus clientes o tipo de serviço que grandes companhias aéreas davam, a empresa prezava pela amabilidade e diversão. Cada passageiro é tratado com muito respeito e os funcionários mantêm o humor.

Conforme a Southwest ia crescendo ao longo das décadas, mantinha-se de forma inteligente e compatível à sua cultura. Ao mesmo tempo, o foco da empresa estava na continuidade de seu confiável modelo de negócios, que consistia em vôos ponto-a-ponto, com um tipo padrão de aeronave.

A parte da cultura da Southwest relativa à diversão também enfatiza o fato de que ela realmente opera como uma grande família. Exemplo disso é que quando as passagens passaram a ser vendidas por meio da Internet, sem a intermediação de agentes de reserva, a Southwest fechou vários centros de reserva mas, em vez de demitir os funcionários, pagou para realocá-los em outras áreas para que fossem mantidos dentro da própria empresa. Quando perguntada sobre o motivo de não ter dispensado esses funcionários, a COO da Southwest, Colleen Barrett, disse: "Nós não fazemos esse tipo de coisa. Isso é o que a nossa concorrência faz. Na Southwest os funcionários são prioridade."[3]

Quando indagavam Colleen sobre o por quê de a concorrência ter tanta dificuldade em reproduzir o modelo da Southwest, ela respondia: "O que nós fazemos é muito simples, mas não simplista. Nós realmente fazemos tudo com paixão. Gritamos uns com os outros e nos abraçamos. Nós não somos nervosos. Celebramos tudo. É como uma irmandade, uma reunião. Nós estamos em uma festa!"[4]

Southwest Airlines: a campeã da cultura

Herb Kelleher era claramente o centro dessa empresa e demonstrava de maneira constante aos colegas que eles eram parte da família; ele dirigia a empresa com eficiência, mas também com muita diversão. Katrina Brooker, da revista *Fortune,* descreveu esse fato da seguinte forma: "A Southwest é como uma família, e Herb Kelleher é o patriarca. Eles não deixam cerimônias ficar no caminho da eficiência – ou da diversão. Os pilotos, por exemplo, ajudam no carregamento das bagagens ou na limpeza das cabines, se necessário, a fim de manter o planejamento. Os agentes dos portões de embarque, às vezes, reabastecem os aviões. Comissários de bordo são famosos por abrir os compartimentos de bagagem e contar piadas pelos alto-falantes. No Halloween, os funcionários fazem barulhentas festas nos portões – completas, com vestimentas, serpentinas e bolo."[5]

Para se ter uma idéia de quão forte e simples essa cultura é, em fevereiro de 2000, o combustível de aeronaves subiu para US$ 1,00 por galão, o que era três vezes mais do que apenas um ano antes. Herb Kelleher enviou uma carta a todos os funcionários falando sobre a crise do combustível e perguntando se cada funcionário poderia ajudar, encontrando uma forma de economizar US$ 5 diários para a empresa. Explicou que isso pouparia para a empresa US$ 50 milhões por ano. Os funcionários imediatamente entraram em ação e geraram os resultados que Herb esperava.

Southwest Airlines: preservando a cultura

Herb Kelleher treinou a empresa para ser incrivelmente seletiva no recrutamento de pessoal. Não é todo mundo que se sente confortável nos níveis extremos de diversão que essas pessoas têm, mantendo um foco notável em eficiência e em fazer os clientes felizes. Conseqüentemente, apenas 4% das 90 mil pessoas que se candidatavam por ano conseguiam um emprego na empresa.[6] Como Katrina Brooker, da *Fortune,* apontou: "Você consegue mais gente esquisita procurando em Harvard."

A chave para o recrutamento da Southwest é um **teste de personalidade**, que é verificada por meio de taxas de **alegria, otimismo, habilidade para tomada de decisões, espírito de equipe, comunicação, autoconfiança e iniciativa**. Cada um dos atributos recebe uma nota em uma escala de 1 a 5.

Esse teste é aplicado a todos os candidatos, independentemente do cargo ao qual está concorrendo: mecânico, piloto, comissário de bordo ou funcionário de balcão. As sete competências foram selecionadas para dar à Southwest uma cultura consistente cuja importância vital é notada.

Ao serem contratados, os candidatos são enviados para a Universidade de Pessoas da Southwest. É um centro de treinamento em Dallas, onde os novos funcionários são doutrinados com as rigorosas habilidades com o público e os valores que são o centro da cultura da empresa. Eles estudam assuntos como linguagem corporal, para ler melhor qual cliente precisam alegrar, e aprendem como motivar outros funcionários que possam estar passando por desafios profissionais ou pessoais.

> *A chave para o recrutamento da Southwest é um teste de personalidade, que é verificada por meio de taxas de alegria, otimismo, habilidade para tomada de decisões, espírito de equipe, comunicação, auto-confiança e iniciativa.*

Para cada aeroporto em que a Southwest opera, há um grupo de funcionários selecionados que formam o "comitê de cultura". Esse grupo é responsável por se certificar de que o local tenha o espírito da Southwest: as festas nos portões, as piadas e as brincadeiras.[7]

A consistência com a qual a Southwest tem levado seus negócios ao longo das décadas é fantástica. Andy Serwer, da revista *Fortune*, compreendeu isso bem quando disse: "A Southwest não mudou realmente sua formula original ao longo das décadas de conflitos com grandes companhias aéreas. Ela entra em mercados dominados pelas companhias aéreas tradicionais e acaba com elas ao oferecer tarifas muito mais baixas. A Southwest voa 'ponto-a-ponto', ignorando o modelo de conexões de outras companhias. Ela voa apenas com os 737s. Não serve refeições, apenas aperitivos, e não cobra taxas para mudar passagens do mesmo valor. Não há assentos marcados e nenhum equipamento eletrônico em seus aviões, mas, em vez disso, há a confiança nos incansáveis comissários de bordo para entreter os passageiros."[8]

> *Não há dúvidas de que a Southwest ganha o prêmio de clareza, simplicidade e repetição por manter seus valores e cultura de forma absolutamente constante.*

Southwest Airlines: os resultados

Em 34 anos, a Southwest cresceu e se tornou uma empresa com cerca de 35 mil funcionários, voando para mais de 60 cidades, com uma frota de quase 400 Boeings 737.

Os primeiros três anos depois do desastre do *World Trade Center*, na cidade de Nova York, no dia 11 de setembro de 2001, foram muito difíceis para o negócio de aviação civil. Naquele período, as maiores empresas dispensaram milhares de pessoas e perderam, juntas, US$ 22 bilhões. A Southwest, entretanto, não demitiu um único funcionário num período de três anos e, ainda assim, continuou rentável a cada trimestre. No ano de 2004, a empresa ganhou US$ 442 milhões, que foi mais do que o valor que todas as companhias aéreas dos EUA ganharam juntas. Sua capitalização de mercado ficou em US$ 11,7 bilhões e também maior do que a de seus concorrentes juntos. Em maio de 2004, a Southwest tornou-se líder em número de clientes domésticos transportados por ano, ultrapassando todas as demais companhias aéreas dos EUA.

De 2004 até o primeiro trimestre de 2006, o principal desafio tinha sido o incrível aumento no preço do petróleo. Enquanto outras companhias aéreas, como United, US Airways, Northwest Airlines e Delta Airlines, perderam bilhões, a Southwest teve resultados positivos por ação em cada trimestre durante esse período tão difícil.

Observando esse incrível sucesso ao longo das décadas, Brian Harris, analista de aviação civil da Smith Barney, foi questionado acerca de como a Southwest progrediu enquanto as outras perdiam, e respondeu que quando fizeram a mesma pergunta a Herb Kelleher, ele foi muito claro: "Nosso *esprit de corps* é o centro de nosso sucesso. Isso é mais difícil para a concorrência imitar. Eles podem comprar todas as coisas materiais, mas não podem comprar dedicação, devoção e lealdade – o sentimento de que você é parte de uma causa ou uma cruzada."[9] Herb Kelleher deixou o cargo de CEO em 2001, mas permaneceu como *chairman*. A maior parte dos analistas acredita que seu espírito forte vai continuar guiando a Southwest por muito tempo após sua saída.

Não há dúvidas de que a Southwest ganha o prêmio de clareza, simplicidade e repetição por manter seus valores e cultura de forma absolutamente constante. Esse é o centro da empresa e é surpreendente o sucesso que ele tem gerado no setor que é, provavelmente, o mais complexo do mercado.

Embora a Southwest Airlines nos ensine muito sobre como manter uma cultura singular, a tarefa, com freqüência, é a **mudança de cultura**. Vejamos uma das maiores empresas mundiais e como ela está utilizando os princípios básicos de clareza, simplicidade e repetição de modo a levar sua cultura para uma nova direção.

GENERAL ELECTRIC

Os valores que Jack Welch reforçou constantemente durante sua longa permanência como CEO da General Electric (GE) eram muito claros: aprimorar de maneira contínua a operação; sempre atingir os objetivos; cortar custos em qualquer área possível; fazer bons acordos com os fornecedores e alcançar a primeira ou a segunda posição em seu setor. As pessoas entravam e saíam dos cargos bem rápido, refletindo a impaciência geral da organização na obtenção de resultados soberbos. Esse modelo obteve grande sucesso por décadas, e Jack Welch merece muito crédito por ter alcançado esses resultados.

Por outro lado, como Diane Brady discute na *BusinessWeek*, quando Jeff Immelt assumiu o cargo de CEO em 2001, devido à aposentadoria de Welch, logo percebeu uma grande vulnerabilidade na cultura.[10] Ele se mostrou muito preocupado com o fato de que o excessivo foco nos resultados finais e na premiação apenas das pessoas que os atingiam estivesse colocando a empresa em risco, no que diz respeito à **inovação**. Isso o levou à conclusão de que era preciso lançar um grande projeto para mudar a cultura da GE. Para fazer a empresa crescer, dado o seu grandioso tamanho, ele precisaria de muita criatividade e assumir riscos significativamente maiores. Além disso, a GE demandava um trabalho de *marketing* muito superior ao que desenvolvia.

O que Immelt notou, assim que assumiu o novo cargo, foi que seu mundo era muito diferente do de Jack Welch. Ele tinha que lidar com uma economia doméstica de crescimento lento, concorrentes globais muito mais sérios e um ambiente em que investidores faziam muito mais perguntas.

> *Jeff Immelt disse aos grupos que o sistema de valores da General Electric precisava mudar. Essa foi a diferença entre ele e Welch.*

Sempre que teve chances, Jeff Immelt falou repetidas vezes sobre a necessidade de inovação para seu grupo de gerentes e para a empresa toda. Podemos ver sua mensagem na seguinte citação: "Criatividade e imaginação aplicadas a um contexto de negócios é inovação. Estamos medindo o quão imaginativos são os diretores da GE. Líderes imaginativos são aqueles que têm a coragem de implementar novas idéias, liderar equipes na descoberta de idéias melhores e levar as pessoas a assumir riscos calculados."[11]

Como reação a esse comentário, Bruce Nussbaum, da *BusinessWeek*, disse: "É difícil imaginar o antigo chefe da GE Jack Welch dizendo isso." Bruce notou a diferença entre Immelt e Welch, que consistia em Jeff Immelt dizer aos grupos que o sistema de valores da GE precisava mudar.

General Electric: afirmando o objetivo

Toda vez que Jeff Immelt tinha a oportunidade de falar a um grupo de funcionários na GE, certificava-se de que tinham entendido que o foco de 100% no Six Sigma estava atrás deles; agora, a tarefa-chave para a empresa era o desenvolvimento de algumas habilidades reais na área de criatividade, estratégia e *marketing*.[12] Embora o Six Sigma tenha servido bem à empresa, como ferramenta para aperfeiçoar processos, baixando custos e conduzindo à simplicidade e ao foco, raramente descobriu grandes oportunidades com base na inovação. Funcionários ouviam, repetidas vezes, que precisavam assumir riscos calculados, alguns dos quais poderiam dar errado. Mesmo o mais leve indicativo de falha era rejeitado pelo antigo regime.

Jeff também não tinha medo de pregar seu sermão aos clientes diretamente. Depois de adquirir uma tecnologia de gaseificação da Chevron Texaco, ele foi para a estrada com o chefe do negócio energético da GE. Ambos deixaram muito claro a clientes-chave, como a gigante da utilidade pública Cinergy Corporation (atual Duke Energy), que a empresa precisava gerar eletricidade com bem menos emissões. Jeff sabia que a tecnologia de gaseificação de carvão poderia cortar significativamente as emissões. Ele deixou claro aos clientes que a GE queria inovar naquela área e fazer algumas coisas boas acontecerem. James Rogers, o CEO da Cinergy, disse o seguinte sobre Jeff: "Ele não tinha medo de expor um ponto de vista que seus clientes poderiam não compartilhar."[13] A Cinergy era uma empresa que queimava 30 milhões de toneladas de carvão por ano e, basicamente, Immelt colocava em questão as emissões recordes de queima de carvão por indústrias energéticas e o oferecimento de melhoras muito significativas. O foco agressivo de Jeff Immelt junto aos clientes, em matéria de inovação, ajudou-o a se certificar de que os funcionários da GE sabiam que o chefe falava a sério a esse respeito. Ele foi muito coerente, interna e externamente, quanto aos objetivos da GE.

> *Mesmo o mais leve indicativo de falha era rejeitado pelo antigo regime.*

General Electric: organizar-se para refletir os novos objetivos

A fim de sinalizar de forma profunda dentro da GE que inovação era importante, Jeff Immelt formou uma organização de alto nível dentro da empresa, chamada Conselho Comercial. Esse grupo era formado por seus maiores executivos de vendas e *marketing*. O grupo se reunia trimestralmente e tinha fone-conferência uma vez ao mês, a fim de fazer com que a GE fosse mais inovadora e gerasse produtos também inovadores. Nesse grupo, Jeff estava muito interessado em focar os aspectos de vendas e *marketing* do negócio, em que a GE, tradicionalmente, não tinha sido o maior expoente.

Outro exemplo de estruturação da organização, para emitir sinais claros de que as coisas haviam mudado, foi a indicação que Immelt fez para o cargo de CMO (chief marketing officer). A pessoa nomeada foi Beth Comstock; sua função era aumentar a habilidade de *marketing* da empresa. No início, ela olhou para fora da GE, para organizações que tinham habilidade em projeto e geração de idéias inovadoras, e começou a forçar a GE a adotar novas práticas.

Beth utilizou diversas abordagens criativas para trabalhar algumas idéias novas na GE. Exemplo disso eram as "sessões de sonhos", nas quais Immelt e sua equipe sênior revisavam e debatiam tendências de vários mercados,

> *Traga um novo talento para a área na qual está o foco.*

tanto daqueles dos quais a GE fazia parte, quanto de outros novos.[14]

A fim de destacar como os valores tinham mudado na GE, Jeff Immelt formou aquilo que chamava de projetos de "Descobertas Imaginativas". Seu objetivo era gastar US$ 5 bilhões em 80 ou mais desses tipos de iniciativa.[15] Como Bruce Nussbaum, da *BusinessWeek*, notou, Immelt instruía os líderes dessas equipes a "se conectarem ao cliente, aprenderem a assumir riscos e fazerem grandes apostas."

General Electric: importando talento

Há outra forma de comunicar aos grupos que as coisas estão mudando e convergi-los ao novo sistema de valores: trazer um novo talento para a área que se está tentando focar. Immelt fez isso na GE quando trouxe *sir* William Castell para ser *vice-chairman*. Era uma mudança chocante para os colegas da GE e foi claramente notada pelos grupos. Immelt vinha dizendo a eles que a GE estava trabalhando para se tornar cada vez mais global; queria pessoas que conhecessem seus setores muito bem e Castell de fato representava isso. Ele tinha passado toda a sua carreira na área de biociência e liderava a empresa de diagonóstico/biociência Amersham PLC quando a GE a adquiriu. Immelt fez de Castell o chefe da nova unidade GE Healthcare e, surpreendentemente, instalou a sede da organização na vila de Chalfont St. Giles, na Inglaterra. Isso representou uma mensagem muito clara quanto ao tipo de comportamento desejado.

General Electric: sistema de compensação

Para se certificar de que estava comunicando aos grupos que esperava que fizessem apostas e assumissem riscos que agradariam aos clientes, Immelt modificou o sistema de bonificação em 2005. O novo sistema baseava 20% do bônus em metas pré-estabelecidas de quão bem um negócio desenvolvia novas idéias que melhorassem sua capacidade de atender às necessidades do cliente. Conforme dito por Immelt: "Vocês não vão ficar aqui sem fazer apostas."

General Electric: mudando o portfólio

Jeff Immelt tomou outra medida para deixar claro que inovação era imprescindível: mudou o portfólio de negócios da GE significativamente. Ele lançou um plano de vender US$ 15 bilhões de negócios menos lucrativos, incluindo a operação de seguros.[16] Também gastou US$ 60 bilhões em aquisições em áreas como biociência, serviços a cabo, entretenimento cinematográfico, segurança e energia eólica.

General Electric: benchmarking

Uma abordagem que Immelt usou para deixar claro que criatividade era um objetivo importante foi instruir vários grupos de *marketing* a visitar empresas bem-sucedidas nessas áreas. Mandou, por exemplo, um grupo à P&G, que vinha exibindo trajetória de inovações brilhantes nos últimos anos. Também enviou um grupo a FedEx para entender como a empresa alcançou o incrível serviço de atendimento ao cliente que vinha é mantido há anos.

General Electric: lidando com fracos desempenhos

Um assunto que os funcionários da GE observavam com muito cuidado era a prática intrínseca da demissão de 5% a 10% dos funcionários com desempenho mais fraco. Immelt transformou essa prática em algo que ele não verificava de maneira regular. Como indica Diane Brady, da *BusinessWeek*; "Há mais flexibilidade, mais subjetividade no processo. Arriscar o fracasso é um ponto de honra na GE atualmente."[17] Por outro lado, gerentes estavam sendo cobrados. Cada líder de negócios, por exemplo, tinha de ter ao menos três propostas de **"descobertas imaginativas"** durante o ano, robustas a ponto de chegar ao Conselho Comercial para uma decisão. O objetivo dessas propostas era levar a GE a novas áreas geográficas, novas linhas de negócios ou novos clientes. Havia também um patamar de crescimento de pelo menos US$ 100 milhões para a GE.

Mudança nunca é fácil e Jeff Immelt da GE sabe bem disso, assim como também sabe seu pessoal. Conforme mostrado na *BusinessWeek*, Paul Bossidy, CEO da GE Capital, Financiamento de Equipamentos Comerciais, disse: "Essa é uma grande mudança fundamental de estrutura que pode ser difícil." Susan Peters, vice-presidente de desenvolvimento executivo da GE, colocou isso muito bem, quando afirmou: "O que você tem sido até hoje não é suficientemente bom para amanhã."[18]

Sem dúvida, a GE e Jeff Immelt são exemplos obstinados do estabelecimento de uma cultura mais inovadora. Immelt entende de forma precisa a necessidade de clareza, simplicidade e repetição ao estabelecer uma cultura de inovação na GE. Também compreende que tudo isso leva tempo. A empresa está começando a sentir algum impacto originado pela mudança de cultura em áreas como as de energias eólica e solar, mas o preço das ações ainda deve ser afetado significativamente.[19]

Os esforços da Southwest Airlines e os de Jeff Immelt para mudar a cultura da GE são ótimos exemplos da importância de clareza, simplicidade e repetição. Esses pontos são as melhores ferramentas para prevenir a cultura do conforto, casualidade e confiança. Lute contra a apatia, certificando-se de que os grupos entendem a cultura e o que é esperado deles.

22
OBTENHA VANTAGEM DE PRODUTO E A UTILIZE PARA REVER A CULTURA

Aqui está uma das maneiras mais poderosas de revigorar rapidamente uma cultura e conseguir que uma organização se livre de suas práticas herdadas: aproveitar uma nova idéia de produto (ou serviço) e usá-la para rejuvenescer todos os aspectos da organização. Assim, é possível conseguir fazer com que as pessoas percebam do que é feito o sucesso futuro, em vez de manterem seu foco no que foi feito no passado.

MOTOROLA

A Motorola é um exemplo de empresa muito bem-sucedida que enfrentou tempos difíceis por cometer diversos dos pecados que estamos discutindo. Vejamos com detalhes como isso aconteceu e como a nova gerência usou a empolgante idéia de um produto novo para libertar os funcionários de suas práticas herdadas e motivá-los à criação de uma nova cultura. Essa nova cultura estava direcionada para altos padrões que seriam alcançados no futuro.

Motorola: o passado glorioso

Os incríveis resultados da Motorola na década de 1980 e em meados da de 1990 colocaram a empresa na liderança absoluta dos negócios de eletrônicos.[1] Em 1993, seus ganhos superaram US$ 1 bilhão, o que representava um aumento de 127% comparado aos resultados do ano anterior. Sua receita subiu 27%, alcançando US$ 17 bilhões. Um dos motivos para a fama da empresa naquela época era sua excelência em gerenciamento de qualidade total (TQM*). De fato, a Motorola era tão reverenciada que chegou a ministrar cursos de TQM para outras empresas. Era constantemente referida como excepcional em sua abordagem gerencial descentralizada, assim como em suas equipes de trabalho auto direcionadas, treinamento, negócios e reengenharia de negócios.

As contribuições técnicas da Motorola merecem ser mencionadas porque são muito significativas. A empresa desenvolveu alguns dos primeiros rádios para automóveis e os primeiros rádios a pilha, usou essas tecnologias durante a Segunda Guerra Mundial no fornecimento de *walkie-talkies,* os quais desempenharam um papel importante na viagem do homem à Lua e, basicamente, inventou o negócio de telefonia celular. Em 1996, a apresentação do muito bem-sucedido celular StarTAC, realizada pela Motorola, ajudou a empresa a ganhar mais da metade do mercado global em telefones celulares.

Conforme disse Ronald Henkoff, da revista *Fortune,* em 1994: "Está em discussão se essa enorme corporação multinacional descentralizada, com matriz em Schaumburg, Illinois, pode evitar ser vítima de burocracia, complacência e arrogância, que têm afligido tantos outros negócios norte-americanos."[2]

As pessoas aplaudiram os resultados fenomenais da Motorola por várias décadas, mas, na metade da década de 1990, a imprensa tornou-se cética e começou a questionar se uma empresa dominada por engenheiros poderia ter sucesso no mercado de celulares, o qual demandava não apenas boa tecnologia, mas também um ótimo *marketing*. Excelência em *marketing* era algo que a Motorola não possuía e de que não tinha precisado no passado.

---

* Do original *total quality management*.

Motorola: apegando-se com arrogância ao passado

A Motorola era muito orgulhosa de sua descentralização, o que gerou muitos feudos de produtos, ou seja, grupos que caminhavam sozinhos e operavam quase independentemente. Na metade da década de 1990, esse fato passou a ser um assunto sério para a Motorola, pois seus negócios eram cada vez mais globalizados. A empresa enfrentou sérios desafios quando começou a lidar com organizações como os correios e os ministérios da telecomunicação em países centralizados. Um exemplo disso foi quando Rick Younts, diretor da Motorola para o mercado asiático e norte-americano na época, disse: "Eles esperam uma pessoa que fale pela Motorola com apenas um ponto de vista, e não seis ou sete pessoas com seis ou sete pontos de vista diferentes." Younts achava muito difícil reunir esses feudos independentes num diálogo unificado com esses clientes-chave que estavam se tornando cada vez mais importantes para a Motorola.[3]

Nesse período, um grau muito alto de conforto e auto-confiança existia na Motorola. Em 1994, Hector Ruiz, o gerente geral do grupo de produtos *Pager*, disse o seguinte: "Nosso pessoal técnico está à beira da arrogância. Isso me faz perder o sono. Eu tenho de encontrar uma maneira de fazer essas pessoas ficarem infelizes."

Motorola: a cultura problemática

Em 1997, era claro que as práticas herdadas estavam sendo solidificadas dentro da organização e que isso estava começando a afetar os resultados. Não havia melhor exemplo de falta de contato com o ambiente de mercado e com o consumidor do que o tremendo esforço que a Motorola colocou nos *smart cards*[4], pequenos cartões plásticos que se pareciam com cartões de crédito, mas que possuíam um *chip* que guardava dados, tais como informações médicas ou, por exemplo, US$ 50 em dinheiro. Chris Galvin, o CEO, disse: "Os vinte anos de experiência da Motorola com microprocessadores de silício, ao lado de seus produtos de radiofreqüência e de sua experiência com sistemas, deu-lhe a capacidade de elevar o *smart card* a um nível superior."

O que o projeto do *smart card* realmente apontou foi que a Motorola era uma empresa orientada para engenharia com pouco foco no ambiente de mercado. Como todos sabem, os *smart cards* não tiveram sucesso nos EUA, mas o alarde que a Motorola fez quanto a esse projeto

> *Em uma grande conferência de telecomunicações, ela mostrou uma estranha coleção de colares e braceletes, demonstrando como as pessoas poderiam "vestir" seus StarTACs.*

no final da década de 1990 revela muito sobre a sua cultura.

O efeito negativo dessa cultura subdividida e muito direcionada para a engenharia começou a provocar um sério impacto financeiro em 1996 e 1997.[5] Embora no início da década de 1990 a Motorola tenha igualado seu ganho total ao de empresas como a Microsoft e a Intel, estava agora começando a pisar em falso. Em 1996, os ganhos foram 35% menores em comparação ao ano anterior e a receita estava relativamente igual. O mais importante era que o preço das ações estava fixo, por volta de US$ 23, durante toda a primeira metade da década de 1990.

O modo como a Motorola estava apegada às práticas herdadas, que lhe haviam servido bem no passado, estava começando a afetar também as frentes de produtos. A cultura de desenvolvimento lento da empresa fez com que ela perdesse a mudança da tecnologia de celulares de analógica para digital. Sua desculpa na ocasião era a de que não dispunha de recursos para ambas as tecnologias e de que vinha sendo muito bem sucedida com a tecnologia analógica.

Outro exemplo foi o *chip* Motorola *PowerPC*, utilizado pela Apple nos computadores *Macintosh*. A Motorola foi criticada por não trabalhar com a Microsoft para capacitar o sistema operacional *Windows NT* a funcionar com o *chip* Motorola *PowerPC*, ignorando um ambiente de mercado que indicava que o *Windows* seria um produto de sucesso e que a Apple estava tendo problemas sérios.[6] Observando as tendências de mercado, a empresa deveria ter desenvolvido *chips* para PC tanto para a Apple quanto para o *Windows*.

A cultura da Motorola, que foi deficiente quanto ao foco ao cliente e ao mercado, também estava pisando em falso com seus clientes-chave, pois a empresa, de maneira arrogante, exigiu redes *wireless* para que a maioria dos seus celulares fosse usada; se os clientes não tivessem essas redes, a Motorola não lhes disponibilizaria o recém-lançado modelo StarTAC. Naturalmente, os clientes ficaram irritados e encontraram outras alternativas.

A falta de vontade da Motorola em desenvolver qualquer especialização em marketing nunca foi tão óbvia quanto em 1997, quando declarou que o StarTAC seria o primeiro telefone "vestível".[7] Em uma grande conferência de telecomunicações ela mostrou uma estranha coleção de colares e braceletes, demonstrando como as pessoas poderiam *vestir* seus StarTACs, o que foi ruim o suficiente para que essa idéia fosse questionada. Mas, apenas para demonstrar ainda mais como a empresa estava fora da realidade, enquanto forçava essa idéia de celulares "vestíveis" a Motorola desenvolveu um *outdoor* que mostrava Ryan O'Neal e Farrah Fawcett, dizendo: "As estrelas vestem StarTAC." Os executivos da Motorola ficaram muito embaraçados quando o rompimento de Ryan e Farrah apareceu na primeira página da revista *People*. A empresa entendeu a fragilidade do trabalho com pessoas famosas em campanhas de *marketing*.

Motorola: problemas sérios nos negócios

Em 1998, a Motorola estava passando por sérios problemas com clientes-chave. Um exemplo disso foi quando perdeu um contrato de US$ 500 milhões em equipamentos digitais *wireless* no primeiro trimestre de 1998, bem como seus ganhos trimestrais estimados também para aquele trimestre. Como Erick Schonfeld, da *Fortune*, apontou em um artigo de março de 1998: "O ponto crucial dos problemas da Motorola é que ela fez com que seu futuro dependesse do mundo da herança da telefonia *wireless* analógica e está atrasada na comercialização da nova tecnologia digital de que precisa para competir."[8] Sua participação de mercado em celulares tinha caído do seu tradicional nível acima de 50% para 30% em 1998. Cerca de 50% dos telefones feitos pela Motorola eram desenhados para redes analógicas, embora a nova tecnologia digital estivesse realmente crescendo. De fato, em 1998, a Nokia e a Ericsson já estavam apresentando a segunda e a terceira gerações desses telefones.[9]

Motorola: movendo-se muito lentamente

Em 1999, a participação de mercado da Motorola em telefones *wireless* tinha caído para 13% e a imprensa estava repleta de histórias sobre como a empresa parecia estar congelada no passado. Uma história sobre sua agência

ARMADILHA 7: APATIA

> *"Toda a organização estava paralisada. Era impossível tomar uma decisão sem precisar que 99 outras pessoas tomassem uma decisão. Era horrível."*
>
> – Executiva da Motorola

de publicidade diz muito. Em um relato da *BusinessWeek*, em 2001, Geoffrey Frost, um novo executivo de *marketing* vindo da Nike recomendou à gerência da Motorola que a empresa demitisse sua agência de publicidade na época, a McCann Erickson.[10] Depois de finalmente discutir seu caso com a direção, pediram à Frost que voltasse atrás e pensasse um pouco mais sobre o assunto e que desafiasse a agência a fazer uma campanha melhor. Depois de muitos meses de esforço, a MacCann não conseguiu fazer uma campanha que impressionasse o pessoal de *marketing* da Motorola. Após alguns meses adicionais de angústia quanto à possibilidade de se separar de sua agência de publicidade, a gerência finalmente concordou com a recomendação de Frost.

Mais tarde, Frost confidenciou ao pessoal da *BusinessWeek* que ele não podia deixar de comparar sua experiência na Motorola à sua experiência com Phil Knight da Nike.[11] Na Nike, Frost indagou o CEO Phil Knight quanto ao desempenho da Wieden+Kennedy, sua agência de publicidade na época. Esse gesto demandou muita bravura de sua parte, uma vez que a agência era dirigida por um colega de faculdade de Knight. Quando Frost colocou o assunto na mesa do CEO, este lhe respondeu: "Por que diabos você demorou tanto!"

Os vários artigos sobre a Motorola que estavam aparecendo em 2001 eram todos sobre a indecisão, sobre o estilo passivo de sua equipe gerencial e sobre o quão estranho aquilo era para uma empresa do setor de tecnologia, em que velocidade e convicção são imprescindíveis. Os concorrentes estavam ultrapassando a Motorola em posicionamento de mercado como novos desenhos de celulares e novas habilidades por meio de microprocessadores, e a situação estava realmente ficando embaraçosa. O preço das ações que tinha se movido positivamente para US$ 60 por ação com os anúncios da Internet em 2000, tinha caído para US$ 17 em meados de 2001. O prejuízo que a empresa teve no primeiro trimestre de 2001 foi de US$ 206 milhões, sua primeira perda em operações em 16 anos.[12]

Com a crescente crítica pública à Motorola, especificamente sobre sua antiga prática de manter seus diferentes negócios bastante separados um do outro, a empresa fez um movimento corajoso e fundiu as divisões de *pagers*, celulares e semicondutores, mantendo apenas uma. A idéia era que todas essas partes eram agora dependentes umas das outras, dado o novo mundo de tecnologia integrada. Ela chamou a organização de divisão de Empreendimentos de Comunicação e ela era gigante, com mais de 500 executivos. Isso resultou em todos os tipos de conflitos internos, uma vez que as organizações forçavam executar seus negócios à moda antiga.[13] Julie Shimer, vice-presidente da unidade de Internet da Motorola na época, disse: "No ano passado eu estava lá, você não conseguia fazer nada. Toda a organização estava paralisada. Era impossível tomar uma decisão sem precisar que 99 outras pessoas tomassem uma decisão. Era horrível."

Motorola: um novo CEO lida com o problema de cultura

Conforme a empresa percebia que tinha saído da liderança do setor por ser vista como antiquada, o *board of directors* fez uma mudança corajosa e contratou um novo CEO. O *board* sabia que precisava sacudir a cultura e conseguir algum vigor dentro da empresa e, no início de 2004, contratou Ed Zander, ex-presidente da Sun Microsystems, como novo CEO.

Ed logo começou a entender que a Motorola era ótima em falar orgulhosamente do passado, mas que estava claramente tendo problemas na compreensão e capitalização de novas tendências. Ela tinha falhado em relação à mudança da tecnologia analógica para a digital, o que a fazia ver sua participação de mercado diminuída cinco vezes. A Motorola deixou de ser a número um no setor de infra-estrutura de equipamentos *wireless* para ocupar o distante número quatro. Sua receita com empresas de cabo havia sido cortada pela metade enquanto a empresa era ultrapassada pela concorrência na entrega de novos produtos. Levou 10 anos e gastou US$ 2,6 bilhões na rede de satélite Iridium, que demandava o uso de telefones do tamanho de tijolos e um alto custo (muitos dólares por minuto) para ligações internacionais. O Iridium não vingou.[14]

A Motorola também tinha problemas relativos à execução. Quando telefones de tela colorida ficaram populares em 2002, a Motorola não conseguiu atender a demanda e foi ultrapassada pelos seus concorrentes. A Samsung emergiu como a segunda empresa de celulares, atrás da Nokia.

A Motorola estava atrasada no negócio de conversores para TV digital; por causa disso perdeu para sua rival Scientific-Atlanta. Ela tinha sido anteriormente a líder em *chips* para assistentes digitais pessoais (PDAs), mas a Intel tomou seu lugar nesse negócio. A Ericsson tomou a posição número um da Motorola na área de infra-estrutura *wireless*.[15]

Motorola: de volta ao básico

Com tudo isso acontecendo, Ed Zander tinha suas mãos cheias. Em uma visada entrevista para Christopher Rhoads, do jornal *The Wall Street Journal*, em 2005, ele explicou como estava lidando com o problema. Quando perguntado acerca de como precisava melhorar a empresa, respondeu: "A Motorola tem uma cultura densa. Tive de aprendê-la e tem sido difícil trazer pontos que considero valorosos, tais como senso de urgência, decisão rápida, valor de *shareholders* e concorrência."[16] Nessa entrevista ele apresentou seis pontos-chave em que vinha focando enquanto lidava com aquela "cultura densa."

1. **Criar excitação quanto ao produto.** Zander acreditava que o primeiro passo mais importante era ter ao menos um produto que fosse de fato excitante. Ele imediatamente se focou no celular Razr quando chegou, e fez isso muito bem. O Razr ficou com uma aparência esbelta e singular. A Motorola obteve sucesso com o Cingular, fazendo com que as pessoas comprassem o produto, que se tornou muito popular. Ed afirmou: "O que ele realmente fez foi colocar uma boa imagem da Motorola na mente de muitas pessoas pelo mundo. Também acredito que ele fez muito bem aos nossos funcionários, que começaram a acreditar novamente que podem vencer."[17]

2. **Voltar a colocar o cliente em primeiro lugar.** Parece uma afirmação interesseira, mas Zander acreditava que a Motorola estava cometendo o pecado principal de ignorar seus clientes. Ele salientou: "Por que não estávamos falando da Nokia todo dia? Por que não estávamos falando da Verizon todo dia? Por que não estávamos falando do valor de *shareholder*? Estamos aqui para ganhar dinheiro ou não? Ou estamos aqui apenas para trabalhar e ir pra casa?."[18]

Ed Zander começou a visitar os clientes-chave da Motorola regularmente e logo outros executivos estavam fazendo o mesmo.

3. **Não aceite não como resposta**. Ed tem um grande discurso nesse ponto que é: "Se você é um vendedor, você não tem autorização para perder negócio." Deve-se ir até a pessoa que disse que você perdeu e dizer: "Você tem que ver meu chefe porque eu não estou autorizado a perder esse negócio."[19] Ele colocava uma intensidade incrível no ganho de cada cliente toda vez.

4. **"Acerte a si mesmo antes que alguém te acerte."** Essa citação de Ed é poderosa e diz muito sobre o que a Motorola precisava. Aquela longa ladainha de que a Motorola tinha sido ultrapassada em posicionamento de mercado, que inclui as áreas de celulares e infra-estrutura *wireless*, entre outras, era toda sobre permitir que o setor continuasse caminhando, deixando você para trás com suas práticas e produtos herdados. Ed acreditava que deveria ser parte da cultura para não permitir que nenhum dos concorrentes ultrapasse a empresa.

5. **"Cuidado com as artérias entupidas."** Ed acreditava que o desafio real da Motorola era melhorar sua linha de vice-presidentes, de onde achava que a burocracia e a estagnação emanavam. Ele reduziu bastante o número de vice-presidentes. Muitos foram dispensados e alguns saíram de comum acordo.[20] O maior ponto aqui é a necessidade de uma organização se desenvolver para ser veloz e ágil. Não se deve ter muitos níveis, pois cada um simplesmente pensa novas questões que atrasam tudo.

6. **Não vá tão rápido**. Ed tinha muito trabalho para fazer nas cinco áreas que acabamos de discutir. Ele enfatizava a importância de ser paciente, mas também pressionava para que houvesse maior foco no cliente. Também era adepto de uma organização mais enxuta e mais forte e de uma seqüência de produtos excitantes que colocaria a Motorola no caminho de novo, tanto interna quanto externamente.

ARMADILHA 7: APATIA

> *A história da Motorola mostra a lenta calcificação de uma cultura que termina sufocando tudo o que diverge de suas práticas herdadas.*

A história da Motorola mostra a lenta calcificação de uma cultura que termina sufocando tudo que diverge de suas práticas herdadas. Chris Galvin, CEO de 1997 a 2003, trabalhou duro para revigorar a Motorola, o que não aconteceu. Muitas pessoas achavam que o problema era que Chris tinha nascido e sido criado naquela cultura. De fato, seu avô deu início ao negócio e seu pai era o CEO anterior.

Ed Zander entendeu que havia grandes problemas na cultura e que ele estava entrando em uma guerra. Colocou o foco no novo produto Razr, em que a Motorola estava trabalhando, e o usou para mostrar a funcionários e consumidores como a empresa agiria no futuro.

Após seus seis primeiros meses, a Motorola começou a exceder as expectativas de Wall Street regularmente. Embora tenha perdido US$ 1,78 por ação em 2001 e US$ 0,59 por ação em 2002, ela voltou a ser lucrativa em 2003, obtendo ganhos de US$ 0,38 por ação, seguido por US$ 0,63 por ação em 2004 e US$ 1,81 em 2005. A empresa reconquistou a segunda posição referente a aparelhos celulares, ultrapassando a Samsung, e a receita subiu para US$ 36,8 bilhões em 2005, comparados com os US$ 23,4 bilhões em 2002. Infelizmente, em 2006, a concorrência equiparou-se ao celular Motorola Razr. A empresa reagiu com preços mais baixos, mas não com inovação. Isso levou a uma queda de 24% nos preço das ações e quase 50% do lucro caiu no quarto trimestre de 2006. Enquanto Zander progrediu claramente na restauração do sentimento de prontidão na cultura da Motorola, no final de 2006 ela enfrentava os mesmos desafios que empresas historicamente bem-sucedidas como a Dell, isto é, a necessidade de inovação e um ambiente ainda mais competitivo.

Para mudar dramaticamente a cultura de uma organização é necessário um ponto a partir do qual iniciar. Usar uma brilhante idéia de novo produto que tem grande potencial é uma ótima tática.

23
EVITE A MALDIÇÃO DE UM FOCO INTERNO

O segredo do sucesso para qualquer empresa é a constante fabricação de produtos e serviços que empolguem seus clientes. O que acontece, com freqüência, em organizações que atingem o sucesso é que as pessoas ficam muito confortáveis com suas ofertas atuais de produtos ou serviços, perdem a motivação para realizar inovações e permanecem avessas ao risco. Com o sucesso e a estabilidade vem a necessidade de contratar novas pessoas e o foco volta-se aos assuntos internos em vez de estar direcionado para o cliente.

Não leva muito tempo para que o foco real da empresa seja evitar mudanças que descontinuem as práticas atuais. As pessoas da empresa trabalham para manter seus chefes satisfeitos e ficam muito preocupadas sobre como eles e seu grupo de trabalho estão sendo tratados, quando deveriam estar trabalhando para surpreender o mercado com inovação genuína. Colocando de outra forma, o foco se torna interno. Para se ter uma idéia de como isso acontece com o tempo e como parece durar, vejamos uma grande corporação que passou por esses problemas recentemente.

BOEING

Em agosto de 1997, a Boeing adquiriu a McDonnell Douglas por US$ 16,3 bilhões, a única empresa norte-americana que era sua concorrente no negócio de aviação comercial. Essa empresa não tinha qualquer fator de distinção na época da aquisição, nem reputação de ser inovadora ou de possuir práticas de produção eficientes. Os relatos noticiados na imprensa diziam que a fusão não ajudaria a Boeing, uma vez que a empresa estava envolvida com severos problemas de produção que a estavam comendo viva financeiramente falando. Como foi dito por Ronald Henkoff, da *Fortune*: "As operações internas da Boeing eram complexas e resultavam de anos de modificações e fragmentação interna."[1] Ele descreveu esses problemas da seguinte maneira: "Os executivos da Boeing souberam por anos – mesmo por décadas – que suas fábricas eram ineficientes, sua cadeia de suprimento era desorganizada e seus sistemas de computadores eram antigos. Desde o final da década de 1970, eles tinham tentado improvisar uma solução para os problemas, mas nunca levaram o assunto a sério."

Para demonstrar o quão ruim as coisas estavam, Henkoff afirmou o seguinte: "O problema da Boeing – e é um bem grande – é que sua humilde estação de serviço provavelmente opera com mais eficiência que a maior empresa aeroespacial do planeta."[2] Ele descreveu como qualquer alteração solicitada por um cliente em um avião em particular consumia grande quantidade de tempo de engenharia, demandava centenas de páginas de desenhos detalhados e custava centenas de dólares, senão milhões de dólares, para ser executada. Surpreendentemente, mesmo com seu desestimulante processo interno, a Boeing conseguiu manter-se muito bem, graças ao fato de ter linhas aéreas protegidas por leis e pelo Departamento de Defesa, que não era consciente com relação aos custos, como clientes potenciais. Além disso, a Boeing não tinha um bom concorrente com o qual competir durante a década de 1990.

Boeing: a crise

No segundo semestre de 1997, as coisas ficaram muito ruins, e tentativas de instalar novas práticas de produção estavam trazendo o caos às fábricas. Duas linhas de produção tiveram de parar por um mês inteiro, o que gerou um débito de US$ 1,6 bilhões nos ganhos do terceiro trimestre. Além disso, a empresa tinha de alertar Wall Street de que os lucros de 1988 seriam, provavelmente, US$ 1 bilhão mais baixos.

Sem dúvida, a Boeing era sua própria pior inimiga, pois qualquer coisa que o cliente quisesse, ela tentaria desenvolver.[3] Para se ter uma idéia, a Boeing apresentava aos compradores do modelo 747 tantas opções de cores quanto se pode imaginar; apenas para a cor branca, a empresa oferecia 109 opções diferentes. Nas fábricas, a maior parte do trabalho era manual; não havia robôs. Eram pequenas equipes de trabalhadores utilizando ferramentas manuais. Como mencionado por Henkoff: "Parece uma versão gigante da oficina de reparos no departamento de serviços da loja de automóveis local."[4]

> *Sem dúvida, a Boeing era sua própria pior inimiga. Um exemplo disso é que ela oferecia 109 opções diferentes para a cor branca.*

Devido a falta de concorrentes, contratação exagerada de funcionários e execução manual de muitas tarefas na produção na empresa, a Boeing se movia a passos muito lentos. Para se ter uma idéia, havia 990 páginas de desenhos que guardavam cada configuração de divisão interna construída para um 747.[5] Esses desenhos eram utilizados na hora de encomendar as peças e os funcionários da produção dependeriam deles para montar o avião. Era dito com freqüência que o processo de produção da Boeing produzia primeiro o papel e depois os aviões.[6]

O foco interno da Boeing era tão intenso que quase todos os departamentos individuais em cada uma das fábricas tinham seus próprios sistemas de computadores e a grande maioria desses sistemas não tinha ligação uns com os outros. Era do conhecimento de todos que a lista de peças e esboços para um tipo particular de 747 estava em quase 400 tipos diferentes de base de dados.

Boeing: a reação da gerência

Em 1999, a empresa estava em severa turbulência. O CEO Phil Condit reuniu-se com seus executivos seniores por três dias para desenvolver um plano que desse uma reviravolta na situação.[7] Conforme reportado pela imprensa, eles concluíram que era preciso tomar as seguintes iniciativas:

resolver os problemas de produção de uma vez por todas, desenvolver algum ponto que proteja o aumento da margem de lucro e separar a divisão de produtos e serviços, reconquistar a credibilidade de Wall Street e descartar a cultura corporativa paternalista da Boeing. Eles também reconheceram que a questão da cultura era imprescindível para o alcance das três primeiras metas.

Infelizmente, Phil Condit, que era o CEO, não tinha muita experiência necessária para atingir essas metas, afinal de contas, como notado por Ken Labich, da *Fortune*, Condit era "um funcionário da Boeing por mais de 30 anos...envolvido com a tradicional forma de gerenciamento confusa e afetuosa da empresa."[8] Como resultado da fusão, Harry Stonecipher, que tinha liderado a McDonnell Douglas, tornou-se o presidente da Boeing. Ele tinha reputação de ser rude. Como colocado por Labich, Stonecipher estava "disposto a quebrar ovos para o novo omelete cultural da Boeing". Logo após o anúncio do plano de reviravolta, Condit e Stonecipher divulgaram a mensagem de que estavam colocando alta prioridade na "mudança da cultura da Boeing de aconchegante, familiar e, de alguma forma, retraída, para dura, direta e orientada para o trabalho em equipe."[9]

Por outro lado, os dois tinham abordagens muito diferentes para a instauração da nova cultura.[10] Condit tentou eliminar o termo " funcionários herdados", que era freqüentemente utilizado para se referir a alguém com bastante experiência na Boeing e que pudesse estar preso à antiga cultura. Stonecipher, por outro lado, era conhecido por dizer a qualquer um que "é uma questão de ter mais idade e não uma questão de desempenho por aqui" e que "em uma cultura familiar, você nunca dispensa alguém com um desempenho ruim". Ele deixou claro, portanto, que sua visão da nova cultura não toleraria nada daquilo.

Boeing: a luta interna

No ano 2000, a tensão na Boeing era incrível, em primeiro lugar pela diferença de estilos entre Condit e Stonecipher. Jerry Useem, da *Fortune*, notou que uma pessoa da Boeing descrevia a abordagem de Condit e a de Stonecipher como: "Os escoteiros *versus* os mercenários."[11] Useem resumiu, dizendo: "Seja qual for a metáfora que funcione melhor, o fato é que a Boeing é uma empresa em guerra consigo mesma, lutando com seu próprio pessoal, com seus próprios sistemas desatualizados e com sua própria história de tentar se reconstruir de dentro para fora. Esqueça Boeing *versus* Airbus. O futuro desse setor pode ser Boeing *versus* Boeing."

Stonecipher tinha grande orgulho de ser rude e explicava com freqüência o quanto gostava de Harry Truman e de citações, tais como: "Eu não lhes dou o inferno; eu apenas lhes digo a verdade e eles pensam que isso é o inferno". Quando Stonecipher apareceu diante do Rotary Club de Seattle no final da década de 1990, ele descreveu a Boeing como "arrogante" e os seus resultados financeiros como "absolutamente perdidos". Ele foi mais fundo ao dizer "Nosso problema somos nós".[12]

A abordagem de Condit para resolver os problemas não poderia ser mais diferente à de Stonecipher. Como Useem apontou: "O estilo de gerência de Condit é o do consenso, o que ele chama de 'ouvir agressivamente'. Em meados da década de 1990, Condit tinha centenas de gerentes participando de programas de desenvolvimento para melhorar sua capacidade de ouvir, que incluía atividades estranhas como ouvir um pianista de *jazz*, assistir a dança moderna e ter um poeta lendo passagens de Beowulf em voz alta."[13]

Boeing: os assuntos éticos

O ano de 2003 foi muito duro para a Boeing. Em julho, foi amplamente divulgado pela imprensa e confirmado pela Boeing que funcionários da empresa haviam roubado 25 mil páginas de documentos Lockheed Martin.[14] Os gerentes da Boeing que admitiram o roubo disseram que usariam aqueles documentos para fazer as propostas de preços da Boeing. A Força Aérea dos EUA havia barrado a Boeing de fazer propostas para uma série de contratos.

Em novembro de 2003, a Boeing demitiu seu CFO Michael Sears.[15] A empresa descobriu que ele fez uma proposta de emprego a um funcionário do Pentágono que ainda tomava conta dos contratos da Boeing. Aparentemente, o que aconteceu foi que o CFO Sears ofereceu à funcionária do serviço de compras da Força Aérea, Darleen Druyun, um emprego na Boeing, enquanto ela ainda representava a Força Aérea dos EUA na negociação de um contrato de US$ 17 bilhões para substituir cargueiros por Boeings 767s. Druyun aceitou o emprego, mas assim que os fatos foram descobertos, tanto ela quanto Sears foram demitidos. Além disso, o Pentágono colocou o contrato dos cargueiros em espera.

Boeing: política interna

> *O esfaqueamento pelas costas estava difundido nos mais altos níveis.*

Observando o comportamento do CFO Michael Sears antes da sua demissão, temos uma visão adicional da cultura da Boeing. Como foi escrito por Stanley Holmes na *BusinessWeek*, em meados de 2003, Sears começou uma luta com o então CEO Condit.[16] Ele aparentemente obteve controle de todas as responsabilidades de relações públicas, o que é muito estranho para um CFO, passando a ser encarregado da relação da Boeing com os grupos de mídia e finanças. Também assumiu o controle do centro de liderança interno da Boeing que ficava em St. Louis e excluiu todos os outros alto executivos das reuniões que ocorriam por lá. A maior parte dos analistas viu esse movimento como uma tentativa da sua parte de tentar chamar atenção para si mesmo dos funcionários da Boeing. Um dos membros do *board* da empresa fez a seguinte citação: "Estava claro para todos que Sears estava tão ansioso para ser o sucessor de Phil a ponto de ser repulsivo." Um dos concorrentes de Sears para a posição de CEO era Jim Albaugh. Como notado por Stanley Holmes: "Enquanto Sears foi responsável por relações públicas, houve vazamento de informação para a imprensa sugerindo que Albaugh havia sonegado acusação sobre um encargo de cerca de US$ 1,2 bilhões." Albaugh culpou Sears por toda a publicidade negativa que ele teve devido a esse aparente vazamento.[17] Como notado por Holmes: "O esfaqueamento pelas costas estava difundido nos mais altos níveis." Holmes também cita um ex-executivo sênior da Boeing que estava envolvido na situação e disse: "Era completamente destrutivo."

Em dezembro de 2003, o CEO Phil Condit saiu sob o peso de todos os problemas. Resumindo a saída de Condit, Jerry Useem, da *Fortune* salientou: "Condit não recriou a Boeing durante seus sete anos de posse tanto quanto a desconstruiu. Ele deixou para trás uma empresa que perdeu seu próprio caminho ou, mais diretamente ao ponto, sua fibra."[18] Para substituir Condit, o *board of directors* procurou o antigo COO, Harry Stonecipher, que já estava aposentado há 18 meses. Vimos um pouco do comportamento de Stonecipher anteriormente, mas ele foi bem resumido por Julie Cresswell, da revista *Fortune,* quando lembrou: "Ele é renomado pelos seus ataques verbais ardentes e uma vez jogou uma latinha de soda vazia em seu colega de trabalho em um momento de raiva." Stonecipher, comentando sobre seus trejeitos, disse: "Eu não tenho orgulho do meu estilo, mas tem sido eficiente e eu estou provavelmente velho demais para aprender novos truques."[19]

Boeing: um incorreto começo

Uma vez que Stonecipher aceitou o trabalho como CEO, ele lançou um grande projeto que colocava **alta prioridade na ética** dentro da Boeing.[20] Uma organização de administração interna foi formada e ela reportava diretamente a Stonecipher. Foi desenvolvida uma declaração de ética e todo funcionário tinha de assinar uma cópia. Na revista interna da Boeing de junho de 2004, Stonecipher disse: "Demitir pessoas que não têm integridade é bom negócio". Ele parecia totalmente comprometido com a limpeza dos muitos assuntos culturais que tinham causado tantos problemas para a empresa.

No início de 2005, a Boeing teve seu retiro anual de executivos em Palm Springs, referido com freqüência como "A Experiência de Palm Springs". A *BusinessWeek* reportou o seguinte quanto ao evento: "O CEO Stonecipher começou um relacionamento com a executiva da Boeing Debra Peabody".[21] Dois meses mais tarde, o *board of directors* da Boeing anunciou que Stonecipher estava sendo desligado da companhia porque muitos dos *e-mails* trocados entre ele e Debra Peabody tinham sido tornados públicos, constrangendo muito a empresa. O *board* não teve alternativa, senão pedir para Stonecipher sair por motivos éticos.[22]

Ao analisar a história da Boeing em um período de 20 anos, vemos uma das mais admiradas empresas dos EUA caminhando para o caos, que se instalou em 2003, 2004 e início de 2005. É muito claro que o problema da empresa era a sua cultura, com foco interno intenso, e o fato de não ter consciência de que estava concorrendo em um mercado de empreendimentos livres. O CEO Frank Schrontz tinha alertado a empresa, na metade da década de 1990, de que suas décadas de experiência em um setor regulamentado eram um treinamento muito fraco para a competição em um ambiente de livre mercado, e ele estava certo.

Há um tipo de final feliz para essa história. Em 2005, a Boeing começou a desenvolver um excelente projeto relativo ao desenho de um novo avião chamado 787 *Dreamliner*, programado para estar disponível em 2008.[23]

Especificamente, em meados de 2006, a empresa tinha 386 pedidos em mãos para um projeto de US$ 7 bilhões, que incorporava fatores únicos como uma fuselagem de plástico/carbono.[24] Além disso, contratou um novo CEO, depois de um longo período de procura, Jim McNerney, que tinha sido CEO da 3M e, anteriormente, responsável pela divisão de jatos da GE, onde foi um sério candidato para a substituição de Jack Welch, quando este se aposentou.[25] McNerney está trabalhando duro para mudar essa cultura, fazendo com que o foco fique no cliente, e para sair da incrível mentalidade estreita e das brigas internas existentes na empresa.

A história da Boeing nos mostra como uma organização que atingiu o sucesso pode ficar focada nos processos internos, confortável e apática, e como esse comportamento pode ser destrutivo. É evidente o quão a cultura pode ser crucial para aumentar o excitamento, a energia e a inovação que os funcionários podem gerar.

PARTE VIII

ARMADILHA 8
TIMIDEZ: NÃO ENFRENTAR CONFLITOS, RIVALIDADES E OPOSITORES

As organizações comumente tendem a se fragmentar em feudos. Os executivos da empresa caem na armadilha e ignoram as típicas brigas internas pelo poder. Alguns gerentes de setores permanecem indiferentes e lutam contra qualquer tentativa de iniciar mudanças significativas que possam descontinuar seu conforto básico. Eles simplesmente executam as práticas herdadas e acreditam ser bons no que fazem.

Combater as lutas internas e os funcionários não-cooperativos demanda uma liderança forte, com gerentes de área focados em um plano específico para o progresso da organização. Os líderes precisam ter um forte compromisso com esse plano e devem estar dispostos a reorganizar o seu grupo para alcançar o desenvolvimento. Eles não podem ser tímidos nem ficar com receios. Em vez disto, precisam ter a coragem de mudar as pessoas que não estão dispostas a se alinhar aos propósitos da empresa.

Os líderes precisam estar dispostos e ansiosos para tomar decisões difíceis para manter as coisas na direção certa. É responsabilidade da liderança deixar claro para todos os envolvidos qual é o plano e porque é de benefício coletivo persegui-lo.

As brigas internas e as lutas pelo poder podem ocorrer em níveis diferentes. Elas podem envolver pessoas dentro de um grupo ou departamento ou grupos diferentes e, em último caso, toda a organização com suas várias divisões, trabalhando para manter o poder.

Vejamos agora, com mais detalhes, essa terrível armadilha corporativa e como devemos agir para resolver esses problemas.

24
DESMEMBRE OS FEUDOS E LANCE SEU PLANO

Em primeiro lugar, vamos discutir os feudos. Não é necessário muito esforço para descobrir se há grupos em conflito e feudos impenetráveis que não estão cooperando. Basta apenas fazer algumas entrevistas nos níveis mais baixos da organização. É melhor falar com os funcionários que têm bom desempenho, porque eles deverão estar frustrados e, portanto, mais dispostos a contar o que realmente está acontecendo. Os funcionários com desempenho na média ou abaixo dela tendem a ficar bastante confortáveis em feudos e, na verdade, defenderão agressivamente as práticas correntes.

Uma vez obtida a informação de onde os feudos estão, a parte mais difícil é fazer algo a respeito, o que demanda nervos de aço e muita habilidade de liderança. Entretanto, a situação tem de ser enfrentada. Há duas ferramentas necessárias para o desmembramento dos feudos:

1. **Coloque funcionários capacitados e imparciais em posições-chave dentro dos feudos.** Isso não irá apenas levar a uma nova direção, mas também sinalizar que "a festa acabou".

> **2. Desmonte os feudos com reorganização.** Isso força as pessoas a voltarem ao ponto de partida e entenderem que haverá mudanças.

Muitas vezes é possível ver organizações lutando contra o problema dos feudos. Vejamos uma grande corporação global que teve esse tipo de problema. É o caso clássico da empresa que cai na armadilha das lutas pelo poder e das brigas internas, e esta passou por um período muito difícil lidando com isso.

SONY

Nas décadas de 1980 e 1990, a Sony era, sem dúvida, a rainha do setor de produtos eletrônicos. Seus televisores *Triniton* eram obras de arte absolutas, além de algumas incríveis inovações no seu *Walkman* e no seu *videogame* Sony *PlayStation*. Mas, a partir do início do ano de 2000, ela passou a ter problemas. Ao fim do ano fiscal de 2005, a Sony teve uma margem de lucro líquido de 1,7%, o que a imprensa caracterizou como "um número muito baixo".[1] Além disso, esse era um número muito aquém da previsão feita pela sua diretoria, na qual a empresa atingiria 10% de margem ao final do ano de 2007.[2] Após um período de quatro anos, que terminou no início de 2006, o preço de suas ações tinha caído mais de 50%.

Durante esse período, surgiram concorrentes significativos, como a Samsung, da Coréia do Sul, que desbancou a Sony no mercado de televisores de tela plana. Ser ultrapassada por uma empresa coreana foi muito embaraçoso para a Sony. Mas o maior dano provavelmente foi a Apple que lhe causou, quando lançou seu bem-sucedido aparelho reprodutor de música digital *iPod*, fazendo com que o *Walkman* parecesse uma antigüidade da década de 1980. As câmeras digitais da Sony também passaram a sofrer o ataque da Canon e da Nikon assim que a fotografia digital tornou-se um mercado ativo e guiado pela inovação. Enquanto o *PlayStation* retinha sua posição de liderança, a Microsoft introduziu o *Xbox*, que rapidamente se tornou o *videogame* número dois, com a clara intenção de tirar a posição de liderança da Sony.

Sony: o problema

Como Phred Dvorak discutiu no *The Wall Street Journal*, o principal problema da Sony era o fato de que muitos dos novos produtos que estavam emergindo, e lhe causando embaraços, demandavam uma variedade de habilidades, como *hardware*, *software*, conteúdo e serviços.[3] Essas capacidades estavam distribuídas dentro da Sony em divisões muito bem guardadas, e fazer com que essas áreas trabalhassem juntas era muito difícil.

Conseqüentemente, produtos como o *iPod*, que demandam um notável desenho de *hardware*, um *software* inteligente e ótimos serviços de *download* de músicas, deixavam a Sony sem ação alguma. O mesmo se pode dizer com relação ao gravador de vídeo digital TiVo. Ele tinha as mesmas características necessárias para que fosse um sucesso, não apenas *hardware* ou *software*. Colocando de outra maneira, a organização da época simplesmente não se dava bem no que era necessário para desenvolver alternativas atraentes para o cliente.

Sony: reagindo ao iPod

O projeto Connect, da Sony, demonstra vivamente o problema que estamos discutindo aqui. Assim que o seu *Walkman* foi enterrado pela Apple, com o *iPod* e a loja de músicas virtuais *iTunes*, a Sony apressou-se no desenvolvimento de uma resposta. Esse projeto, chamado Connect, foi liderado por Howard Stringer, que era o chefe de operações da Sony nos EUA, na época. Seu lançamento deu-se no início de 2003 – uma resposta um tanto lenta diante do lançamento do *iPod*, pela Apple, em novembro de 2001.

Quase imediatamente, Stringer enfrentou um problema imenso porque as várias divisões que precisavam fazer parte do projeto estavam ocupadas desenvolvendo suas próprias atividades, tornando muito difícil para ele levar esse empreendimento ao sucesso, já que tinha de passar por tantos setores.

Um exemplo disso é que o setor de desenvolvimento de programas da Sony, sediado em Tóquio, tinha de desenvolver programas para organizar as músicas baixadas.[4] Infelizmente, o programa que foi desenvolvido não trabalhou bem com as novas versões do *Walkman* realizadas pelo time japonês de áudio portátil. Pior ainda, ficou claro que este time não estava muito a par dos hábitos dos adolescentes e usuários da Internet, responsáveis pela compra de música *on-line* nos EUA.

Stringer tentou de todos os modos convencer a direção da Sony, em Tóquio, a ajudá-lo na resolução desses problemas, mas só conseguiu obter a atenção deles quando o produto falhou no mercado. A causa disso era que as reais forças da empresa, no que diz respeito a *hardware, software* e serviços, residiam em divisões separadas que estavam em guerra dentro da Sony. Da sua base, nos EUA, Stringer era simplesmente incapaz de colocar as divisões japonesas juntas, dado que não havia uma liderança forte no nível superior que afirmasse de maneira clara o objetivo e reorganizasse a equipe para alcançá-lo.[5]

Sony: feudos incrustados

O nível de disputa e a falta de unidade que o projeto Connect enfrentava eram alarmantes. Uma vez que ficou claro que esse projeto tinha vários problemas por causa do *software jukebox,* que era a principal interface no seu serviço, a divisão responsável no Japão foi interpelada e recebeu a ordem de resolver o problema rapidamente. Como reportado pelo *The Wall Street Journal,* "Um porta-voz da Sony em Tóquio disse que a divisão não teve tempo de fazer as mudanças, dado os prazos curtos do Connect", para obter algumas melhoras significativas.[6]

Ao mesmo tempo, os profissionais de *marketing* da Sony nos EUA estavam pressionando por um *Walkman* que tivesse um disco rígido para gravação de músicas em vez de confiar em um *MiniDisc* de alta capacidade. Embora esses discos removíveis fizessem sucesso no Japão, eles não iam muito bem nos EUA. Foi apenas após uma pressão extrema que a divisão de *Walkman,* liderada por Takashi Fukushima, finalmente ponderou e concordou em desenvolver um aparelho com disco rígido, mas somente após uma declaração pública, como citado no capítulo 2, "Por que isso ocorre?", de que tais discos rígidos "não são interessantes porque qualquer um consegue fabricá-los".[7] Fukushima foi também a pessoa que se envolveu até o pescoço no que diz respeito à capacitação do *Walkman* para tocar arquivos *MP3*. Ele preferiu a tecnologia da Sony, chamada Atrac, que era usada em conjunto com o *MiniDisc*.[8]

A falta de unidade, liderança e reorganização corretas também estavam evidentes na forma pela qual a Sony errou com seus esforços no campo de música *on-line*. No início de 1998, ela considerava o lançamento de seus serviços de música digital. Infelizmente, houve enormes discussões

> *Esses problemas no gerenciamento de divisões forçadamente independentes e a falta da perspectiva do consumidor estavam começando a ser percebidos pelos altos níveis da empresa. O executivo da Sony, Rob Wiesenthal, comentou, "Eu tenho 35 aparelhos da Sony em casa. Eu tenho 35 carregadores de bateria. É tudo o que você precisa saber".*

dentro da empresa. A divisão japonesa do setor de desenvolvimento de programas da Sony e a unidade de *Walkman* tinham suas próprias idéias a respeito de como tudo deveria ser feito, enquanto a unidade de música da Sony nos EUA temia enormemente todas essas atividades porque estava preocupada com a questão da pirataria. O *chairman* e CEO da Sony, Nobuyuki Idei, decidiu apenas suspender o assunto e ver se um acordo poderia ser desenvolvido. Infelizmente, isso abriu as comportas para que os concorrentes entrassem no que viria a ser uma das partes com crescimento mais rápido no setor de consumo dos eletrônicos. Mais uma vez a gerência da Sony demonstrava liderança bastante fraca e falta de disposição em se organizar em volta de uma tarefa e completá-la rapidamente.

Em 2005, a Sony lançou o *PlayStation Portátil* (PSP), um pequeno console de jogos que não era apenas um *videogame*, mas também poderia ser usado para músicas e fotos. Sem qualquer real interação com o pessoal do setor de música da própria empresa, o PSP foi lançado com conectores de memória compatíveis apenas com o formato *Memory Stick Duo*, exclusivo da Sony. Como notado pela imprensa, a maior parte das pessoas viu isso como "uma tentativa sutil de fazer os clientes comprarem caros cartões de memória da Sony".[9] Isso demonstra ainda mais a falta de comunicação entre as várias divisões da Sony e como eles haviam ignorado o aprendizado de outras áreas da sua empresa. Esses problemas no gerenciamento de divisões forçadamente independentes e a falta da perspectiva do consumidor estavam começando a ser percebidos pelos altos níveis da empresa. Um exemplo disso é o executivo Rob Wiesenthal, que comentou: "Eu tenho

35 aparelhos da Sony em casa. Eu tenho 35 carregadores de bateria. É tudo o que você precisa saber."[10]

Sony: ação tomada

Após todos esses problemas, o *board* finalmente agiu. Em meados de 2005, Howard Stringer foi escolhido para substituir Idei como CEO. Brian Bremner, da *BusinessWeek*, resumiu a situação que o novo CEO enfrentaria: "Stringer tem que convencer internos céticos e investidores externos de que esses feudos em guerra podem ser freados de uma vez por todas e forçados a fazer parte de uma empresa coerente."[11] Por outro lado, como reportado recentemente no *The Wall Street Journal*, Stringer parece compreender o que ele precisa fazer. Como ele afirmou: "Todas as grandes empresas querem manter o *status quo* muito depois de o *quo* ter perdido o *status*."[12] Ele teve um bom começo. No início de 2006, foi comunicado que Stringer já tinha eliminado 5.700 cargos, fechado nove fábricas e vendido US$ 705 milhões em ativos, incluindo 1.220 salões de beleza e uma cadeia de 18 restaurantes.[13]

> *Não importa se você está gerenciando um grupo de cinco ou seis pessoas no mais baixo escalão da organização ou se você é o gestor geral. As pessoas sob seu comando precisam saber qual é o plano. Onde você está tentando ir?*

Também é encorajador ver que em outubro de 2006 a Sony finalmente apresentou um *Walkman* moderno, com um disco rígido, que deve estar apto para concorrer com o *iPod*. Mas não se deve esquecer que o *iPod* tem cerca de 75% do mercado e é bem-aceito por dezenas de milhões de usuários depois de estar disponível há quase cinco anos.

A Sony representa um exemplo clássico de uma organização que caiu na armadilha de feudos e lutas internas. Está muito claro que Howard Stringer precisa acabar com os feudos e se organizar em volta das oportunidades enquanto lança seus planos para o sucesso futuro.

Vamos discutir agora a importância de se ter um plano claro para o progresso. Não importa se você está gerenciando um grupo de cinco ou seis pessoas no mais baixo escalão da organização ou se você é o gestor geral. As pessoas sob seu comando precisam saber qual é o plano. Aonde você está tentando ir? O que você está tentando alcançar? Como isso difere de onde você está hoje? Esses são os tipos de pergunta que as pessoas farão constantemente se estiverem em uma situação na qual está faltando um plano para o progresso. Aqui estão algumas recomendações que são muito importantes nessa área:

> 1. **Todo o seu pessoal deve estar apto a fornecer uma resposta unificada e clara para a pergunta "Para onde estamos caminhando e por quê?".** As pessoas têm fome de saber para onde estão caminhando e como podem ajudar. Se o futuro é incerto, debates internos terão início, e se ninguém lidar com eles, podem se tornar um motivo maior para a desordem organizacional.
>
> 2. **Quando se defrontar com um futuro incerto e os problemas organizacionais resultantes, analise tudo de maneira cuidadosa, mas priorize a velocidade.** Quanto mais tempo as pessoas são deixadas no escuro quanto ao que está acontecendo, mais tempo elas gastam debatendo e, o mais importante, você tem uma grande chance de perder o seu pessoal realmente bom.
>
> 3. **Uma vez que você lança o plano, ouça com cuidado o que o grupo e os clientes estão dizendo, ajuste seu plano e então ouça novamente.** Pessoas que estão próximas às situações têm idéias muito boas. Um bom gerente tirará grande vantagem disso e trabalhará para entender o que as pessoas estão esperando e quais são suas sugestões para modificações enquanto executam o plano.

No período entre 2000 e 2005, tivemos o exemplo de uma grande empresa que caiu na armadilha de facções em conflito que não concordavam quanto a um plano, pois tinham pontos de vista diferentes. Vamos examiná-lo.

MORGAN STANLEY

Em 1999, o Morgan Stanley tinha grandes problemas no que se refere ao que fazer do futuro por causa da consolidação do setor bancário que estava acontecendo de um modo muito rápido.[14] O presidente John Mack queria que o Morgan Stanley se fundisse com o Chase Manhattan. Phil Purcell, o CEO, sabia que uma fusão deveria ser considerada, mas preferia a J. P. Morgan & Co. Os dois resolveram suas diferenças não fazendo nada. Ironicamente, apenas um ano mais tarde, o Chase comprou a J. P. Morgan. Essa frustração, junto com outras, levou John Mack a sair da empresa.

Os negócios continuaram por mais alguns anos com quase nenhuma direção clara para o Morgan Stanley. No final de 2003, o *board of directors* finalmente chegou ao ponto em que exigiu um plano que geraria uma força muito positiva para a empresa.[15] O *board* pediu que o plano fosse apresentado em julho de 2004.

Morgan Stanley: a necessidade de um plano

O CEO Phil Purcell delegou a uma pequena equipe a responsabilidade dessa tarefa, mas assim que ela começou o trabalho, foi anunciado que a JPMorgan Chase havia comprado o Bank One. Isso fez com que o desconforto no Morgan Stanley aumentasse, porque ficou claro que tinha perdido outra ótima oportunidade.

A equipe responsável pelo direcionamento do Morgan Stanley teve a idéia da fusão com o Wachovia, que era um banco regional que estava apenas iniciando suas operações. Como Emily Thornton, da *BusinessWeek*, notou: "Os nova-iorquinos ainda estão aprendendo a pronunciar esse nome."[16]

Por seis meses houve debates internos sobre o Wachovia e se uma fusão deveria ser realizada.[17] Na época da reunião do *board* em julho de 2004, quando os diretores esperavam que um plano fosse apresentado, Phil Purcell e o comitê interno por ele formado não tinham desenvolvido nenhuma idéia boa e sensata para o futuro. Logo, a recomendação de Purcell era simplesmente assumir os negócios existentes e melhorar seu desempenho. O *board of directors* evitou confrontos com Purcell e aceitou sua recomendação. Isso gerou todos os tipos de comentários, uma vez que o consenso geral era de que o Morgan Stanley estava passando por dificuldades.

Morgan Stanley: caos interno

Na pior notícia de todas, um grupo de oito executivos do Morgan Stanley reuniu-se e mandou ao *board* uma carta na qual pedia a demissão de Phil

Purcell.[18] Esse grupo ainda fez propaganda pedindo um plano e insistindo na demissão de Purcell. Obviamente, o grupo sentiu que o *board* e a gerência estavam deixando o Morgan Stanley cair. Ele acreditava que o banco merecia um plano agressivo para progredir e que tal plano não estava sendo gerado.

Acredite ou não, a história ficou ainda pior. Purcell pensou que a chefe dos investimentos bancários no Morgan Stanley, Vikram Pandit, estava por trás da carta. Purcell então reorganizou a empresa, mas deixou Pandit e outras figuras importantes no banco sem uma posição. Isso levou à saída de algumas pessoas muito talentosas. Àquela altura, a história toda era uma novela discutida diariamente pelas principais publicações de Wall Street. Como você pode imaginar, esse castelo de cartas caiu, e em junho de 2005 Phil Purcell anunciou que iria se aposentar.[19]

Havia uma ótima citação de Purcell a respeito de tudo isso. Como relatado pela *Fortune*, um antigo executivo do Morgan Stanley disse ter ouvido ele reclamar: "No Dean Witter, eu dizia para as pessoas virarem à esquerda e elas viravam à esquerda. No Morgan Stanley, eles olhavam para mim e me perguntavam por quê."[20] É uma afirmação que diz muito e na qual o próprio Phil Purcell podia ver que os grupos queriam conhecer não apenas o plano, mas por que a companhia estava indo naquela direção. É um pedido razoável, mas Purcell o viu como desnecessário.

A revista *Newsweek* noticiou em junho de 2005 que Phil Purcell seguiu o conselho de um consultor sobre como ele poderia melhorar a sua imagem.[21] De acordo com um executivo sênior do Morgan Stanley, o consultor aparentemente disse: "Vá a público com o seu plano para melhorar as finanças da empresa." O consultor então explicou que esse plano não deveria ser apenas difundido internamente, mas divulgado na imprensa e discutido em canais de negócios da TV, para que todo mundo o conhecesse e, o mais importante, para que os funcionários soubessem para onde Purcell estava indo e por quê. Como notado pelo artigo da *Newsweek*, "Purcell jamais seguiu completamente o conselho".

Toda essa situação do Morgan Stanley foi resumida por Michael Holland, um executivo veterano de Wall Street que cuida da sua própria firma de investimentos, quando ele afirmou: "E o grande problema aqui é que não havia uma mensagem clara vinda de cima."[22]

Se você voltar às recomendações que discutimos, o que é necessário fica óbvio. As pessoas querem saber para onde estão indo e por que essa é a melhor coisa a se fazer. Quando isso não é conhecido, você precisa juntar o grupo, encontrar a melhor idéia, jogar coisas fora, ter total conhecimento da situação e, então, defender suas apostas e seguir em frente. Velocidade é importante em todo o processo porque você terá pessoas em volta imaginando para onde as coisas estão caminhando. Sem tal plano para o progresso, você terá, de forma quase garantida, brigas internas, lutas pelo poder e feudos, porque todos estão incertos quanto ao futuro.

> *"No Dean Witter, eu dizia para as pessoas virarem à esquerda e elas viravam à esquerda. No Morgan Stanley, eles olhavam para mim e me perguntavam por quê."*
> – Phil Purcell

25
REÚNA UMA EQUIPE NA QUAL VOCÊ CONFIE

Uma vez que se tem um plano para o progresso, é necessário saber que as pessoas na equipe acreditam nele e podem fazê-lo acontecer. Qualquer coisa a menos não deve ser tolerada. Isso pode significar que é preciso deixar algumas pessoas irem enquanto há a reorganização para maximizar as chances de sucesso. A manutenção de antigas práticas pode ser um impedimento para o alcance de mudanças significativas, e é aí que as pessoas perdem muito de uma perspectiva de carreira se continuam a se prender nisso.

Nas organizações, com freqüência, pensamos que certas pessoas têm habilidades e experiências profundas, e temos receio de movê-las. Isso, em geral, é um grande erro. Naturalmente, há exceções à regra, tais como especialistas que não estão envolvidos nas operações ou na liderança, mas possuem conhecimentos específicos ou de uma única perspectiva histórica. Mesmo nesses casos, fique atento. Na maioria dos ambientes de negócios, raramente vi uma situação na qual um funcionário inteligente, entusiástico, com muito bom senso e energia não pudesse entender o básico em qualquer área, em um período notavelmente curto de tempo. Mais importante, novos funcionários não têm o peso da história de como as coisas foram feitas no passado e nem a inclinação para defender os métodos antigos. Conseqüentemente, aparecem com algumas idéias novas.

O setor automobilístico mais uma vez nos fornece um exemplo significativo. Neste caso, veremos uma empresa de sucesso que teve grandes problemas devido à falta de agressividade e de energia de sua equipe de líderes.

PORSCHE

Nas décadas de 1950 e de 1960, a Porsche firmou-se como *a* marca de carros esportivos de luxo. A partir da década de 1970, entretanto, ela passou por um período muito difícil, e em meados da década de 1990, era uma empresa com grandes preocupações. Ela mantinha um sistema de produção antiquado que era muito ineficiente, e tinha passado por duas décadas de falhas para aumentar o apelo de sua linha de produtos.

Nas décadas de 1970 e de 1980, a Porsche esforçou-se para criar novos modelos que fossem menos caros, e esperava com isso ter um apelo mais amplo. Ela construiu um carro com motor central junto com a Volkswagen, chamado *914*. Também produziu um carro com motor frontal junto com a Audi, chamado *924*. Cada um desses modelos teve sucesso limitado e foi descontinuado. Em 1978, a Porsche lançou o *928*, que era um carro com motor frontal, com potência V-8, que supostamente substituiria o clássico modelo *911*, com motor traseiro, que havia sido produzido por 15 anos. O entusiasmo da Porsche foi cortado por esses veículos com motores central e frontal, pois esses modelos realmente não tiveram uma boa acolhida.[1]

Esses fracassos fizeram com que a Porsche se mantivesse tímida quanto à realização de movimentos adicionais, e no início da década de 1990 a empresa estava **à beira do colapso**. A venda de carros, por exemplo, que havia sido de 53 mil em 1986, caiu para menos de 12 mil em 1993.[2] Está claro que a Porsche não entendeu realmente do que era feito a sua empresa, ou seja, o que é ser *a* marca de carros esportivos de luxo. Ela estava bastante atrasada nas técnicas de produção e não havia uma liderança forte que unisse a organização a fim de resolver esses problemas.

> *Na maioria dos ambientes de negócios, raramente vi uma situação na qual um funcionário inteligente, entusiástico, com muito bom senso e energia não pudesse entender o básico em qualquer área, em um período curto de tempo.*

Porsche: uma nova equipe de liderança

Em 1993, o *board of directors* da Porsche entrou em ação e montou uma nova equipe executiva. Ela nomeou Wendelin Wiedeking como novo CEO, que tinha o gosto pelos negócios automotivos e, de fato, já havia trabalhado para a Porsche no início da década de 1980. Wiedeking recrutou muitas pessoas da BMW no desenvolvimento de sua nova equipe de apoio direto e as selecionou cuidadosamente, porque sabia que tipos de força seriam necessários para mudar aquela situação. Estava claro que a Porsche precisava de **novas idéias** e de um novo pessoal que olhasse para o problema, e foi isso que o *board* e Wiedeking conseguiram.

Uma das maiores qualidades de Wiedeking era sua habilidade de tomar decisões corretas, mas impopulares. Um exemplo disso é que, a uma certa altura, o governo alemão ofereceu um subsídio de US$ 98 milhões para ajudar na construção de uma nova fábrica da Porsche. Wiedeking recusou a oferta por temer que os contribuintes criticassem seu governo por usar seus fundos arrecadados arduamente para ajudar empreendimentos como o da Porsche.[3]

Como Alex Taylor descreveu em seu artigo na *Fortune*, Wiedeking era famoso por falar o que pensava e seguir seus instintos.[4] É dele a seguinte citação: "Aqueles que fazem concessões, perderão. Se nós fôssemos apenas uma pequena cópia da maior empresa, a continuação de nossa existência certamente seria injustificada." É claro que esse homem compreende a necessidade de novas abordagens e distinção nos produtos.

Porsche: resolvendo os problemas

No legado que Wiedeking herdou de como conduzir a organização, uma das coisas mais difíceis de se fazer era encerrar projetos que não tinham sido produtivos. Ele tomou a decisão de acabar tanto com o modelo *928*, de motor frontal, quanto com o mais barato *968*, para reduzir complexidade e custo. O único modelo restante era o clássico *911*, mas aquele representava a estirpe Porsche e Wiedeking acreditava que poderia construir a empresa em torno dele.

A próxima coisa que ele resolveu foram os processos de produção herdados, de baixo desempenho. Foram necessários três anos de esforços constantes para produzir uma melhora significativa, mas, em 1997, os trabalhadores da Porsche levaram apenas 45 horas para construir um *911*, comparado às 120 horas necessárias em 1991. O tempo necessário para o desenvolvimento de um novo modelo encolheu de sete anos para três e carros prontos saíam da fábrica após apenas três dias de trabalho, em comparação às seis semanas que levavam no passado.

Conseguir esses resultados de produção não foi fácil. Wiedeking começou a tarefa de atacar as práticas herdadas na Porsche fazendo muitas viagens ao Japão para estudar as técnicas de produção japonesas. Isso o levou a contratar um grupo de consultores de produção japoneses conhecidos como Shingijutsu. Alex Taylor, da *Fortune*, contou que as histórias do Shingijutsu tentando ajudar a Porsche tornaram-se lendas na empresa.[5] Um exemplo disso é que um consultor encontrou uma parte mal colada do estofamento de um *911* e gritou: "Tragam-me a pessoa responsável por isso!" Outro consultor, observando uma pilha de peças perto da linha de montagem, perguntou: "Onde está a fábrica de carros? Isto se parece com o estoque de um armazém." Também se tem notícia de que o próprio Wiedeking, agarrado à uma serra circular enquanto caminhava pelo corredor de peças, serrou uma estante de metal para encorajar o grupo a se mover mais rápido no sentido de atingir a prática de produção japonesa de inventário mínimo.

No realinhamento de seus processos de produção, a Porsche foi extremamente agressiva na terceirização, assim pôde minimizar a quantidade de capital gasto com manufatura. Ela fazia apenas um quinto das peças dos carros; o resto era produzido por outras empresas. A visão de Wiedeking nessa área era clara: "Eu odeio custos fixos."[6] No fim, o número de fornecedores foi cortado de 950 para 300 e os custos de produção foram reduzidos em 30%.

Porsche: criando excitação

Uma vez que os problemas de produção foram resolvidos, a gerência dirigiu sua atenção para a modernização da linha de produtos. Ela atualizou o *911* para torná-lo mais luxuoso e começou a fazer motores resfriados à base de água, em vez de à base de ar. Os puritanos levantaram suas sobrancelhas com a mudança, mas Wiedeking sabia que esse era um movimento certeiro do ponto de vista tecnológico. Além disso, eles criaram um conversível com motor central, o *Boxster*. Ele era uma versão menor e menos cara do 911, com uma aparência muito esportiva e um ótimo desempenho. Produzir o *Boxster* era certamente um movimento muito arriscado, dado a falta de sucesso da Porsche nas décadas de 1970 e de 1980, quando tentou ampliar sua linha de produtos. Assumindo um risco maior, a empresa decidiu usar um fornecedor finlandês e construir o *Boxster* na sua fábrica, fazendo o primeiro Porsche montado fora da Alemanha. **Isso é que é romper com uma prática herdada!**

O *Boxster* teve um enorme sucesso. Em 2003, ele era responsável por 40% das vendas da Porsche no mundo e 50% das vendas nos EUA, o maior mercado da empresa.

Depois disso, veio talvez a decisão mais difícil tomada pela Porsche: lançar um veículo utilitário esportivo (SUV). Como Alex Taylor colocou: "A idéia da Porsche de fazer um SUV só é menos chocante do que a de Lafite Rothschild produzindo vinho rosé ou a de Brioni aplicando sua costura italiana para fazer um par de calções. Essa é uma empresa que é conhecida por construir carros que andam mais rápido do que a maioria das pessoas pode dirigir – e que custam mais do que a maioria das pessoas pode pagar. Apesar de parecer irracional, a Porsche elevou sua fórmula à perfeição."[7]

Tal pensamento não desencorajou o CEO Wiedeking. A idéia era produzir SUVs que fossem carros esportivos de luxo. Como o chefe de *marketing* da Porsche, Hans Riedel, disse: "Isso será bom para todos aqueles pais que não querem sacrificar seus carros esportivos pela paternidade."[8]

A Porsche sabia que tinha que fazer com que seu SUV fosse inconfundível. Ela escolheu o nome *Cayenne* e sabia que estava muito atrasada no mercado de SUVs.

Há a seguinte citação de Hans Riedel, "Nós chegamos na última hora, mas não vamos fazer o 365º SUV. Estamos fazendo o esportivo dos utilitários esportivos, com um desempenho de estrada comparado ao dos nossos outros carros".[9]

Durante o planejamento do *Cayenne*, todos os tipos de pensamentos herdados foram jogados pela janela. Em primeiro lugar, a Porsche desenvolveu o carro em parceria com a Volkswagen, que venderia sua própria versão do Cayenne com uma carroceria e motor VW. Ela construiria as carrocerias em sua fábrica na Eslováquia e as mandaria para a nova da Porsche em Leipzig, na Alemanha, onde os motores, suspensões e interiores da Porsche seriam instalados.

> *O Carrera GT é um arrasa-corações para qualquer homem com sangue nas veias. Seu preço espantoso de mais de US$ 400 mil é um sinal claro de que esse é o melhor carro esportivo do mundo.*

A fábrica de Leipzig produzia mais carros por funcionário do que qualquer outra no mundo. Como 88% das peças entregues por fornecedores chegavam à fábrica em módulos pré-montados, a Porsche precisava de apenas 300 trabalhadores para montar 25 mil veículos anualmente.[10] Isso pode ser comparado aos 3.500 funcionários que produziam 32 mil *Boxsters* e *911*s na fábrica de Zuffenhausen, na Alemanha. Um analista estimou que a Porsche chegaria ao *break-even* (ponto de equilíbrio) quando a fábrica de Leipzig estivesse trabalhando a apenas 20% de suas capacidades, comparado a 70% ou mais que são necessários em uma fábrica automobilística típica.

Para ter certeza absoluta de que o *Cayenne* não destruiria a imagem da Porsche como sendo **a marca** de carros esportivos de luxo, a empresa criou um novo carro esportivo, o *Carrera GT*, que foi mostrado pela primeira vez no salão do automóvel de Paris, em setembro de 2001. O *Carrera GT* é essencialmente um carro de corrida construído para o uso nas ruas. Ele é feito de fibra de carbono leve e gera 550 cavalos de potência com um motor de 10 cilindros atrás da cabeça do motorista. Sua aceleração vai de zero a cem em 4 segundos. O *Carrera GT* é um arrasa-corações para qualquer homem com sangue nas veias. Seu preço espantoso de mais de US$ 400 mil é um sinal claro de que esse é o melhor carro esportivo do mundo. Suas avaliações dizem que ele é realmente **único em sua categoria**.

> *Voltando ao ano de 1993, vemos o claro exemplo da importância de conseguir novos talentos para olhar o problema e deixar essas pessoas construírem uma equipe unida para alcançar grandes resultados.*

Porsche: os resultados

No final de 2004, a Porsche estava absolutamente em marcha alta. O *911* ia bem como sempre, o *Boxter* era um sucesso, o que também acontecia com o *SUV Cayenne*. As recompensas financeiras eram enormes. A Porsche tinha a maior margem bruta do setor, 17%,[11] o que fez dela a empresa automotiva mais lucrativa do mundo!

Voltando ao ano de 1993, vemos o claro exemplo da importância de conseguir novos talentos para olhar o problema e deixar essas pessoas construírem uma equipe unida para alcançar grandes resultados. Liderada por Wiedeking, a Porsche acabou com o *status quo* em praticamente todos os aspectos do negócio. Assim como na Toyota, o contraste entre o que a Porsche havia feito em 1993 e o desempenho da GM nos últimos 30 anos é assustador. A Porsche colocou novos talentos no nível mais alto; lidou com o problema das práticas herdadas de produção; lançou novos e excitantes produtos com o *Boxster* e o *Cayenne*; e reforçou sua marca com o *Carrera GT*. Isso levou a um crescimento fenomenal e faz desse um caso de estudos dos benefícios da resolução dos problemas referentes a pessoas e práticas herdadas e de seguir em frente com uma nova equipe, dando-lhe a autoridade para fazer as coisas acontecerem.

26
CUIDADO COM A RESPONSABILIDADE INDEFINIDA E OS ISOLACIONISTAS

O sucesso geralmente leva as organizações a contratar mais pessoas do que deveriam e a criar muitos gerentes e grupos de funcionários. Isso, em regra, resulta em duplicação de funções e atribuição de responsabilidades vagas. Ou pior ainda, a organização complicada é freqüentemente sobrecarregada com excesso de controles e balanços que podem fazer com que tomadas de decisão sejam muito lentas e confusas, sem que haja alguém especificamente responsável. Aqui estão algumas formas de evitar essa situação dispendiosa.

1. **Prepare indivíduos responsáveis; não os transforme em coletores de comentários.** Muitas organizações operam com o que chamo de o modelo das **"camadas de sabedoria"**. Nessa situação, uma pessoa ou um grupo pequeno tem uma grande idéia e a primeira camada da gerência imediatamente precipita-se e aconselha a pessoa ou o grupo quanto ao que deveria ser mudado. Aqueles que tiveram a idéia também recebem conselhos dos vários grupos de *staff*. Eles

fazem as mudanças que todas essas pessoas sugerem; então, vão para outro nível de gestão de pessoal e recebem o mesmo tipo de tratamento. Enquanto ficaram indo para cima e para baixo em todas essas cadeias de comando e tentaram refletir sobre o ponto de vista de todos, despenderam muito tempo e, provavelmente, tiveram todos os elementos criativos e distintivos do plano retirados.

O que deveria acontecer quando atribuímos um projeto a uma pessoa ou a um grupo pequeno é simples: deixar claro para as pessoas responsáveis que o trabalho delas não é apenas refletir sobre os conselhos dos outros. Elas precisam fazer uma boa lição de casa para que seu esforço seja bem-sucedido. Se elas não entenderem isso, a avaliação do seu desempenho e o progresso de sua carreira refletirão isso.

2. Não permita que acordos sejam feitos em níveis inferiores. Coloque uma pessoa experiente como responsável. Em organizações com camadas excessivas, vemos situações em que dois ou três grupos de um nível bem inferior se juntarão e pessoas relativamente inexperientes tomarão decisões importantes com uma ampla falta de perspectiva. Isso pode levar a muitas frustrações por parte do grupo, ou, pior ainda, também pode levar a tomar algumas decisões desfavoráveis. O melhor plano é equipar esse time com pessoal experiente e com as capacidades de que ele vai precisar e aguardar os acontecimentos. Embora o gerenciamento deva ser feito constantemente, você não vai querer gerar uma série de constrangimentos para o grupo, como, por exemplo, selecionar as questões básicas e atacar seus detalhes.

Vejamos o caso de uma importante empresa global que teve problemas nessa área.

UNILEVER

Em 2004, muitas pessoas acreditavam que a Unilever tinha um sério problema por conta de uma situação muito incomum, ter dois CEOs. Os co-presidentes da empresa, que trabalhavam juntos como CEOs, eram Antony Burgmans e Patrick Cescau. Esses dois CEOs ainda viviam em diferentes locais: um em Rotterdam e o outro em Londres. O senso comum na comunidade financeira era não somente o de que a Unilever tinha muitos CEOs, mas que também de que tinha muitas pessoas e muitos gerentes.[1]

Unilever: o exemplo Dove

Um exemplo de situação em que gestores extras e responsabilidades vagas realmente prejudicaram a Unilever envolve a marca *Dove*. Embora *Dove* tenha sido uma das marcas mais bem-sucedidas da Unilever, muitas pessoas acreditam que a empresa realmente não tenha aproveitado todo o seu potencial. Por exemplo, embora o cuidado com a pele e o cuidado com o rosto sejam mercados enormes na China e o posicionamento do *Dove* tenha sido especificamente concebido para o sucesso nesse ambiente, a Unilever não atuou bem lá. A razão básica é que a Unilever realmente não delegou a um grupo a responsabilidade de dirigir o sucesso da marca. Essas questões chegaram até a cadeia de comando, foram debatidas pelos grupos de Rotterdam e Londres e chegou-se a um consenso.

> *Esse é um exemplo perfeito de não delegar responsabilidade para um grupo de produto específico, como, por exemplo, criar grupos Dove, Pond´s e Lux separados, e cobrar deles que cada um seja o melhor.*

No caso do *Dove*, a Unilever decidiu não divulgá-lo fortemente na China por conta do risco que um forte *marketing* do *Dove* acabaria com as vendas das marcas *Pond´s* e *Lux* da Unilever[2]. Esse é um exemplo perfeito de não delegar responsabilidades para grupos, como, por exemplo, criar grupos *Dove*, *Pond´s* e *Lux* separados e cobrar deles que cada um seja o melhor. Claramente, o que deveria acontecer é que *Dove*, *Pond´s* e *Lux* completassem um ao outro na China e cada um alcançasse seu valor máximo de impacto.

Richard Tomlinson, da revista *Fortune*, descreveu o episódio da seguinte maneira: "A lição aqui é que o problema de execução da Unilever decorre de uma deficiência da empresa, orientação estratégica do topo.

> *É comum encontrar um lento processo de decisão como esse quando as pessoas não se sentem responsáveis pelo seu negócio. Se elas se sentirem responsáveis, estarão envolvidas a tal ponto que não vão querer que esse tipo de problema aconteça.*

Muitas vezes, a habilidade de as empresas responderem ao desenvolvimento do mercado se perde nos cinco anos de planos, revisão do crescimento de metas e programas de ação que recheiam as pastas dos executivos seniores que se embaralham todos os dias entre Londres e Rotterdam[3]." Sylvian Massot da Morgan Stanley resume dessa forma: "Esse é um problema de complexidade. Há muita gerência, por essa razão, eles não sabem por onde começar a pôr em ordem o negócio."[4] Quando você tem excesso de complexidade e gerência, muitas pessoas precisam ser envolvidas nas decisões e isso cria uma falta de responsabilidade.

Unilever: O exemplo Slim-Fast

Um exemplo claro da falta de responsabilidade e do movimento lento que dela resulta, envolve a marca *Slim-Fast* da Unilever. Ela era uma onda de sucesso até 2003, quando os norte-americanos ficaram enlouquecidos com o *Atkins diet*. Eles exigiram de todos seus vendedores ofertas do produto de baixas calorias e a *Slim Fast* simplesmente não o entregava. Em 2003, a receita da *Slim Fast* diminuiu um terço. James Amoroso do *Banque Pictet*, em Genebra, assim resumiu o ocorrido: "Eles não eram rápidos o suficiente para reagir ao modismo."[5] Um lento processo de decisão como esse é o que você costuma encontrar quando as pessoas não se sentem responsáveis pelo seu negócio. Se elas se sentirem responsáveis, estarão envolvidas a tal ponto que não vão querer que esse tipo de problema aconteça. Por outro lado, se elas simplesmente levarem propostas a uma complicada cadeia de comando e essas propostas forem discutidas e debatidas pelos múltiplos níveis de gerência, todo o senso de urgência desaparece rapidamente.

Muitos acionistas acreditam que as duas lideranças da Unilever, estrutura binacional, é a raiz dos problemas. Um investidor britânico diz, "Se você tem duas pessoas responsáveis por tudo, ninguém é responsável por nada." Esses investidores e acionistas estavam muito preocupados porque a Unilever continuava a desapontá-los.

Especificamente, no início de 2005, *The Wall Street Journal* alertou o mercado para o fato de que a empresa não atingiria sua previsão de lucros do primeiro trimestre de 2005. Além disso, esse foi o sétimo alerta negativo nos nove trimestres anteriores. No início de 2006, as ações caíram e ficaram 20% abaixo dos níveis de 1998.

É inacreditável como organizações tão grandes e bem-sucedidas podem se tornar tão burocráticas, levando à responsabilidade vaga e ao movimento lento. Elas chegam ao ponto, como ocorreu com a Unilever, em que dificilmente podem corrigir as coisas por si mesmas. No caso da Unilever, essa tem sido uma grande questão durante anos.

É encorajador ver que no início de 2006, a Unilever acabou com sua estrutura de 75 anos que mantinha dois presidentes, um em Londres e outro em Rotterdam. A empresa anunciou que Patrick Cescau, ex-co-presidente, seria *chief executive officer* e Antony Burgmans, ex-co-presidente, se tornaria presidente de ambas as operações.[6] A comunidade investidora parece estar encorajada por isso, desde o final de 2006, o preço das ações estavam de volta aos níveis de 1998, embora a longo prazo os investidores recebam pouco dessa alteração.

AS VULNERABILIDADES DA TECNOLOGIA DA INFORMAÇÃO (TI)

Uma área em que a falta de definição clara das responsabilidades pode realmente causar prejuízos é a área de TI. Em muitas organizações, o grupo de TI opera a central de instalações de computação, gerencia a rede de telecomunicações e tem grupos de pessoas que servem as várias unidades de negócios. Freqüentemente essas unidades de negócios repelem os recursos de TI e os levam como se estivessem gastando muito dinheiro com TI. Contudo, o mais importante, essas unidades de negócios estão construindo todo tipo de sistemas, os quais não trabalham junto com demais sistemas que a corporação utiliza e outros sistemas que outras unidades de negócios constroem e utilizam. Isso pode tornar extremamente difícil puxar relatórios que resumam as atividades das unidades de negócios selecionadas ou de toda a corporação.

O risco de trabalho do CIO

Freqüentemente o CIO (chief information officer) está no cerne desse congestionamento. Se essa pessoa permite que todo tipo de duplicação ocorra nas diferentes unidades de negócios e aprova o *budget* (orçamento) dessas unidades de negócios para continuar a crescer, escoando mais programadores e mais sistemas, um grande naufrágio certamente acontecerá.

O que precisa ocorrer em uma organização é o CIO realmente se responsabilizar pela organização inteira, tendo serviços de TI de primeira categoria. Ele deve impor como as coisas serão em nível organizacional e depois deve permitir que as unidades de negócios façam certas coisas que são exclusivas de uma determinada unidade de negócios. No entanto, ele também deve exigir que as unidades de negócios participem do sistema organizacional em áreas comuns, tais como sistemas de informações financeiras, jurídicos e recursos humanos.

Veja porque muitos CIOs são demitidos. Eles dizem à alta administração que serão eficazes na área de TI e ainda permitem que as unidades de negócios façam o que querem. Cedo ou tarde, todos estarão desapontados. A alta administração não gostará do custo e não gostará do fato de não poder resumir os negócios em todas as unidades de negócios. As unidades de negócios irão querer mais e mais autonomia e mais e mais independência do CIO, constantemente deixarão essa organização de lado para ganhar gradativamente mais controle sobre as capacidades de TI. Já vi acontecer várias vezes e isso significa que é preciso ser um CIO muito forte, apoiado pela alta gerência, que define as regras no que diz respeito à arquitetura de TI da empresa, como os sistemas serão construídos, quais sistemas serão de nível organizacional e o que pode ser delegado para as unidades de negócios para satisfazer suas necessidades locais.

As mesmas questões se aplicam aos líderes de recursos humanos (RH), finanças, jurídico, fabricação, e de outras unidades de gestão. Você não quer que essas funções se fragmentem. Para uma área como RH, você tem de dar ao líder a responsabilidade de fazer as coisas certas no nível organizacional e depois avaliá-lo adequadamente. Se as responsabilidades dele são vagas e ele permite que cada uma das divisões tomem suas próprias decisões, cedo ou tarde o RH será fragmentado. Cada uma das unidades de negócios desenvolverá seu próprio grupo de RH, aumentará o número de funcionários e criará suas próprias práticas de RH, exclusivas para aquela unidade de negócios, causando problemas quando você precisar endereçar questões de algumas pessoas em uma base de nível organizacional.

Responsabilidades claramente definidas podem realmente simplificar uma organização e é uma necessidade absoluta se você for capaz de combater constantemente as práticas herdadas. Herdeiros e práticas herdadas florescem em um mundo onde o consenso é necessário para realizar algo e os acordos são comuns.

Agora vamos discutir sobre isolacionistas. O sucesso geralmente leva as pessoas a acreditarem que são realmente boas levando-as freqüentemente ao desejo de serem independentes. Nesse caso, muitas vezes acaba-se com um comportamento egocêntrico e a fragmentação da organização em indivíduos e grupos que se dedicam aos seus próprios interesses, constantemente dando tapinhas nas próprias costas. Eles tendem a se isolar dos desafios da mais ampla organização e a se tornarem muito protetores.

Essas características podem surgir em qualquer nível dentro da organização. Aqui estão duas orientações que você deve praticar regularmente:

> *Veja porque muitos CIOs são demitidos. Eles dizem para a alta administração que serão eficazes na área de TI e ainda permitem que as unidades de negócios façam o que querem. Cedo ou tarde, todos estarão desapontados.*

1. **Exija que seu pessoal se aprofunde e saiba do assunto em detalhes.**
   Você pode ensinar ao seu pessoal que tipo de comportamento você quer, sendo um bom modelo. É um excelente indício quando você, como gestor de um grupo, se mistura com o seu pessoal perfeitamente. Você deve fazer as perguntas mais simples para estar realmente a par das questões-chave e dos pontos fortes e fracos do grupo. Isso também envia uma mensagem ao seu pessoal de que objetividade é fundamental e superficialidade não é aceitável. Esse tipo de comportamento requer uma razoável quantia de humildade de sua parte, porque regularmente você precisa levantar

a mão e dizer: "Eu não entendo, você pode me explicar?" Muitas pessoas que adquiriram algum grau de sucesso mostram-se relutantes em fazer isso, porque acreditam que é prejudicial para sua reputação por serem da elite. Esse tipo de comportamento isolacionista incentiva o seu pessoal a também ser isolacionista.

2. **Deixe claro que você quer ouvir as más notícias imediatamente e que o mensageiro não será punido.** Quando o medo existe em uma organização, a verdade terá dificuldades para emergir. Depende do gestor do grupo garantir que os funcionários saibam que estão todos juntos, que todos são humanos e que os erros são grandes oportunidades de aprendizado.

Embora esse tipo de problema possa ocorrer em qualquer nível de uma organização, também pode acontecer nos níveis mais altos. Vamos dar uma olhada no exemplo a seguir.

HEWLETT-PACKARD (HP)

O conselho de administração da HP nomeou Carly Fiorina como sua nova CEO em 1999. Ela tinha um enorme desafio em torno da problemática franquia da HP. Seis anos mais tarde, em fevereiro de 2005, o conselho a destituiu de suas funções e isso havia sido uma atitude verdadeiramente radical. No final do mandato de Carly Fiorina, Louis Lavelle, da *BusinessWeek*, resumiu os esforços dela: "Ela era um prodígio de vendas, conhecida pelo alto nível dos eventos de *marketing* que promovia e por ter uma predileção por contar com políticos, celebridades e CEOs em seus eventos. O problema é que muitos dos que conviveram com ela tinham a impressão de que ela estava mais interessada em abrilhantar a própria imagem do que em empreender mudanças na empresa."[7]

HP: a comparação com a IBM

No início de 2005, quando Carly foi destituída de suas funções, a *BusinessWeek* publicou um artigo que fez uma comparação direta entre o comportamento de Carly na HP e o comportamento de Lou Gerstner durante a sua posse na IBM.[8] Ele evidenciava que ambos tinham um perfil de alto padrão, executivos bem-sucedidos antes de assumirem suas novas respectivas responsabilidades, e ambos eram especialistas em *marketing* fora da indústria de computadores. Aqui está o que a *BusinessWeek* falou sobre Lou: "Ele ganhou o respeito e a fidelidade dos pesquisadores da IBM indo aos laboratórios da empresa antes de assumir o escritório, reconhecendo e celebrando o núcleo de cultura tecnológica da IBM." Lou também ganhou créditos por um programa de orientação massiva por todo o negócio nos primeiros meses de sua posse, e apresentou um relatório por *e-mail* para todos os funcionários sobre as suas conclusões, deixando claro que ele estava arregaçando suas mangas, entrando em detalhes, e que ele queria a cooperação de todos. Em contrapartida, a *BusinessWeek* relatou: "Carly Fiorina nunca foi capaz de conquistar a fidelidade dos funcionários da HP, que em sua maioria se ressentiram e resistiram a ela até o dia em que foi expulsa pelo conselho de administração."

Logo após Gerstner assumir a posição de CEO da IBM, ele depreciou publicamente a "visão do negócio", mas seguiu rapidamente com uma poderosa estratégia global para a IBM que foi extremamente simples de explicar para os funcionários.[9] Ele concluiu de seus esforços de orientação massiva com clientes e também com funcionários que a IBM precisava focar todas as suas excelentes capacidades técnicas na solução dos problemas dos clientes, habilitando-os a executar melhor seus trabalhos. Aplicando enorme esforço na organização de serviços da IBM, que focou em clientes específicos, e foi acusado de aproveitar todas as capacidades da IBM para melhorar os negócios dos clientes, através da utilização das tecnologias de informação.

Em contrapartida, o mesmo artigo da *BusinessWeek* resumiu o trabalho de Carly da seguinte forma: "A estratégia de Fiorina de fusão com a falida fábrica de computadores, Compaq, falhou ao criar uma estratégia orientada para a HP. Ela tentou servir a muitos clientes em muitos mercados: eletroeletrônicos, PCs comodatados, empresas altamente valorizadas e, claro, impressoras."[10]

Resumidamente, Lou se aprofundou, colocou seus funcionários para pensar no futuro, surgiu com uma estratégia para ajudar os clientes e passou a trabalhar. Carly nunca gerou uma imagem clara do futuro que

> *Resumidamente, Lou aprofundou-se, colocou seus funcionários para pensar no futuro, surgiu com uma estratégia para ajudar os clientes e passou a trabalhar. Carly nunca gerou uma imagem clara do futuro que empolgasse seus funcionários e fizesse com que eles a seguissem.*

empolgasse seus funcionários e fizesse com que eles a seguissem. Quando um gestor não está à frente do time com um plano que tenha sido ativamente avaliado com ele, forma-se rapidamente um abismo entre o time e o gestor, fazendo com que o time se distancie e ocorra um risco de aversão e o gestor fique mais e mais isolado.

HP: a fama de Carly

Logo após Carly Fiorina ter sido nomeada CEO da HP, a revista *Fortune* publicou seu primeiro *ranking* das 50 executivas mais poderosas da América e Carly estava no topo da lista. A *Fortune* assim a descreveu em 2005: "A sua reputação floresceu, autografando para celebridades do *rock*. Ela se tornou uma das poucas pessoas de negócios identificada pelo seu primeiro nome: ela era apenas Carly. Totalmente elegante, fez inúmeros discursos; tornou-se a única mulher que nunca teve um dia ruim com o cabelo e foi objeto de intermináveis rumores de que poderia ir para a política."[11] Ficou claro para todos o quanto Carly apreciava o aspecto de perfil de alto padrão de seu trabalho, mas a empresa continuou a sofrer.

HP: rotatividade de funcionários e problemas da empresa

Em 2005, a HP estava sofrendo de uma "evasão de cérebros" bastante significativa. Conforme relatado na *Fortune*, das 11 pessoas que se reportavam diretamente a Carly em outubro de 2003, seis se foram em 2005.[12] Adicionalmente, 20 executivos da HP altamente bem-colocados também se afastaram, alguns deles indo para os concorrentes diretos, Dell e EMC.

Tudo isso veio à tona no final do terceiro trimestre fiscal da HP, em julho de 2004. A HP não atingiu suas metas de lucro, e não tinha sido a primeira vez. Coincidentemente com o anúncio dos maus resultados, a empresa perdeu três dos executivos-chave com Carly explicando que eles foram responsáveis pela perda.[13] Isso disparou todo tipo de novas histórias que discutiam como Carly se isentou da culpa pelas más notícias e culpou seus funcionários. Não há nada pior para causar o isolamento do gestor do que ele culpar seus funcionários publicamente quando a má notícia surge. Com tudo isso, quem perdeu foram os acionistas da HP. No momento da partida de Carly, as ações custavam cerca de US$ 20 cada, resultado 13% abaixo de seu preço antes da tão festejada e controversa fusão da Compaq e da HP. Embaraçosamente, no mesmo período, o principal concorrente da HP em impressoras, Lexmark, estava com 60% e a Dell liderava com 90%.[14] Nesse momento, os diretores decidiram que estava na hora de Carly e a HP se separarem.

> *Não há nada pior para ocasionar o isolamento do gestor do que ele culpar seus funcionários publicamente quando a má notícia surge.*

No final de 2006, Carly lançou um livro chamado *Tough Choices (Escolhas Difíceis)*, no qual ela resume sua carreira. Em sua crítica do livro, George Anders, do jornal *The Wall Street Journal*, realmente capta o aspecto isolacionista, escrevendo: "Existem poucas evidências de que ela fez amigos ou mesmo de que encontrou aliados confiáveis durante seus cinco anos como chefe da HP. Ela tornou-se uma líder sem seguidores, frustrada com vários de seus subordinados, a maioria do seu conselho e toda a mídia."[15]

É interessante notar que no final de 2006, o conselho da HP descobriu alguns exemplos de comportamento isolacionista dentro de seu próprio grupo. Houve acusações de que certos membros do conselho estavam deixando vazar informações para a imprensa e que alguns deles ou os executivos da empresa iniciavam investigações privadas. Isso tudo levou a uma novela pública na imprensa, centrada em possíveis violações de privacidade na obtenção dos registros telefônicos de cada administrador. As conseqüências imediatas foram demissão de alguns membros do conselho, ações judiciais, audiências no congresso e ações no tribunal.

As lições das nossas discussões sobre a Sony, a Morgan Stanley, a Porsche, a Unilever e a HP são bastante robustas. Como líder de um grupo, seja ele grande ou pequeno, você precisa trabalhar ativamente com seus funcionários, para traçar um plano de progresso, obter o direito de organização local, dar responsabilidades claras para seus funcionários, mantê-los responsáveis e garantir que tanto você como eles estejam se aprofundando e aprendendo os detalhes do negócio. Se feudos ou isolacionistas forem descobertos ao longo do caminho, lide com eles.

PARTE IX

ARMADILHA 9
CONFUSÃO: CONDUZIR A COMUNICAÇÃO DE MANEIRA ESQUIZOFRÊNICA

Muitos líderes de organizações bem-sucedidas caem na armadilha da comunicação esquizofrênica. Descrevem uma direção num dia, mas no dia seguinte já mudaram de opinião a respeito dela; ou dizem algo a que suas ações não correspondem. Isso ocorre porque eles não pensaram de maneira adequada sobre a situação. Por que deveriam? Eles são bem-sucedidos. O comportamento típico é não tomar conhecimento de quaisquer problemas sérios ou oportunidades maiores, mas, em vez disso, felicitar-se e apontar os destaques do seu próprio trabalho.

Quando os problemas começam a aparecer, os líderes de organizações anteriormente bem-sucedidas são, com freqüência, lentos para iniciar um diálogo sobre questões importantes. Eles usam de casualidade e têm reações informais quando há necessidade de tratar dos problemas de maneira direta. A falha de um líder em não reconhecer dificuldades e a falta de clareza de direção fica imediatamente óbvia para os grupos, e debates sobre os assuntos e sobre o que deve ser feito começam a ocorrer desde os cargos mais baixos. Além disso, feudos internos prosperam nesse ambiente, pois a **confusão** tira o foco do fato de que esses grupos estão fazendo o que querem.

O pior é que esses problemas de comunicação acontecem em todos os níveis da organização. O problema pode ser um gerente de primeiro nível (supervisor) que coordena uma equipe e confunde constantemente seus seis subordinados diretos sobre a forma de fazer as suas tarefas. A razão é que ele não internalizou a necessidade de mudar algo. Pode ser um vice-presidente de divisão que não tem uma mensagem clara para os funcionários de sua organização, embora os problemas estejam aumentando, um concorrente esteja prosperando ou uma oportunidade esteja sendo mal gerenciada.

Então, a pergunta é: o que um gerente deve fazer para evitar esses tipos de problemas? Tenho duas abordagens para discutir nesta parte que serão valiosas orientações para desviar da armadilha das comunicações esquizofrênicas.

27
PARA ONDE VAMOS E COMO ESTAMOS CAMINHANDO?

As pessoas sabem quando as coisas não estão fluindo bem em uma organização. Na falta de um líder que comunique claramente para onde vai e como a organização está caminhando, os funcionários protegem muito suas áreas e práticas e a anarquia toma conta da empresa. Em primeiro lugar, vamos discutir o assunto "para onde vamos?". Aqui estão três pontos que um líder deve colocar em prática para se certificar de que há um bom plano para o aperfeiçoamento e de que os funcionários o conhecem.

1. Não importa se você é um gerente do alto escalão ou o CEO, descubra o que está acontecendo e por quê. Muitas pessoas, quando desempenham uma função gerencial, acham que seu trabalho é gerenciar pessoas. Na verdade, seu trabalho é ser o líder incansável do grupo, ou seja, não ser apenas seu responsável, mas também conduzi-lo à constante melhora de sua contribuição para o bem da organização como um todo. Ao dizer líder incansável refiro-me à pessoa que confronta os assuntos difíceis e lidera o diálogo e o debate quanto ao que deve ser feito.

> **2. Desenvolva um plano para lidar com problemas e oportunidades.** Ação é muito importante. Também é sábio agir com base em 80% de informação e fazer correções de percurso na medida em que há progresso e mais aprendizagem. Sem plano ou estratégia para verificar o futuro, a organização perde um tremendo tempo discutindo o que deve ser feito, o que causa problemas relativos à moral e à produtividade e solidifica ainda mais as práticas herdadas, visto que as pessoas têm receio de mudanças.
>
> **3. Diga a todos de maneira freqüente e direta, e não por comunicados boca a boca, qual é a crise e o plano para lidar com o problema.** A comunicação freqüente com os funcionários é de vital importância. Pensar que seu relato pode ser reproduzido de um nível hierárquico para o outro não é realista. Os gestores de cada divisão irão colocá-lo à sua própria maneira a fim de proteger seu próprio mundo. Eles tentarão suavizar cada má notícia associada à mensagem com o intuito de amenizar qualquer mudança relativa à sua parte da organização.

Há um ótimo exemplo, do início da década de 1990, referente a essa necessidade de comunicar claramente a crise e a estratégia. Seguem os detalhes.

Conforme visto nos Capítulos 4 e 5, a gigante global IBM estava em estado crítico no final do ano de 1992. Ela estava a caminho do completo desastre financeiro. O CEO havia projetado um plano para dividir a empresa em diferentes componentes e desmembrá-los como negócios distintos. O plano foi amplamente debatido, mas nada jamais aconteceu. Àquela altura, o conselho interferiu e, após uma longa busca, nomeou Lou Gerstner como novo CEO.

No Capítulo 5, descrevi como Gerstner trabalhou rapidamente para desenvolver um novo modelo de negócios. Ele visitou todas as divisões da IBM para descobrir o que estava acontecendo e por que e, então, desenvolveu o plano. Discutirei aqui o ótimo trabalho que ele realizou ao eliminar comunicações esquizofrênicas e ao focar a nova estratégia.

IBM: comunicando a crise

Ao coletar diversas informações quanto aos problemas básicos na IBM e, como vimos no Capítulo 5, desenvolver uma nova estratégia para resolver os problemas dos clientes relacionados aos negócios de TI, Gerstner lançou um grande projeto de comunicação com os funcionários a fim de descrever quais eram os problemas e qual o rumo que a empresa tomaria. Conforme descrito por ele em seu livro: "É trabalho do CEO definir e comunicar a crise, sua magnitude, sua severidade e seu impacto. E tão importante quanto isso, o CEO deve comunicar como acabar com a crise – a nova estratégia, o novo modelo de empresa, a nova cultura."[1]

Foi nesse momento que Lou Gerstner descobriu o poder do e-mail, pela primeira vez em sua vida. Como ele disse: "Também descobri o poder do sistema de mensagens interno da IBM, então comecei a mandar aos funcionários os textos *Dear Colleague* ("Caros Colegas", em tradução livre). Eles foram uma parte muito importante do meu sistema de gerenciamento na IBM." Seis dias após assumir o cargo, Gerstner mandou uma mensagem para todos os funcionários que mostrava seu respeito por eles, mas também deixando claro que seu trabalho era ajudar a empresa a ter sucesso novamente e que ele estava confiante de que se trabalhassem juntos poderiam fazer isso. Essa atitude serviu para desenvolver a confiança na empresa. E o retorno encorajador que Gerstner recebeu de centenas de funcionários da IBM o deixou muito satisfeito.

IBM: comunicando a estratégia

Depois de coletar informações durante os primeiros meses, Gerstner mandou um *e-mail* para todos os funcionários com a indicação de que o foco mais importante da empresa seria a resolução dos problemas dos clientes relacionados à TI e que uma organização de serviços seria criada na IBM para ajudar os clientes a usar TI de forma adequada, a fim de tocar seus negócios adiante. Ele enfatizou que os produtos da IBM eram muito importantes e que esperava inovações contínuas relativas a eles, mas que o principal esforço seria fazer tudo aquilo valer a pena, satisfazendo o cliente e resolvendo seus problemas de TI. Gerstner mandou diversos *e-mails* com esse assunto e incluiu um apêndice de 50 páginas no final de seu livro com os *e-mails* que ele usou para se certificar de que, a cada ponto, a organização soubesse o que ele estava pensando e o que estava tentando alcançar na IBM.[2]

O que Gerstner fez deve ser feito por cada gerente, independentemente de seu nível. Ele compreendeu o que de fato estava acontecendo. Conversou com muitas pessoas quanto ao que deveria ser feito, enfatizando, de maneira particular, a compreensão do cliente. Em seguida, esboçou um plano e o conferiu com diversos funcionários e clientes. Assim, ele comunicou a todos, de maneira clara, qual era a nova direção e por que ela fazia sentido.

> *O que Gerstner fez deve ser feito por todo gerente, independentemente de seu nível. Gerstner compreendeu o que de fato estava acontecendo.*

Agora vamos falar da necessidade de comunicar regularmente "como estamos caminhando". Quando se está tentando operar uma mudança ou executar uma estratégia, é preciso manter os participantes atualizados quanto ao que está indo bem e quanto ao que não está. A razão para isso é simples: as pessoas não gostam de lidar com mudanças. Se relatos sobre a situação são enviados uma ou duas vezes, mas depois os funcionários não obtêm mais informações, eles concluirão que tudo está bem e que o negócio está caminhando como sempre. Seguem aqui alguns pontos que quero enfatizar nessa área em particular:

1. **Informe regularmente como tudo está caminhando.** Procure uma forma de comunicação contínua que você utilizará com regularidade. Use-a para reforçar, de maneira constante, a mudança para a qual está trabalhando e reporte os resultados obtidos até o momento. Em alguns casos, isso pode acontecer por meio de uma reunião; em outros, por meio de um informativo semanal; às vezes, são e-mails freqüentes com os indicadores importantes que demonstram o quão perto você está de alcançar seu objetivo. Ter

> um veículo de informação regular dá aos funcionários a impressão de que há um placar que eles vêem constantemente e que podem esperar ser avisados com freqüência sobre como as coisas estão caminhando.
>
> 2. **Explique as mudanças de percurso que forem feitas no plano, bem como o que as ocasionou.** Quando realizar uma modificação, uma comunicação adicional será necessária para assegurar que as pessoas entendam que o plano sofreu alterações. Nessas horas, é muito importante ter certeza de que os funcionários entendam por que a mudança está sendo feita e o que você espera dela.

Aqui está um ótimo exemplo de um líder que comunicou claramente o plano e reportou os resultados com regularidade, enquanto também coletava informações importantes dos funcionários de todos os níveis e do mercado e ajustava o projeto de acordo com elas. Esse tipo de comunicação bilateral contínua é muito efetivo.

WAL-MART

Nos primeiros anos do Wal-Mart, Sam Walton esboçou um processo que era usado toda semana para coletar continuamente informações a respeito da empresa e das lojas da concorrência. Esse processo foi delineado para que se descobrisse o que estava funcionando e o que não estava, como uma base para modificar os planos de acordo com ela. Acima de tudo, destacaria Sam, os clientes e os funcionários das lojas sabem melhor o que é necessário para manter o Wal-Mart na liderança. Todo o processo de comunicação tinha como foco identificar as oportunidades perdidas e resgatá-las dentro de dias. A repetição desse processo semana após semana deixou claro que o desempenho nas lojas era o que reinava absoluto no Wal-Mart.

Wal-Mart: o processo

Vejamos esse ciclo semanal. Em 1992, a *Fortune* publicou um artigo no qual um dos autores, que havia passado uma semana com um vice-presidente regional do Wal-Mart, discutiu em detalhes o ciclo de comunicação da empresa.[3] O processo começa às segundas-feiras pela manhã, quando cada um dos vice-presidentes regionais do Wal-Mart sobe em um dos aviões da empresa para sobrevoar sua região. Do momento em que aterrissam até o final do dia na quarta-feira, os vice-presidentes se movimentam em suas regiões para visitar o máximo possível de lojas do Wal-Mart e dos concorrentes. Eles dizem continuamente aos associados do Wal-Mart, termo que a empresa usa para se referir a seus funcionários, que eles são importantes e que são eles que fazem as coisas acontecerem. A mensagem veio de Sam Walton, que a repetiu milhares de vezes durante sua carreira no Wal-Mart, e era reforçada pelos seus vice-presidentes regionais. A intenção é assegurar que esses funcionários entendam que sua gerência realmente quer saber quais as más notícias e ouvir onde existem as oportunidades significativas.

Em alguns casos, os vice-presidentes visitam uma nova loja para a inauguração oficial e, em outros, checam como os gerentes das novas lojas estão desenvolvendo suas posições em suas primeiras semanas de trabalho. Eles caminham nos corredores com os associados, que descrevem o que capacitaria seu departamento a ter melhor desempenho referente à atividade que desenvolve no momento. São tomadas notas e é dada ênfase particular a itens que estão em falta no estoque, o que, com freqüência, gera uma ligação imediata para o centro de distribuição e para os compradores da matriz em Bentonville, Arkansas. Os vice-presidentes também tomam conhecimento sobre os itens mais vendidos e podem, imediatamente, ligar para o centro de distribuição e para o comprador certo do Wal-Mart a fim de se certificar da disponibilidade desses itens em estoque, visto que estão sendo vendidos muito mais rápido do que o estimado.

Durante um período de três dias, cada vice-presidente regional visitará de 10 a 12 lojas do Wal-Mart e duas ou três lojas concorrentes. Como observado na *Fortune*, esses vice-presidentes regionais representam um "time itinerante de inspetores, informantes, descobridores de tendências e pesquisadores de mercado."[4] Além disso, inspiram bastante os funcionários, lembrando-lhes continuamente de sua importância e certificando-se de que todos os associados saibam que a gerência quer ser informada sobre qualquer problema.

Também é importante notar que as pessoas que atuam nas lojas e que dirigem vários departamentos tenham toda a informação financeira da

> *Assuntos importantes para o Wal-Mart incluem a garantia de entrega de uma grande quantidade de camisetas do Garth Brooks, visto que ele fará uma turnê na área de um vice-presidente regional.*

qual necessitam para dirigir seus departamentos como um pequeno negócio. Por exemplo, se você fosse o responsável pelo departamento de brinquedos de uma determinada loja, teria a seu alcance todas as informações referentes a suas vendas, suas margens de lucro, seu inventário e seus objetivos daquela semana.[5] O fabuloso sistema de informações que fornece todos esses dados detalhados aos departamentos em cada loja é uma ótima forma de comunicar de maneira clara os resultados que estão sendo alcançados.

Wal-Mart: juntando o aprendizado

Voltando à pauta da visita, na quinta-feira, os vários vice-presidentes regionais voltam para Bentonville e, assim que chegam, começam a coletar suas idéias acerca de assuntos que querem levantar nos próximos dois dias durante uma série de reuniões importantes com a direção da empresa. Assuntos importantes tratados pelo Wal-Mart incluem a garantia da entrega de grande quantidade de camisetas do Garth Brooks, visto que ele fará uma turnê na área de um vice-presidente regional. Um vice-presidente também pode fazer grande pressão quanto à questão de preço. Por exemplo, por que o Wal-Mart de South Sacramento está oferecendo um duto de água de 22 metros para jardim por US$ 12,99 quando o preço em uma outra loja é US$ 11,99?

Na manhã de sexta-feira, cada vice-presidente regional possui grande quantidade de informações para a reunião de operações que ocorre às 7h00. As atividades na parte da manhã são referentes a relatórios de vendas e *merchandising* de cada uma das regiões e, o mais importante, é feita uma revisão quanto a problemas e oportunidades de rendimento que estão sendo tratados inadequadamente. A reunião que acontece na parte da tarde foca produtos em particular, momento em que os vice-presidentes regionais aproveitam para tratar de assuntos como as camisetas do Garth Brooks ou os dutos de água para jardins. No final do dia, o comprador responsável pela divisão de vestuário receberá um alerta especial para encomendar milhares dessas camisetas e terá um prazo de alguns dias para disponibilizá-las nas lojas.

As reuniões têm uma natureza aleatória. À tarde, os participantes tratam de assuntos diversos, como vitaminas, fertilizantes e folhetos de propaganda, com a intenção de entender o que está ou não vendendo ou funcionando e como a empresa está fazendo para estocar os itens para um ganho máximo. A reunião termina no meio da tarde, e cada vice-presidente regional retorna a seu local e dita um memorando que é enviado por meio de mensagem de voz a todos os gerentes

> *Está claro para todo funcionário que seu trabalho é detectar rapidamente oportunidades perdidas e usar o sistema responsivo da empresa para resolver essa questão.*

regionais e de lojas localizadas na sua região, contando quais foram as decisões tomadas e o que acontecerá nos próximos dias.[6] Note que os acontecimentos relativos à reunião são comunicados instantaneamente às divisões. Em conseqüência, aqueles associados que sinalizaram necessidade de aprimoramento, têm o assunto resolvido em dois ou três dias após a visita do vice-presidente regional. Isso faz com que eles se sintam parte do sistema e previne a solidificação de práticas herdadas.

Wal-Mart: a insuperável ferramenta de comunicação

Aos sábados, a direção do Wal-Mart, todos os vice-presidentes regionais, os compradores e o pessoal de *marketing* da empresa se reúnem para a famosa "Reunião Matutina do Sábado". Todo o foco dessa atividade está na missão central de obter sucesso nas lojas. Eles também fazem revisões detalhadas sobre rendimento e lucro relativos à semana anterior, pontos que estão funcionando bem e o que precisa ser rapidamente resolvido. Essa reunião otimiza o aprendizado do dia anterior, quando os problemas foram revisados em detalhes baseados em informações atualizadas quanto ao que está ocorrendo nas divisões. Há, com freqüência, um palestrante motivacional ou um cliente que apresenta alguma idéia sábia ao grupo.

Logo após a "Reunião Matutina do Sábado", as mensagens importantes são transmitidas por TV, de Bentonville para todas as lojas por meio do sistema de satélite de seis canais da empresa, que também coleta informações para o computador central, executa aprovações de cartões de crédito em cinco segundos e trata de todos os dados logísticos do complexo sistema de distribuição da empresa.[7] Por meio do satélite, os gerentes do Wal-Mart podem falar simultaneamente com cada loja e quantas vezes for necessário, o que reduziu bastante o tempo de resposta de assuntos importantes. O Wal-Mart treina funcionários por meio do sistema via satélite e, o mais importante, divide informações de mercado sobre o que está funcionando e o que não está assim que algum vice-presidente regional, gerente regional ou gerente de loja informa a respeito.

O que está realmente acontecendo? Todo o sistema tem como objetivo informar os funcionários do Wal-Mart para onde e como estão caminhando. Ele reforça, de maneira contínua, que a expectativa é de que os funcionários encontrarão depressa qualquer problema e implementarão mudanças significativas para aprimorar seus negócios. É claro para cada funcionário que seu trabalho é detectar com rapidez oportunidades perdidas e, então, usar o sistema responsivo da empresa para resolvê-las. Esse sistema foi desenhado para evitar o crescimento de qualquer prática herdada que cause estagnação e para manter o Wal-Mart na liderança. Está claro que ele é uma das razões para o desempenho superior do Wal-Mart nas últimas décadas e é incrível como ele permite que a empresa continue a operar como uma pequena organização, embora tenha se tornado uma das maiores do mundo. Essa ferramenta dificulta o desenvolvimento de uma prática herdada e foi especialmente projetada para que a melhora contínua seja sempre obtida.

A IBM e o Wal-Mart são dois exemplos muito positivos de organizações que se comunicam muito bem com seus funcionários. Esclarecer o rumo que a organização está tomando, criar um sistema para informar regularmente como a empresa está caminhando e modificar sua direção caso seja necessário são pontos importantes para manter o sucesso.

28
CRIE EXPECTATIVAS CLARAS

Quando promove mudanças, o líder precisa descrever de maneira clara qual é a meta e como será avaliado o progresso. Eis três diretrizes que auxiliarão na comunicação de expectativas evidentes.

1. **Simplicidade.** É preciso dizer às equipes o que está sendo solicitado e por que. A mensagem deve ser sucinta, compreensível e sensata.

2. **Medidas padronizadas.** O ideal é que se consiga desenvolver uma exibição ou duas, demonstrando os dados ou gráficos utilizados para determinar se as metas foram atingidas ou não. Se relatórios não são utilizados para descrever o projeto, , haverá muita criatividade por parte da organização, que irá querer lhe convencer de que está obtendo resultados. Na falta de medidas claras e ferramentas de rastreamento padronizadas, o projeto é gerenciado como se fosse uma brincadeira.

3. **Inspeção contínua.** As pessoas precisam saber que a administração realmente se preocupa e que está utilizando medidas específicas para determinar se o sucesso está sendo obtido. Não há nada melhor para reforçar isso do que mergulhar fundo de maneira

> aleatória na organização e conversar com as pessoas que estão promovendo as mudanças. É importante que não lhes seja tirada a responsabilidade; na verdade, ela deve ser reforçada. Essas atitudes garantem que as coisas aconteçam de acordo com suas expectativas. A notícia de que o chefe leva a sério essa iniciativa e que vai fundo para ver como ela está indo, se espalha rapidamente entre os funcionários.

Temos um grande exemplo de uma empresa excelente que, influenciada por algumas práticas herdadas ruins, viu-se em má situação comercial. Neste momento, surge um líder que evidencia o que deve ser obtido. Vamos observar com detalhes.

GILLETTE

Em 1996, seria difícil encontrar uma empresa que estivesse um uma posição tão marcante quanto a Gillette. Era encarada como uma das melhores corporações inovadoras dos EUA. Durante os cinco anos anteriores, 40% de seu rendimento vinham de novos produtos. Durante o período de 1990 a 1996, os lucros cresciam a uma taxa anual de 17% e o retorno do patrimônio crescia quase 33%. A margem de lucro da empresa era de 12%, a segunda melhor no setor de bens consumíveis; somente a Coca-Cola estava à frente, com 17%.[1]

No período de 1986 a 1995, a Gillette ficou em décimo lugar entre todas as empresas em relação ao retorno a *shareholders*. Isso a colocou à frente de empresas excelentes como a Merck e a Disney.[2] Durante esse período de 10 anos, o valor a *shareholders* foi aumentado em US$ 13,8 bilhões. Há uma citação famosa de Warren Buffett, que possuía 10,8% do capital na época: "Vou para a cama feliz sabendo que os pêlos crescem nos rostos de bilhões de homens e nas pernas das mulheres do mundo inteiro enquanto durmo. É mais divertido do que contar carneirinhos."

Além de estar no setor de aparelhos de barbear e lâminas, a empresa também comercializava os aparelhos elétricos Braun; os cosméticos da Gillette, como os antitranspirantes *Right Guard* e *Soft & Dri*; artigos de papelaria, como as canetas *Parker, PaperMate* e *Waterman*; e cremes dentais Oral-B. Todos esses bens consumíveis estavam entre os líderes globais de seus setores e eram lucrativos e de rápido crescimento, com a boa tecnologia como base de seu sucesso.

Era bem claro em 1996 que o sucesso futuro contínuo da Gillette dependia de **inovação regular**.[3] Essa era uma força central tradicional da Gillette, e a empresa realmente se orgulhava por trazer avanços significativos a seus produtos. A administração da Gillette naquele tempo incentivava as pessoas a criarem produtos que desmantelava claramente os existentes produtos de sucesso. Um valor bastante importante dentro da empresa naquele tempo era a evidente prática de não punir as pessoas cujas inovações fossem rejeitadas pelo mercado. Ele era muito importante para desencadear a criatividade necessária e manter a Gillette seguindo em frente.

O tremendo sucesso da Gillette do começo ao meio da década de 1990 era primariamente gerado pelos aparelhos de barbear e lâminas *Sensor*. Esse produto foi apresentado em 1990, e uma versão aprimorada foi lançada em 1993. Em 1996, a Gillette possuía 68% do mercado norte-americano no setor de barbearia, 73% na Europa e 91% na América Latina. O *Sensor* e sua versão aprimorada, o *Sensor Excel*, geraram margens de lucro bastante altas e eram o ingrediente fundamental no sucesso da Gillette durante esse período.

Gillette: surgimento de problemas internos

Embora a Gillette fosse uma das principais empresas no setor de bens consumíveis em 1996, os negócios seriam enfraquecidos significantemente durante os próximos três anos. Nos primeiros nove meses de 1999, a renda líquida havia caído 7% e as vendas estavam estáveis. O preço das ações da empresa havia caído para US$ 35 por ação, uma queda de 45% em comparação aos nove meses anteriores. Problemas operacionais estavam virando uma preocupação na Gillette. Seus estoques estavam lotando conforme os vendedores conseguiam colocar os produtos nas lojas de varejo em uma tentativa de elevar números relativos à finanças. Para se ter uma idéia sobre a situação do estoque, no final de junho de 1999, a Gillette tinha US$ 1,3 bilhões de estoques de bens acabados, 43% a mais do que os níveis de estoque em 1996, mesmo que os rendimentos da empresa em

ARMADILHA 9: CONFUSÃO

> *A Gillette havia contratado demais e criado demais durante o início e meados da década de 1990. É como se toda a propaganda positiva de 1996 houvesse feito a empresa recuar e presumir que sempre faria sucesso no futuro.*

1999 fossem praticamente os mesmos que em 1996. Embora seus negócios com lâminas de barbear, pilhas e cremes dentais fossem aceitáveis, o resto dos negócios estava realmente prejudicado.[4]

Um pouco antes do término do trimestre de julho a setembro de 1999, a Gillettte anunciou que perderia mais uma vez suas metas de vendas trimestrais.[5] Esta era a quarta perda nos últimos cinco trimestres. No dia seguinte, o preço das ações caiu ainda outros 9%.

Ao tentar analisar o porquê dessa excelente empresa estar passando por grandes problemas, a crise asiática de 1999 era freqüentemente apontada. Embora ela tenha gerado um enfraquecimento global em setores como o de bens consumíveis, conforme um analista do Bear Stearns apontou na ocasião: "Há empresas com exposição maior aos mercados internacionais que fizeram suas estimativas, como a Colgate." Jeremy Kahn, da revista *Fortune*, descreveu a situação em um artigo publicado no final de 1999 afirmando: "O dano real que a Ásia infligiu na Gillette foi expor as fraquezas latentes da empresa; uma cultura castigada pela inércia, ineficácia, nostalgia; estoques e contas a receber mal administrados; estrutura corporativa extremamente complicada formada por anos de aquisições; e, ainda mais importante, divisões de três décadas com desempenho extremamente fraco."[6]

Presumindo que sempre faria sucesso, a Gillette havia contratado demais e criado demais durante o início e meados da década de 1990. É como se toda a propaganda positiva de 1996 houvesse feito a empresa recuar e presumir que sempre faria sucesso no futuro.

No final da década de 1990, a Gillette lançou uma iniciativa para reformular sua estrutura.[7] Em 1999, a empresa anunciou uma reorganização desenvolvida para preservar US$ 535 milhões, fechando 14 fábricas e 12 centros de distribuição pelo mundo, consolidando 30 escritórios e cortando 4.700 cargos, o equivalente a 11% da força de trabalho da Gillette. Parte dessa reorganização reconfigurou a organização de vendas para fornecer interações mais simples com seus clientes. No passado, para um cliente específico, cada divisão da Gillette possuía um vendedor atribuído. Nenhuma delas sabia algo sobre os negócios das outras divisões e, então, os consumidores tinham que lidar com várias perspectivas diferentes da empresa.

No final de 2000, a Gillette teve perdas maiores. O preço das ações estava no nível de US$ 28 por ação e havia agitação entre os investidores e conversas sobre incorporação. Havia uma enorme pressão na diretoria para que algo fosse feito, e os analistas alegavam que o *board* "estava dormindo". A Gillette precisava urgentemente revitalizar seus vários negócios.[8]

Os especialistas de Wall Street atribuíam vários problemas ao fato de que a maioria dos diretores da Gillette havia subido por meio de classificações na empresa. A maioria possuía experiência no setor de barbearia, mas estava tentando administrar setores que eram bem diferentes, como tratamento capilar, desodorantes, pilhas e canetas. No mercado de barbearia, em que a empresa havia feito enorme sucesso por décadas, os diretores eram inteiramente treinados sobre a importância de se ter habilidade em engenharia para desenvolver produtos verdadeiramente superiores que pudessem ser cobrados por um preço vantajoso.

Quando os diretores treinados no setor de barbearia eram transferidos a outras partes da Gillette, a fórmula utilizada neste setor não se aplicava, mas eles não percebiam tal fato. Tentavam aplicar as práticas herdadas de "grande engenharia" em categorias que exigiam, primariamente,

> *Ele então pediu que os chefes de divisões erguessem suas mãos caso achassem que os custos estavam altos demais em suas organizações. Ninguém ergueu a mão. Era um sinal claro de que todas as divisões estavam tranquilas, protegendo suas práticas herdadas e culpando os outros pelo problema central.*

marketing intenso, como produtos para tratamento capilar e papelaria. Como Don Stewart, da Cannondale Associates, afirmou no final de 2000: "Eles precisam de uma grande infusão em sangue fresco." A Gillette estava realmente presa em suas práticas herdadas.[9]

Gillette: o novo CEO explica os fatos

Em janeiro de 2001, Jim Kilts, ex-chefe da Nabisco, tornou-se o novo CEO da Gillette.[10] Ele teria um trabalho difícil a realizar. Como Jeremy Kahn, da revista *Fortune*, afirmou, o novo CEO teria de enfrentar: "A estranha estrutura de gerenciamento de vendas, a mentalidade estreita e as falhas gerais." O preço das ações no começo de 2001 estava em baixa há cinco anos e a Gillette vivia realmente uma situação problemática.

Duas semanas após assumir como CEO, Jim Kilts enviou uma carta aos *shareholders* como parte do relatório anual referente àquele ano. Ele apontou que os resultados da empresa "não satisfizeram as estimativas originais nos últimos catorze trimestres" e "embora Wall Street espere volatilidade no setor de alta tecnologia, eles não tratam decentemente o setor de bens de consumo. Na verdade, eles o punem severamente". Havia, enfim, uma comunicação franca provinda da direção da Gillette.

Kilts continuou a explicar que a organização precisava focar todas as suas marcas e garantir que as medidas certas estavam sendo tomadas para consolidar o valor de marca total em cada caso. Suas mensagens eram claras e concisas. Ele estava falando a toda comunidade de *shareholders* e a todos os funcionários.[11]

Kilts também afirmou publicamente que a Gillette estava perdendo participação de mercado, contabilizando mais de dois terços de suas vendas, incluindo produtos como pilhas, cremes dentais e lâminas descartáveis. Citou que as margens de lucro estavam caindo e que o preço do mercado de ações era constrangedor. Ele também admitiu abertamente que o moral dos funcionários estava baixo e que a rotatividade de funcionários era inaceitável.

Durante esse período, Kilts também recebia bastante conselho da imprensa. Rosabeth Moss Kanter, da Harvard Business School, sugeriu que Kilts teria que levar uma faca afiada a "uma organização relaxada, indisciplinada, que havia deixado a burocracia tomar o controle".[12] Wendy Nicholson, analista da Smith Barney, apontou que nem as vendas, nem as receitas haviam crescido em cinco anos, e que "a administração havia deixado a empresa desordenada".[13]

Não levou muito tempo para Jim Kilts começar a falar francamente sobre a abordagem que ele utilizaria para melhorar a situação na Gillette. Ele havia sido selecionado por já haver revertido situações complicadas e por possuir uma vasta experiência. Como Katrina Brooker, da *Fortune*, apontou no final de 2002: "Em vez de reunir a equipe e fazer grandes discursos sobre de que maneira a Gillette pode mudar o mundo, Kilts apresentou *slides* sobre como sua participação de mercado, margens brutas, despesas SG&A (vendas, gerais e administrativas) e lucros operacionais eram comparados aos dos concorrentes. Não é fascinante; é uma abordagem taciturna, antiquada, aos negócios. E funciona."[14]

> *Kilts elaborou um panfleto chamado "Saindo do Ciclo da Ruína" e certificou-se de que seus chefes de divisões compreendessem que eles fariam suas estimativas e que a Gillette realmente precisava recuperar sua credibilidade.*

Brooker também apontou que nos primeiros meses da iniciativa de Kilts na Gillette, ele teve uma reunião com todos os principais diretores da empresa. Na reunião, ele pediu que todos os chefes de divisões erguessem suas mãos caso achassem que os custos estavam altos demais em suas organizações. Ninguém ergueu a mão. Era um sinal claro de que todas as divisões estavam tranqüilas, protegendo suas práticas herdadas e culpando os outros pelo problema central.

Kilts descreveu o problema como um **"ciclo de ruína"**.[15] Ele explicava que os negócios haviam se colocado em circunstâncias problemáticas, com definição de metas irreais e a conseqüente tomada de decisões errada na tentativa de alcançar essas metas. Isso piorou ainda mais a situação.

Kilts também falou sobre a tendência da Gillette de encher de produtos os armazéns dos clientes no final do trimestre. Ele visitou pessoalmente um dos maiores clientes varejistas da empresa e ficou sabendo que o ele constantemente esperava o término do trimestre "pois sabia que a empresa sempre fará um acordo" para tentar chegar em seus números trimestrais.

Gillette: expectativas e comunicação claras

Todo esse aprendizado valoroso durante seus primeiros meses na Gillette possibilitou a Jim Kilts esclarecer a todos os funcionários que a situação mudaria drasticamente. As pessoas teriam que alcançar metas e, caso não conseguissem, isso teria sérias conseqüências. A Gillette necessitava de uma estrutura interna mais enxuta e ágil, bem como de uma retomada de suas **habilidades de inovação** para colocar seus produtos em posição excitante em relação a seus concorrentes. Todos sabiam que a responsabilidade individual pelas metas cumpridas era uma mudança de cultura que precisava acontecer.

Para garantir que a mensagem estava clara e que havia sido transmitida da maneira adequada, no começo de cada trimestre, era solicitado que os subordinados diretos de Kilts lhe fornecessem uma lista por escrito dos objetivos que eles esperavam alcançar.[16] A cada semana eles tinham de apresentar um documento breve descrevendo o progresso feito em relação a esses objetivos e, no final do trimestre, Kilts lhes dava uma nota de 1 a 100. Ele também comunicou que seus pagamentos e promoções dependeriam dessas notas. Deixou claro que qualquer nota abaixo de 80 seria inaceitável. Elaborou um panfleto chamado "Saindo do Ciclo da Ruína" e certificou-se de que os chefes de divisões compreendessem que eles fariam suas estimativas e que a Gillette realmente precisava recuperar sua credibilidade.

Kilts também resolveu os aspectos operacionais da empresa.[17] Ao longo dos anos, a Gillette havia se caracterizado por ser a mais rápida no setor no pagamento de contas e a mais lenta na cobrança de dívidas. Isso resultou em capital de giro com um porcentual de vendas no elevado nível de 36% no final da década de 1990. Essa estatística é basicamente um indicador de quão bem a empresa está administrando seus bens e passivos. Comparada aos 36% da Gillette, a P&G estava com cerca de 1% e a Colgate com 3%. As coisas eram igualmente caóticas em relação aos relatórios financeiros. Ninguém na empresa realmente sabia se ela estava tendo um bom trimestre ou não até o seu fim. Além disso, o número de diferentes extensões de produtos que a empresa havia criado e não administrado adequadamente teve um excessivo aumento. Havia 24 mil SKUs (unidades de estocagem), cada um representando uma variação diferente de um de seus produtos.

Kilts enfrentou esses problemas de relatório financeiro com prazer e, dentro de seis meses, tanto ele quanto sua equipe de diretoria passaram a receber um relatório diário que indicava a quantidade de lâminas, pilhas e creme dental que a Gillette havia vendido no dia anterior. Kilts também exigiu que cada chefe de divisão comparasse seus custos em relação ao principal concorrente do setor e colocasse sua divisão na liderança. Isso foi um exercício um tanto desagradável, já que a maioria das divisões da Gillette possuía uma estrutura de custos que era de 30% a 40% maior que a de seus concorrentes.

> *É bem simples. Sempre dê aos funcionários uma descrição do estado atual da situação, do resultado desejado e das expectativas quanto ao que deve ocorrer no futuro.*

Jim Kilts causou um verdadeiro impacto aos veteranos da Gillette. Como Katrina Brooker citou em seu artigo de 2002 da *Fortune*: "A empresa há tempos possui uma cultura gentil, paternalista, e, até a chegada de Kilts, todos os diretores estavam na empresa por décadas. O sistema de notas de Kilts – implementado por ele na empresa – fez com que alguns se sentissem tratados como alunos levados."[18] Por outro lado, a maioria das pessoas reconheceu que a empresa precisava do tipo de clareza e prestação de contas que Kilts estava exigindo.

Gillette: finalmente alguns resultados

No final de 2002, as coisas estavam começando a melhorar para Kilts.[19] O rendimento da Gillette havia crescido uma média de 5% a cada trimestre durante os últimos três trimestres. Seus lucros estavam 20% maiores e o capital de giro como percentual de vendas havia caído para 14%.

Embora isso ainda estivesse acima do padrão do setor, era um sinal claro de que a empresa estava começando a lidar adequadamente com seu balanço patrimonial. Seu fluxo de caixa livre para os últimos 12 meses havia aumentado para US$ 1,3 bilhões, comparados com US$ 815 milhões no ano anterior. Além disso, desde a chegada de Kilts, a Gillette havia pagado US$ 1,8 bilhões à vista em dívidas.

Tudo continuou fluindo bem para Kilts e para a Gillette nos três anos seguintes e, em fevereiro de 2005, foi anunciado que a P&G e a Gillette entraram em acordo: a P&G adquiriria a Gillette por US$ 55 por ação.

ARMADILHA 9: CONFUSÃO

Kilts havia servido bem os *shareholders* durante seu período como CEO e fez isso de maneira bastante clara quanto ao que se esperava das várias organizações dentro da empresa, avaliando esse ponto cuidadosamente e fazendo mudanças caso as metas não fossem alcançadas. Isso realmente tirou a empresa de seu "mundo herdado" confortável e a colocou de volta no caminho certo, o que eventualmente levou a uma boa recompensa aos *shareholders* com a aquisição da P&G.

Os funcionários ficam bastante confusos e um tanto nervosos quando o líder é obstinado em relação ao que o grupo deve alcançar. Isso desencadeia debates e atitudes defensivas conforme mensagens confusas se acumulam. Parece bastante simples sempre expor aos funcionários a descrição do resultado desejado, o estado atual da situação e as expectativas quanto ao que deve ocorrer no futuro imediato e a longo prazo. As histórias, nesta parte, de IBM, Wal-Mart e Gillette são lembretes valiosos de que desenvolver esses pontos corretamente é mais difícil do que você imagina, mas há grandes lucros na obtenção e na manutenção do sucesso.

PARTE X

A CHAVE PARA O SUCESSO CONTÍNUO: UMA QUESTÃO DE ATITUDE

A lição-chave que se deve tirar deste livro é que não importa qual é a historia da empresa, uma vez alcançado qualquer nível de sucesso, as três tendências humanas das quais falamos no capítulo 2 **"Por que isso ocorre?"** aparecem. O sucesso fomenta uma cultura de falta de urgência, satisfação, orgulho excessivo, atitude protecionista com relação à forma como as coisas foram feitas no passado. Ele também encoraja uma mentalidade de direito adquirido, assumindo que, uma vez que se agiu corretamente no passado, também se estará sempre correto no futuro.

A parte simples do negócio é que, assim que algum grau de sucesso é atingido, a notícia se espalha. Os concorrentes o observam, famintos e ansiosos. Eles fazem planos agressivos para ultrapassá-lo, o que significa que você está em uma corrida disputada, mas essas tendências humanas o fazem ignorar tudo isso, sentar-se e aproveitar o conforto da chegada.

Se você tirar outras lições deste livro, espero que sejam as duas seguintes recomendações:

1. **Quando você for um vencedor, seja tão dinâmico como quando você estava para trás.** Lembre-se do alto senso de urgência que havia quando a concorrência estava na sua frente e você tinha a brilhante idéia que acreditava poder te colocar na frente. Em qualquer organização, o mesmo nível de urgência precisa existir para sempre.

2. **Desenvolva uma cultura que questione constantemente todas as suas práticas, sempre.** Você precisa tornar-se um eterno estudante das áreas de sua responsabilidade e das áreas em sua volta e deve pro-

> curar constantemente por novas e melhores formas de fazer as coisas enquanto continua a executar a função de sua responsabilidade com excelência.

Temos um capítulo final que mostra com clareza os altos e baixos pelos quais uma organização pode passar. Essa é uma boa maneira de ter um aguçado foco da questão final: você nunca estará à salvo de das nove armadilhas, mas procurará não cair nelas...

29
APOIAR-SE EM SUA GLÓRIA NUNCA É UMA OPÇÃO!

A área de TI é cheia de lições valiosas para os negócios, principalmente porque a alta taxa de inovação no setor tecnológico passa por contínuas mudanças. Isso requer que as pessoas nessa área nunca sejam excessivamente confiantes e acreditem que entendem tudo. Nesse setor de passos rápidos, é quase garantido que novas tecnologias e novas idéias emergirão para desafiar qualquer sucesso de que se possa estar desfrutando. Com uma surpreendente velocidade, um concorrente agarrará uma idéia e correrá com ela, tudo em uma fração de segundo, no momento em que você está tomando tapinhas nas costas.

Pelo fato de as coisas acontecerem tão rapidamente, algumas empresas de TI que agem da maneira certa são estudos de caso muito úteis. Também podemos aprender com outras empresas que agem da maneira errada, porque é possível ver as ramificações do seu comportamento muito rapidamente no mercado.

Existe uma empresa cujos altos e baixos ao longo dos anos proporciona um excelente exemplo de uma organização que perdeu energia por conta da armadilha introduzida pelo sucesso, sobre a qual estamos discutindo, recuperou seu brilho, então o perdeu novamente e, incrivelmente, recuperou sua energia mais uma vez. Vamos dar uma olhada de perto.

APPLE

No início da década de 1980, a Apple estava realmente no topo do novo e empolgante setor de computador pessoal. Seu singular Apple II proporcionou um conjunto de capacidades completamente novo para as pessoas e tornou-se extremamente popular. Steve Jobs, um dos fundadores da Apple, foi coberto de generosos elogios.

Por volta de 1983, os negócios da Apple estavam enfraquecendo e Jobs tomou o passo mais incomum, contratando alguém de fora do setor de computadores para juntar-se à Apple para ajudar. Ele escolheu John Sculley, antigo presidente da Pepsi-Cola USA, a subsidiária de bebida da PepsiCo. Sculley teve um início lento e estava claro que Jobs e Sculley estavam tendo dificuldades para compreender quem deveria fazer o quê. Esse foi um caso clássico de duas pessoas tentando fazer um trabalho.

Apple: principais problemas

Por volta de 1985, as coisas estavam muito ruins. Em maio daquele ano, a Apple reorganizou e reduziu sua força de trabalho em 20% e experimentou seu primeiro trimestre de prejuízo; suas ações atingiram durante três anos uma baixa de US$ 14 por ação.[1] Enquanto havia forças de mercado que causavam alguns desses problemas, como um abrandamento no setor de computadores pessoais, Jobs despendia muito do seu tempo para desenvolver e lançar o computador Macintosh. Entretanto, ninguém estava se incomodando com o estoque do produto mais importante da empresa naquela época, que era o Apple II. Além disso, você não imagina a urgência em torno do projeto do Macintosh durante os inacreditáveis lançamento e sucesso do Apple II.

Dadas todas as más notícias na metade de 1985, o conselho de administração decidiu que Sculley deveria assumir como presidente e CEO. Como resultado, toda a autoridade operacional foi tirada das mãos de Steve Jobs. Sculley reorganizou as coisas e colocou Jobs a cargo da divisão Macintosh como gerente-geral.

Como se pode imaginar, essa foi uma situação particularmente difícil para todos. Jobs era o *chairman* e possuía mais de 11% da empresa, mas ele não dirigia os negócios. Ele era o líder do grupo Macintosh e era muito protetor quanto ao trabalho daquela divisão. Um membro da Mac naquela época disse: "Ele nos protegia tanto que sempre que reclamávamos sobre alguém de fora da divisão, era como libertássemos um Doberman."[2] Ele ignorou o fato de que o Apple II estava mantendo a empresa.

> *O problema era que o Macintosh foi construído com a expectativa de que o mundo viria para ele. Essa é a chamada mentalidade de direito adquirido.*

Como o negócio Macintosh foi piorando, Sculley e Jobs começaram a realmente se desentender. Era uma situação insustentável e o conselho levou muito tempo para resolvê-la. Eventualmente, o conselho pediu para Jobs desistir da sua posição de gerente-geral da Macintosh e simplesmente permanecer como *chairman* da empresa.

O problema era que o Macintosh foi construído com a expectativa de que o mundo viria até ele. Essa é a chamada mentalidade de **direito adquirido**. Por exemplo, cada Mac recebia um *software* proprietário especial que tornava extremamente difícil para os programadores gravarem um novo *software* para o Mac.[3] O Macintosh, ao contrário do IBM PC e do Apple II, também não tinha aberturas que fabricantes de fora pudessem usar para placas de circuito impresso que deslizassem dentro do computador a fim de expandir sua memória, adicionar processadores matemáticos, ou de outra maneira adicionar algo à sua utilidade. Jobs não parecia estar realmente prestando atenção ao que o consumidor queria e o que seria preciso para fazer esse equipamento vender. Ao final de 1985, Jobs deixou a Apple.

Apple: o renascimento

Isso deu a John Sculley um campo aberto e ele mergulhou no desafio com garra.[4] Ele trouxe rapidamente um real senso de urgência fechando fábricas, cortando custos, e demitindo um quinto dos 6 mil funcionários da Apple. Ele trouxe um novo talento para corrigir o problema do Macintosh com muitas soluções óbvias. A Apple precisava trabalhar extensivamente

> *"Permitir à Apple guardar seu ciumento avanço técnico, ao invés de licenciar outros fabricantes de computadores para construir clones do Macintosh, aprisionou-a em um nicho." Este foi um caso clássico de ser orgulhoso e protetor.*

com parceiros de *software* que desenvolveriam ferramentas que seriam executadas no Macintosh. Adicionalmente, portas de expansão foram concebidas, o que permitiu que *hardwares* periféricos fossem conectados ao Mac para desempenhar tarefas especializadas, tais como redes e comunicações de dados.

Uma das empresas de *software* com a qual a Apple estava trabalhando naquela época era a Aldus, que desenvolveu um *software* que permitia o uso do Macintosh e de uma impressora *laser* para produzir catálogos com aparência fantástica, informativos e uma variedade de outros materiais de *marketing*, que anteriormente tinham de ser enviados para gráficas independentes.[5] O Macintosh e a Aldus tornaram-se um completo furor na área de computadores para editoras. A incrível facilidade de uso do Macintosh sempre esteve lá, mas agora havia um *software* empolgante e uma peça do *hardware* mais flexível que os usuários poderiam realmente incorporar ao seu trabalho muito produtivamente.

Então, o que aconteceu? A Apple estava muito orgulhosa do seu incrível sucesso com o Apple II. Desde o início, a empresa acreditou que as características únicas do Macintosh lhe dariam automaticamente o direito de sucesso instantâneo e não fez todo o árduo trabalho de compreender como ele se adequaria ao fluxo de trabalho do consumidor e que tipo de parceria seria necessária para realmente fazer dele um sucesso. A falta de urgência no que se refere a esses assuntos foi o que causou fundamentalmente os problemas que levaram à saída de Jobs e o surgimento de Sculley.

O final da década de 1980 foi realmente um período de glória para a Apple, porque focou na liderança e em um senso de urgência para fazer o Macintosh amigável para os programadores e útil para os clientes. O Macintosh tornou-se uma ferramenta de classe mundial, particularmente na área de computadores de mesa para editoras.

Apple: o próximo colapso

Em 1990, a Apple contratou muitas pessoas e sua vantagem tecnológica foi minada.[6] Era possível ver os sinais da mentalidade de direito adquirido e do orgulho se estabelecendo. A empresa lançou uma série de projetos de longo prazo, incluindo o Newton assistente pessoal digital. Enquanto isso, perdeu uma das maiores oportunidades que uma empresa de tecnologia poderia ter: não licenciou o direito de fazer clones do Macintosh, algo que mais tarde Sculley admitiu lamentar profundamente. Clones do Macintosh seriam computadores como Mac, fabricados por outras empresas que executariam o sistema operacional e as aplicações do Macintosh. Conforme Alan Deutschman da *Fortune* colocou, "Ao permitir que a Apple guardasse seu invejado avanço técnico, ao invés de licenciar outros fabricantes de computadores para construir clones do Macintosh, a Apple ficou presa em um nicho."[7] Esse foi um caso clássico de comportamento orgulhoso e protetor.

Em 1993, a Apple estava perdendo sua previsão de lucros e o valor de suas ações estava caindo. Ouvia-se que Sculley estava se posicionando para tornar-se secretário do comércio dos Estados Unidos. Ele não tinha urgência quanto aos negócios e fez estranhas declarações em público que devem ter confundido os funcionários, tais como: "Eu posso ver o dia em que a Apple não estará nos negócios de computadores pessoais."[8] Sculley renunciou abruptamente ao cargo de CEO em junho de 1993, embora tenha permanecido na empresa como *chairman*. Mike Spindler foi colocado no lugar dele.

Olhando para esse período no início da década de 1990, a razão para os problemas da Apple era que ela simplesmente não podia igualar o seu ritmo de inovação com o que acontecia na área de clone de PC, na qual o *software* da Microsoft fornecia uma rica plataforma de aplicação para os programadores explorarem. A Microsoft estava se desdobrando para trabalhar com programadores e certificou-se de que mudanças foram feitas no sistema operacional para acomodar as suas necessidades. Colocando de uma outra forma, a Microsoft estava faminta e a Apple estava orgulhosa.

O período entre 1993 e 1997 foi realmente turbulento para a Apple. Houve dois novos CEOs durante esse período e, por volta do quarto trimestre de 1996, as vendas estavam caindo a uma taxa de 30% e a empresa teve uma perda de US$ 120 milhões.[9] O problema fundamental é que não havia nenhuma inovação. A Apple precisava urgentemente atualizar seu sistema operacional e despendeu muito tempo contratando diferentes tipos de pessoas para ter uma idéia da direção que deveria seguir. Enquanto isso, após a saída de Jobs da Apple, ele formou uma empresa de *software* chamada Next. Seu sistema operacional era bastante romântico, mas ele realmente nunca chegou a nenhum nível de sucesso. Quando Gil Amelio foi colocado na posição de CEO, em fevereiro de 1996, seu desafio claro era desenvolver um novo sistema operacional ou a Apple perderia toda sua credibilidade e provavelmente iria à falência.

Steve Jobs, cujo coração nunca deixou realmente a Apple, viu o dilema da empresa e abordou a Apple sobre usar o seu sistema operacional Next para o Macintosh. Ele foi refinado em seu argumento, para o CEO Amelio e posteriormente para o conselho, de que o sistema operacional Next seria justamente o que a Apple precisava. Entretanto, a receita da Apple ainda estava caindo 30% comparando-se com o nível do ano anterior e a crise era muito significante.[10]

A Apple comprou o argumento de Jobs e pagou quase US$ 400 milhões para adquirir o Next; os serviços de consultoria de Steve Jobs vieram com ele.[11] Embora a Apple tivesse adquirido alguns pensamentos novos e progressivos com aquele sistema operacional, mal sabia que também tinha adquirido um altamente motivado Steve Jobs, que queria voltar para o jogo Apple. Com o passar dos meses, após alguns tumultos organizacionais e manobras do conselho, ele assumiu como CEO interino em setembro de 1997. Ele tinha o trabalho talhado para si dado que a Apple havia perdido US$ 1 bilhão nos 12 meses anteriores.[12]

Apple: um segundo renascimento

Jobs mudou com uma rapidez inacreditável e anunciou para o grupo: "O futuro da Apple está no mercado consumidor. Não há uma empresa fazendo um grande trabalho para atender esse mercado. A Apple tem a oportunidade. O que isso valerá no futuro? Não sei. Isso pode ser grande."[13] O inacreditavelmente energizado Steve Jobs tomou decisões rápidas e decisivas para lidar com os problemas fundamentais da Apple. A Apple estava mantendo 15 linhas de produtos e isso era simplesmente demais. Jobs moveu-se rapidamente para acabar com a área de impressoras da Apple e o Newton.

A Apple havia se tornado altamente descentralizada e ineficiente com 22 grupos de marketing, dispersos ao redor da empresa.[14] Jobs reorganizou a empresa, criando departamentos amplos para *marketing*, vendas, fabricação e finanças e eliminando muitas das fragmentadas práticas herdadas e pessoas. O canal de distribuição era uma desordem. Jobs tomou a decisão de vender Macs apenas através de revendedores e de lojas que eram comprometidas com a Apple. Varejistas desinteressados foram descartados. Bruce Chizen, que estava dirigindo produtos e *marketing* do sistema Adobe, observou: "Ao longo dos últimos anos era impossível para qualquer programador trabalhar com a Apple." Desde a chegada de Jobs, "tem sido 180 graus de reviravolta".

> *Durante esse período eu era COO na Microsoft, e me lembro vividamente de nosso pessoal financeiro retornando de uma reunião com Jobs e reportando quão sedutor e cooperativo ele era.*

Durante esse período, eu era COO na Microsoft, e me lembro vividamente do nosso pessoal financeiro retornando de uma reunião com Jobs e reportando quão sedutor e cooperativo ele era. Pouco depois dessa sessão, a Microsoft aceitou um acordo com Jobs pelo qual lançariam uma nova versão do conjunto Microsoft Office para o Mac e pagariam para a Apple a quantia muito necessária de US$ 150 milhões, e a Apple concordaria com muitas solicitações da Microsoft. Isso ajudou a Apple a começar a reconquistar a confiança de Wall Street.

Nos primeiros 10 meses depois de Jobs ser nomeado CEO interino, a Apple já estava desenvolvendo e lançando um novo *iMac*.[15] Esse era um computador pessoal elegante e pequeno, extremamente fácil de usar. Ele selecionou seu amigo e confidente Avie Tevanian, que estava com ele na Next, como engenheiro chefe de *software* da Apple.[16] Rapidamente, passaram a trabalhar na geração do futuro sistema operacional para a Apple, que seria chamado de OS X.

O *iMac* deu bons resultados, porque abordou algumas necessidades-chave dos clientes.[17] As ferramentas do *marketing* do *iMac* foram um sucesso para o consumidor. A ferramenta *iPhoto* foi vista como o melhor programa de

> *No início da década de 1980, a Apple e Jobs estavam voando alto. Então, a empresa agradeceu a Jobs por seu orgulho e atitude protetora para com o Macintosh.*

gerenciamento de fotos da época. O iMac também tinha grandes capacidades para música digital através do seu programa iTunes. Também tinha uma sensacional capacidade de edição de vídeo digital com a ferramenta chamada *iMovie*, com ele também era possível criar DVDs, por meio de uma ferramenta chamada *iDVD*. A Apple também estava trabalhando nos primeiros estágios de um aparelho reprodutor de música digital que chamou *iPod*. Produtos criados com grande empolgação para a Apple, e, como todos sabemos, o *iPod* surgiu como um inacreditável sucesso.

Em março de 2006, a Apple vendeu a bilionésima canção de sua loja de *iTunes*.[18] O *iPod* tinha uma fatia de mercado de 73% dos 30 milhões de MP3 *players* vendidos nos EUA. Por outro lado, especialistas preocupam-se um pouco quanto à natureza proprietária do sistema de música da Apple, que é similar ao problema do Macintosh. Canções compradas do *iTunes* são protegidas pelo *Apple's Fair Play*, sendo somente tocáveis em um *iPod*.

Voltando um pouco atrás, a diferença entre o comportamento de Steve Jobs durante aqueles últimos doloridos meses na metade da década de 1980 e sua inacreditável energia e inovação no final da década de 1990 e início da década de 2000 é espantosa. No início da década de 1980, Apple e Jobs estavam voando alto. Então, Sculley e Jobs falharam por não terem criado um plano focado e pelo orgulho e atitude protetora de Jobs para com o Macintosh. No final da década de 1980, Sculley realmente colocou as coisas de volta aos trilhos, mas começou então a desenvolver uma mentalidade de direito adquirido e a adotar uma ampla variedade de distrações. Jobs então pegou a Apple novamente, reorganizando a empresa endividada e lançando alguns produtos extraordinariamente empolgantes.[19]

A história de volatilidade da Apple é uma lembrança extremamente rica da necessidade de ser constantemente vigilante nos seus esforços para melhorar.

Em resumo, não importa quantos altos e baixos você vem tendo, **fique atento às armadilhas criadas pelo sucesso.**

NOTAS

A questão: o sucesso é a causa da vulnerabilidade dos negócios

1. Lee Smith, *Rubbermaid Goes Thump*, *Fortune*, vol. 132, n° 7, 2 de outubro de 1995, p. 90.
2. Ibid.
3. Matthew Schifrin, *The Big Squeeze*, *Forbes*, vol. 157, n° 5, 11 de março de 1996, p. 45.
4. *How Rubbermaid Managed to Fail*, *Fortune*, vol. 138, n° 11, 23 de novembro de 1998, p. 32.
5. Ibid.
6. Smith, *Rubbermaid Goes Thump*.
7. *Thoughts*, *Forbes*, vol. 175, n° 13, 20 de junho de 2005.
8. Alex Taylor III, *Can the Germans Rescue Chrysler?*, *Fortune*, vol. 143, n° 9, 30 de abril de 2001, p. 106.
9. *Thoughts*.
10. Peter Drucker, *The Essential Drucker* (Nova York: Harper Business, 2001).

Capítulo 1

1. *Last Tango in Detroit?*, *The Economist*, 8-14 de abril de 2006, p. 57.
2. Carol Loomis, *The Tragedy of General Motors*, *Fortune*, vol. 153, n° 3, 20 de fevereiro de 2006, p. 60.
3. Charles Burck, *Will Success Spoil General Motors?*, *Fortune*, vol. 108, 22 de agosto de 1983, p. 94.
4. Ibid.
5. Ibid.
6. Ibid.
7. *GM in Low Gear*, *Fortune*, vol. 114, 29 de setembro de 1986, p. 7.
8. Anne B. Fischer, *GM Is Tougher than You Think*, *Fortune*, vol. 114, 10 de novembro de 1986, p. 56.
9. Ibid.
10. Alex Taylor III, *The Tasks Facing General Motors*, *Fortune*, vol. 119, n° 6, 13 de março de 1989, p. 52.
11. Ibid.
12. Alex Taylor III, *Can GM Remodel Itself?*, *Fortune*, vol. 125, n° 1, 13 de janeiro de 1992, p. 26.
13. Jonathan Fahey, *Idling*, *Forbes*, vol. 176, n° 8, 17 de outubro de 2005, p. 110.
14. David Welch, *The Good News about America's Auto Industry*, *BusinessWeek*, n° 3971, 13 de fevereiro de 2006, p. 32.
15. *GM Sold Lots of Cars, and Lost US$ 1,227 Each*, *Reuters*, 29 de agosto de 2005.
16. Joann Muller, *Surviving Globalism*, *Forbes*, vol. 177, n° 4, 27 de fevereiro de 2006, p. 44.
17. Ibid.
18. Ibid.
19. Taylor, *Can GM Remodel Itself?*
20. Alex Taylor III, *GM: Time to Get in Gear*, *Fortune*, vol. 135, n° 8, 28 de abril de 1997, p. 94.
21. *GM's Big Decision*, *Fortune*, vol. 141, n° 4, 21 de fevereiro de 2000, p. 100.
22. Ibid.
23. Bernard Simon, *GM Discounts Cause Confusion*, *Financial Times*, 14 de novembro de 2005.

24. Alex Taylor III, *GM Hits the Skids, Fortune*, vol. 151, nº 7, 4 de abril de 2005, p. 71.
25. David Welch, *Running Out of Gas, BusinessWeek*, nº 3926, 28 de março de 2005, p. 28.
26. Ibid.
27. James Womack, *Why Toyota Won, Wall Street Journal*, 14 de fevereiro de 2006, p. 13.
28. David Welch, *The Other Club Battering GM, BusinessWeek*, nº 3974, 6 de março de 2006, p. 38.
29. David Welch, *Why GM's Plan Won't Work, BusinessWeek*, nº 3932, 9 de maio de 2005, p. 84.
30. Justin Fox, *A CEO Puts His Job on the Line, Fortune*, vol. 151, nº 9, 2 de maio de 2005, p. 17.
31. *GM Sold Lots of Cars*, and Lost US$ 1,227 Each".

Capítulo 2

1. Joseph White, *How U.S. Auto Industry Finds Itself Stalled by Its Own History, Wall Street Journal*, 7 de janeiro de 2006.
2. David Welch, *Why GM's Plan Won't Work, BusinessWeek*, nº 3932, 9 de maio de 2005, p. 84.
3. Andrew S. Grove, *Only the Paranoid Survive* (Nova York: Doubleday, 1999).
4. Linda Grant, *Missed Moments, Fortune*, vol. 136, nº 8, 27 de outubro de 1997, p. 188.
5. Joseph Nocera, *Kodak: The CEO vs. the Gadfly, Fortune*, vol. 149, nº 1, 12 de janeiro de 2004, p. 84.
6. Joann Muller, *The Impatient Mr. Ghosn, Forbes*, vol. 177, nº 11, 22 de maio de 2006, p. 104.
7. Ibid.
8. Julie Pitta, *Where Is DEC Going?, Forbes*, vol. 147, nº 1, 7 de janeiro de 1991, p. 41.
9. Richard Rapaport, *Culture War: Route 128, Forbes*, vol. 152, nº 6, 13 de setembro de 1993, p. 54.

Capítulo 3

1. Chester Dawson, *Blazing the Toyota Way, BusinessWeek*, nº 3884, 24 de maio de 2004, p. 22.
2. Clay Chandler, *Full Speed Ahead, Fortune*, vol. 141, nº 3, 7 de fevereiro de 2005, p. 78.
3. Ibid.
4. Ibid.
5. Ibid.
6. Alex Taylor III, *Why Toyota Keeps Getting Better and Better, Fortune*, vol. 122, nº 13, 19 de novembro de 1990, p. 66.
7. Ibid.
8. Ibid.
9. Stuart Brown, *Toyota's Global Body Shop, Fortune*, vol. 149, nº 3, 9 de fevereiro de 2004, p. 120.
10. Ibid.
11. Ibid.
12. Taylor, *Why Toyota Keeps Getting Better and Better*.
13. Jathon Sapsford, *Toyota's Chief Bets on Hybrids, Squeezing Rivals, Wall Street Journal*, 13 de julho de 2005, p. B1.
14. Chester Dawson, *Proud Papa of the Prius, BusinessWeek*, nº 3938, 20 de junho de 2005, p. 20.
15. Ibid.
16. *Gentlemen, Start Your Engines, Financial Times*, 21 de janeiro de 2006, p. 77.
17. Ian Rowley, *Toyota Revs into the New Year, BusinessWeek Online*, 5 de janeiro de 2007.
18. Chandler, *Full Speed Ahead*.
19. *The Driver Who's Passing GM, BusinessWeek*, nº 3942, 11 de julho de 2005, p. 54.

Capítulo 4

1. Norm Alster, *IBM as a Holding Company, Forbes*, vol. 148, nº 14, 23 de dezembro de 1991, p. 116.
2. Graham Button, *Early, and Then Some,*

Forbes, vol. 151, nº 1, 4 de janeiro de 1993, p. 12.
3. Carol Loomis, *The Hunt for Mr. X, Fortune*, vol. 127, nº 4, 22 de fevereiro de 1993, p. 68.

Parte I
Capítulo 5

1. Louis V. Gerstner, *Who Says Elephants Can't Dance?* (Nova York: Harper Collins, 2002).
2. Robert Slater, *Without Gerstner, This Story Goes Untold, BusinessWeek*, nº 3646, 13 de setembro de 1999, p. 17.
3. Gerstner, *Who Says Elephants Can't Dance?*
4. Daniel Lyons, *Dancing Lessons, Forbes*, vol. 175, nº 5, 14 de março de 2005, p. 100.
5. Steve Hamm e Spencer Ante, *Beyond Blue; Never Mind Computers and Tech Services, BusinessWeek*, nº 3929, 18 de abril de 2005, p. 68.
6. Robert Hof, *PayPal Spreads Its Wings, BusinessWeek*, nº 3934, 23 de maio de 2005, p. 105.
7. *Meg and the Power of Many, The Economist*, 11 de junho de 2005, p. 65.
8. Hof, *PayPal Spreads Its Wings*.
9. *Meg and the Power of Many*.
10. Brian Bremner, *Sony's Dilemma; Can It Afford to Spin Off Its Insurance Unit?, BusinessWeek*, nº 3926, 28 de março de 2005, p. 50.

Capítulo 6

1. Julie Cresswell, *Fidelity Comes Out Swinging, Fortune*, vol. 150, nº 9, 1º de novembro de 2004, p. 192.
2. Ibid.
3. Aaron Pressman, *The Busiest Broker on Earth, BusinessWeek*, nº 3929, 18 de abril de 2004, p. 84.
4. Ibid.
5. Cresswell, *Fidelity Comes Out Swinging*.
6. Ibid.
7. Robert Barker, *Fidelity's Help for Mutual Fund Investors, BusinessWeek*, nº 3784, 27 maio de 2002, p. 106.
8. Brian Bremner, *Fidelity: Leader of the Pack, BusinessWeek*, nº 3797, 2 de setembro de 2002, p. 54.
9. Cresswell, *Fidelity Comes Out Swinging*.
10. Aaron Pressman, *Fidelity's Heir Apparent, BusinessWeek Online*, 5 de maio de 2005.
11. Adrian Slywotzky, *Value Migration* (Boston: Harvard Business School Press, 1995).
12. Nanette Byrnes, *The Art of Motivation, BusinessWeek*, nº 3982, 1º de maio de 2006, p. 57.

Parte II

1. *Oldsmobile, Wikipedia Encyclopedia*, Wikimedia Foundation, Inc.
2. *Lessons Learned from Olds Woes, Advertising Age*, vol. 73, nº 9, 4 de março de 2002, p. 30.
3. Bob Garfield, *Once a Giant, Olds Struggles to Find a Niche, Advertising Age*, vol. 63, nº 40, 28 de setembro de 1992, p. 52.

Capítulo 7

1. Alex Taylor III, *Chrysler's Great Expectations, Fortune*, vol. 134, nº 11, 9 de dezembro de 1996, p. 101.
2. *Gentlemen, Start Your Engines, Fortune*, vol. 137, nº 11, 8 de junho de 1998, p. 138.
3. Alex Taylor III, *Can the Germans Rescue Chrysler?, Fortune*, vol. 143, nº 9, 30 de abril de 2001, p. 106.
4. Ibid.
5. Gail Edmondson, *Stalled; Was the Daimler-Chrysler Merger a Mistake?, BusinessWeek*, nº 3851, 29 de setembro de 2003, p. 54.
6. Taylor, *Can the Germans Rescue Chrysler?*
7. Kathleen Kerwin, *Chrysler Puts Some*

Muscle on the Street, BusinessWeek, n° 3886, 7 de junho de 2004, p. 72.
8. Kathleen Kerwin, *A Breakthrough for Chrysler?*, *BusinessWeek*, n° 3884, 24 de maio de 2004, p. 113.
9. Ibid.
10. Kerwin, *Chrysler Puts Some Muscle on the Street*.
11. Neal Boudette, *Chrysler's Storied Hemi Motor Helps It Escape Detroit's Gloom*, *Wall Street Journal*, 17 de junho de 2005.
12. Joan Muller, *The Engine That Could*, *Forbes*, vol. 176, n° 1, 4 de julho de 2005, p. 52.
13. Boudette, *Chrysler's Storied Hemi Motor*.
14. Kathleen Kerwin, *The Zoom Machine at Chrysler*, *BusinessWeek*, n° 3925, 21 de março de 2005, p. 40.
15. Boudette, *Chrysler's Storied Hemi Motor*.

Capítulo 8

1. Julie Cresswell, *Ivan Seidenberg, CEO of Verizon, Vows to Overpower the Cable Guys*, *Fortune*, vol. 149, n° 11, 31 de maio de 2004, p. 120.
2. Jon Fine, *A Ugly Battle for the Clicker*, *BusinessWeek*, n° 3959, 5 de setembro de 2005, p. 26.
3. Tom Lowry, *Verizon's Video Vision*, *BusinessWeek*, n° 3931, 2 de maio de 2005, p. 77.
4. Cresswell, *Ivan Seidenberg*.
5. Ibid.
6. Ibid.
7. Ibid.
8. Scott Woolley, *Xbox*, *Forbes*, vol. 175, n° 12, 6 de junho de 2005, p. 62.
9. Ibid.
10. *Way Beyond the PC*, *The Economist*, 26 de novembro de 2005.
11. Peter Lewis, *Not Just Playing Around*, *Fortune*, vol. 151, n° 12, 13 de junho de 2005, p. 126.
12. *Inside Microsoft's Consumer Strategy*, *BusinessWeek Online*, 7 de dezembro de 2004.
13. Cliff Edwards, *Who's Got Game Now?*, *BusinessWeek*, n° 3933, 16 de maio de 2005, p. 40.
14. *The Meaning of Xbox*, *The Economist*, 26 de novembro de 2005.

Capítulo 9

1. Erick Schonfeld, *Stetsons Off to Texan Technology*, *Fortune*, vol. 131, n° 7, 17 de abril de 1995, p. 20.
2. Erick Schonfeld, *Hotter than Intel*, *Fortune*, vol. 140, n° 7, 11 de outubro de 1999, p. 179.
3. Ibid.
4. Ibid.
5. Ibid.
6. *TI's Strategy in the Slump*, *BusinessWeek Online*, 26 de novembro de 2002.
7. Olga Kharif, *Texas Instruments Power Sources*, *BusinessWeek Online*, 27 de outubro de 2003.
8. Jeffrey Liker, The Toyota Way (Nova York: McGraw-Hill, 2004).
9. Brian Hindo, *Squeezing Out Oil, Gas, and Profits*, *BusinessWeek*, n° 3931, 2 de maio de 2005, p. 79.

Parte III

1. David Stires, *Fallen Arches*, *Fortune*, vol. 145, n° 9, 29 de abril de 2002, p. 74.
2. Grainger David, *Can McDonald's Cook Again?*, *Fortune*, vol. 147, n° 7, 14 de abril de 2003, p. 120.
3. Stires, *Fallen Arches*.
4. Kate MacArthur, *Big Mac's Back*, *Advertising Age*, vol. 75, n° 50, 13 de dezembro de 2004, p. S1.
5. David Stires, *McDonald's Keeps on Cooking*, *Fortune*, vol. 149, n° 10, 17 de maio de 2004, p. 174.

Capítulo 10

1. Kate MacArthur, *Big Mac's Back*, *Advertising Age*, vol. 75, n° 50, 13 de dezembro de 2004, p. S1.

2. John Helyar, *Will Harley-Davidson Hit the Wall?*, Fortune, vol. 146, n° 3, 12 de agosto de 2002, p. 120.
3. Joseph Weber, *He Really Got Harley Roaring*, BusinessWeek, n° 3925, 21 de março de 2005, p. 70.
4. James D. Speros, *Why the Harley Brand's So Hot*, Advertising Age, vol. 74, n° 11, 15 de março de 2004, p. 26.
5. Helyar, *Will Harley-Davidson Hit the Wall?*
6. Speros, *Why the Harley Brand's So Hot.*
7. Diane Brady, *Cult Brands; The BusinessWeek/Interbrand Annual Ranking of the World's Most Valuable Brands Shows the Power of Passionate Consumers*, BusinessWeek, n° 3894, 2 de agosto de 2004, p. 64.
8. Speros, *Why the Harley Brand's So Hot.*
9. Weber, *He Really Got Harley Roaring.*

Capítulo 11

1. Cora Daniels, *Mr. Coffee: The Man Behind the US$4.75 Frappuccino Makes the 500*, Fortune, vol. 147, n° 7, 14 de abril de 2003, p. 139.
2. Jennifer Reese, *Starbucks: Inside the Coffee Cult*, Fortune, vol. 134, n° 11, 9 de dezembro de 1996, p. 190.
3. Richard Teitelbaum, *Starbucks Corp.*, Fortune, vol. 126, n° 4, 24 de agosto de 1992, p. 133.
4. Diane Brady, *Cult Brands; The BusinessWeek/Interbrand Annual Ranking of the World's Most Valuable Brands Shows the Power of Passionate Consumers*, BusinessWeek, n° 3894, 2 de agosto de 2004, p. 64.
5. Reese, *Starbucks: Inside the Coffee Cult.*
6. Teitelbaum, *Starbucks Corp.*
7. Ibid.
8. Patricia Sellers, *Starbucks: The Next Generation*, Fortune, vol. 151, n° 7, 4 de abril de 2005, p. 30.

Capítulo 12

1. Kate MacArthur, *McDonald's Salads*, Advertising Age, vol. 75, n° 44, 1° de novembro de 2004, p. S8.
2. Kate MacArthur, *Salada Days at McDonald's*, Advertising Age, vol. 75, n° 50, 13 de dezembro de 2004, p. 50.
3. Jack Ewing, *A Cold Shoulder for Coca-Cola*, BusinessWeek, n° 3931, 2 de maio de 2005, p. 30.
4. Ibid.

Parte IV

Capítulo 13

1. Michael Hammer, *Making Operational Innovation Work*, Harvard Management Update, vol. 10, n° 4, abril de 2005, p. 6.
2. Ibid.
3. Ibid.
4. Ibid.
5. Angela Key, *Dimon in the Rough: The Problem Solver*, Fortune, vol. 142, n° 1, 26 de junho de 2000, p. 292.
6. Emily Thornton e Joseph Weber, *A Made-to-Order Megamerger; Bank One Will Supply J.P. Morgan Chase with the Top Talent It Needed*, BusinessWeek, n° 3867, 26 de janeiro de 2004, p. 48.
7. Key, *Dimon in the Rough.*
8. Thornton e Weber, *A Made-to-Order Megamerger.*
9. Shawn Tully, *The Jamie Dimon Show: He's Tough. He's Loud. He's Irrepressible. And He's Just What Bank One Needed*, Fortune, vol. 146, n° 2, 22 de julho de 2002, p. 88.
10. Joseph Weber, *J.P. Morgan Is in for a Shock; Jamie Dimon Won't Take Charge Until 2006, but His Influence Will Be Immediate*, BusinessWeek, n° 3868, 2 de fevereiro de 2004, p. 66.
11. Tully, *The Jamie Dimon Show.*
12. Thornton e Weber, *A Made-to-Order Megamerger.*

13. Patricia Sellers, *The New Breed: The Latest Crop of CEO's is Disciplined, Deferential, and Even a Bit Dull. What a Relief, Fortune*, vol. 146, n° 10, 18 de novembro de 2004, p. 66.
14. Tully, *The Jamie Dimon Show*.
15. Emily Thornton, *Dimon's Grand Design, BusinessWeek*, n° 3926, 28 de março de 2005, p. 96.

Capítulo 14

1. Patricia Sellers, *P&G: Teaching an Old Dog New Tricks, Fortune*, vol. 149, n° 11, 31 de maio de 2004, p. 166.
2. Bruce Nussbaum, *Get Creative! How to Build Creative Companies, BusinessWeek*, n° 3945, 1° de agosto de 2005, p. 62.
3. Ibid.
4. Peter Lewis, *A Perpetual Crisis Machine, Fortune*, vol. 152, n° 6, 19 de setembro de 2005, p. 58.
5. *Sony and Samsung Company Profiles, Wall Street Journal*, 3 de janeiro de 2006.
6. Lewis, "A Perpetual Crisis Machine".
7. Andy Serwer, *The Education of Michael Dell, Fortune*, vol. 151, n° 5, 7 de março de 2005, p. 72.
8. Ibid.
9. Ibid.
10. Andy Serwer, *Dell Does Domination, Fortune*, vol. 145, n° 2, 21 de janeiro de 2002, p. 70.
11. Sewer, *The Education of Michael Dell*.
12. Daniel Roth, *Dell's Big New Act, Fortune*, vol. 140, n° 11, 6 de dezembro de 1999, p. 152.
13. Sewer, *The Education of Michael Dell*.
14. Adam Lashinsky, *The Hard Way, Fortune*, vol. 153, n° 7, 17 de abril de 2006, p. 92.
15. Peter Burrows, *Stopping the Sprawl at HP, BusinessWeek*, n° 3986, 29 de maio de 2006, p. 54.
16. Elizabeth Corcoran, *A Bad Spell for Dell, Forbes*, vol. 177, n° 13, 19 de junho de 2006, p. 42.

Parte V
Capítulo 15

1. Linda Grant, *Missed Moments, Fortune*, vol. 136, n° 8, 27 de outubro de 1997, p. 188.
2. *Fisher's Photofinish, BusinessWeek*, n° 3634, 21 de junho de 1999, p. 34.
3. Ibid.
4. Andy Serwer, *Kodak: In the Noose, Fortune*, vol. 145, n° 3, 4 de fevereiro de 2002, p. 147.
5. Ibid.
6. William Symonds, *The Kodak Revolt Is Short-Sighted, BusinessWeek*, n° 3856, 3 de novembro de 2003, p. 38.
7. Joseph Nocera, *Kodak: The CEO vs. the Gadfly, Fortune*, vol. 149, n° 1, 12 de janeiro de 2004, p. 84.
8. *Another Kodak Moment, The Economist*, 14 de maio de 2005, p. 69.
9. William Bulkeley, *Kodak Shifts to Loss as Revenue Slips, Wall Street Journal*, 25 de abril de 2005.
10. William Bulkeley, *Kodak Posts Loss, Sets More Job Cuts and Film Sales Sink, Wall Street Journal*, 22 de julho de 2005.
11. Bernard Condon, *Globetrotter, Forbes*, vol. 175, n° 8, 18 de abril de 2005, p. 68.
12. Ibid.

Capítulo 16

1. Daniel Roth, *Can Nike Still Do It without Phil Knight?, Fortune*, vol. 151, n° 7, 4 de abril de 2005, p. 58.
2. Lane Randall, *You Are What You Wear, Forbes*, vol. 158, n° 9, 14 de outubro de 1996, p. 42.
3. Roth, *Can Nike Still Do It?*
4. Ibid.
5. Ibid.
6. *Can Nike Still Do It?, BusinessWeek*, n° 3669, 21 de fevereiro de 2000, p. 120.
7. Roth, *Can Nike Still Do It?*
8. Ibid.

NOTAS

Capítulo 17

1. Peter Burrows, *Why HP Is Pruning the Printers, BusinessWeek Online*, 28 de abril de 2005.
2. Tam Pui-ing, *HP Looks beyond Ink Sales for Growth, Wall Street Journal*, 20 de junho de 2005.
3. Burrows, *Why HP Is Pruning the Printers*.
4. *Intel, BusinessWeek*, n° 3753, 15 de outubro de 2001, p. 80.
5. Ibid.
6. Adam Lashinsky, *Is This the Right Man for Intel?, Fortune*, vol. 151, n° 8, 18 de abril de 2005, p. 110.
7. "Intel".
8. Lashinsky, *Is This The Right Man?*

Parte VI
Capítulo 18

1. Betsy Morris, *The Real Story: How Did Coca-Cola's Management Go from First-Rate to Farcical in Six Short Years?, Fortune*, vol. 149, n° 11, 31 de maio de 2004, p. 84.
2. Ibid.
3. Ibid.
4. Ibid.
5. Ibid.
6. Fred Vogelstein, *Search and Destroy, Fortune*, vol. 151, n° 9, 2 de maio de 2005, p. 72.

Capítulo 19

1. Joe Saumarez Smith, *Why Harvard Lost Out to Vegas, Financial Times*, 8 de abril de 2005.
2. Julie Schlosser, *Teacher's Bet, Fortune*, vol. 149, n° 5, 8 de maio de 2004, p. 158.
3. Smith, *Why Harvard Lost Out to Vegas*.
4. Ibid.

Capítulo 20

1. Adam Lashinsky, *eBay's Management Merry-Go-Round, Fortune*, vol. 150, n° 13, 27 de dezembro de 2004, p. 32.

Parte VII
Capítulo 21

1. Katrina Brooker, *Can Anyone Replace Herb?, Fortune*, vol. 141, n° 8, 17 de abril de 2000, p. 186.
2. *Southwest after Kelleher, More Blue Skies, BusinessWeek*, n° 3726, 2 de abril de 2001, p. 45.
3. Barney Gimbel, *Southwest's New Flight Plan, Fortune*, vol. 151, n° 10, 16 de maio de 2005, p. 93.
4. Andy Serwer, *Southwest Airlines: The Hottest Thing in the Sky, Fortune*, vol. 149, n° 5, 8 de março de 2004, p. 86.
5. Brooker, *Can Anyone Replace Herb?*
6. Ibid.
7. Ibid.
8. Sewer, *Southwest Airlines*.
9. Brooker, *Can Anyone Replace Herb?*
10. Diane Brady, *The Immelt Revolution, BusinessWeek*, n° 3926, 28 de março de 2005, p. 64.
11. Bruce Nussbaum, *How to Build Creative Companies, BusinessWeek*, n° 3945, 1° de agosto de 2005, p. 62.
12. Brady, *The Immelt Revolution*.
13. Ibid.
14. Diane Brady, *The Transformer*, Beth Comstock, General Electric Company", *BusinessWeek*, n° 3945, 1° de agosto de 2005, p. 77.
15. Nussbaum, *How to Build Creative Companies*.
16. Brady, *The Immelt Revolution*.
17. Ibid.
18. Ibid.
19. Nussbaum, *How to Build Creative Companies*.

Capítulo 22

1. Ronald Henkoff, *Keeping Motorola on a Roll, Fortune*, vol. 129, n° 8, 18 de abril de 1994, p. 67.
2. Ibid.

NOTAS

3. Ibid.
4. Rick Tetzeli, *And Now Motorola's Next Trick, Fortune*, vol. 135, n° 8, 28 de abril de 1997, p. 122.
5. Ibid.
6. Ibid.
7. Ibid.
8. Erick Schonfeld, *Hold the Phone: Motorola is Going Nowhere Fast, Fortune*, vol. 137, n° 6, 30 de março de 1998, p. 184.
9. Ibid.
10. *Motorola, BusinessWeek*, n° 3741, 26 de julho de 2001, p. 72.
11. Ibid.
12. Ibid.
13. Ibid.
14. Adam Lashinsky, *Can Moto Find Its Mojo?, Fortune*, vol. 149, n° 7, 5 de abril de 2004, p. 126.
15. Ibid.
16. Christopher Rhoads, *CEO Zander Shakes Up VP's, Pushes Cool Phones and Vows to Leave Rivals in the Dust, The Wall Street Journal*, 23 de junho de 2005.
17. Ibid.
18. Ibid.
19. Ibid.
20. Ibid.

Capítulo 23

1. Ronald Henkoff, *Boeing's Big Problem, Fortune*, vol. 137, n° 1, 12 de janeiro de 1998, p. 96.
2. Ibid.
3. Ibid.
4. Ibid.
5. Ibid.
6. Ibid.
7. Kenneth Labich, *Boeing Finally Hatches a Plan, Fortune*, vol. 139, n° 4, 1° de março de 1999, p. 100.
8. Ibid.
9. Ibid.
10. Ibid.

11. Jerry Useem, *Boeing vs. Boeing, Fortune*, vol. 142, n° 7, 2 de outubro de 2000, p. 148.
12. Ibid.
13. Ibid.
14. Jerry Useem, *Boeing to Pieces, Fortune*, vol. 148, n° 13, 22 de dezembro de 2003, p. 41.
15. Julie Cresswell, *Boeing Plays Defense, Fortune*, vol. 149, n° 8, 19 de abril de 2004, p. 90.
16. Stanley Holmes, *Why Boeing's Culture Breeds Turmoil, BusinessWeek*, n° 3925, 21 de março de 2005, p. 34.
17. Ibid.
18. Useem, *Boeing to Pieces*.
19. Cresswell, *Boeing Plays Defense*.
20. Holmes, *Why Boeing's Culture Breeds Turmoil*.
21. Ibid.
22. Ibid.
23. Alex Taylor III, *Boeing Finally Has a Flight Plan, Fortune*, vol. 151, n° 12, 13 de junho de 2005, p. 27.
24. Mark Tatge, *Global Gamble, Forbes*, vol. 177, n° 8, 17 de abril de 2006, p. 78.
25. Stanley Holmes, *I Like a Challenge – And I've Got One, BusinessWeek*, n° 3943, 18 de julho de 2005, p. 44.

Parte VIII
Capítulo 24

1. *Behind the Smiles at Sony, The Economist*, 12-18 de março de 2005.
2. Ibid.
3. Phred Dvorak, *At Sony, Rivalries Were Encouraged; Then Came iPod, Wall Street Journal*, 29 de junho de 2005.
4. Ibid.
5. Ibid.
6. Ibid.
7. Ibid.
8. Ibid.
9. *Behind the Smiles at Sony*.
10. Marc Gunther, *The Welshman, the Walkman,*

NOTAS

and the Salarymen, Fortune, vol. 153, n° 11, 12 de junho de 2006, p. 70.
11. Brian Bremner, *Sony's Sudden Samurai, BusinessWeek Online*, 10 de março de 2005.
12. Walt Mossberg, *Shaking Up Sony, Wall Street Journal*, 6 de junho de 2006.
13. Gunther, "The Welshman".
14. Emily Thornton, *Morgan Stanley Lost Its Way, BusinessWeek*, n° 3942, 11 de julho de 2005, p. 68.
15. Ibid.
16. Ibid.
17. Ibid.
18. Ibid.
19. Ibid.
20. Bethany McLean, *Brahmin's at the Gate, Fortune*, vol. 151, n° 9, 2 de maio de 2005, p. 58.
21. Charles Gasparino, *Out on the Street, Newsweek*, 27 de junho de 2005, p. 36.

Capítulo 25

1. Alex Taylor III, *Can You Believe Porsche is Putting Its Badge on This Car?, Fortune*, vol. 143, n° 4, 19 de fevereiro de 2001, p. 168.
2. Alex Taylor III, *Porsche's Risky Recipe, Fortune*, vol. 147, n° 3, 17 de fevereiro de 2003, p. 90.
3. Ibid.
4. Ibid.
5. Ibid.
6. Taylor, *Can You Believe?*
7. Ibid.
8. Ibid.
9. Ibid.
10. Taylor, *Porsche's Risky Recipe.*
11. Richard Milne, *Porsche Unveils Record Profits, Financial Times*, 16 de novembro de 2004, p. 30.

Capítulo 26

1. Richard Tomlinson, *One Company, Two Bosses, Many Problems, Fortune International*, vol. 151, n° 1, 24 de janeiro de 2005, p. 56.
2. Ibid.
3. Ibid.
4. Ibid.
5. Ibid.
6. Beth Carney, *Unilever's Many Woes, BusinessWeek Online*, 11 de fevereiro de 2005.
7. Louis Lavelle, *Three Simple Rules Carly Ignored, BusinessWeek*, n° 3922, 28 de fevereiro de 2005, p. 46.
8. *Now Who'll Save Hewlett-Packard?, BusinessWeek*, n° 3921, 21 de fevereiro de 2005, p. 96.
9. Ibid.
10. Ibid.
11. Carol Loomis, *Why Carly's Big Bet Is Failing, Fortune*, vol. 151, n° 3, 7 de fevereiro de 2005, p. 50.
12. Ibid.
13. Carol Loomis, *How the HP Board KO'd Carly, Fortune*, vol. 151, n° 5, 7 de março de 2005, p. 99.
14. Loomis, *Why Carly's Big Bet Is Failing.*
15. George Anders, *Bitterness and the Boardroom, Wall Street Journal*, 16 de outubro de 2006.

Parte IX
Capítulo 27

1. Louis Gerstner, *Who says Elephants Can't Dance?* (Nova York: Harper Business, 2002).
2. Ibid.
3. *A Week Aboard the Wal-Mart Express, Fortune*, vol. 126, n° 4, 24 de agosto de 1992, p. 77.
4. Ibid.
5. Hank Gilman, *The Most Underrated CEO Ever, Fortune*, vol. 149, n° 7, 5 de abril de 2004, p. 242.
6. "A Week Aboard".
7. John Huey, *Wal-Mart: Will It Take Over*

Capítulo 28

1. Linda Grant, *Gillette Knows Shaving – and How to Turn Out Hot New Products*, Fortune, vol. 134, n° 7, 14 de outubro de 1996, p. 207.
2. Ibid.
3. Ibid.
4. *The Big Trim at Gillette*, BusinessWeek, n° 3654, 8 de novembro de 1999, p. 42.
5. Jeremy Kahn, *Gillette Loses Face*, Fortune, vol. 140, n° 9, 8 de novembro de 1999, p. 147.
6. Ibid.
7. Ibid.
8. *Most of Gillette's Bleeding Is Self-Inflicted*, BusinessWeek, n° 3701, 2 de outubro de 2000, p. 56.
9. *A Fresh Face Could Do Wonders for Gillette*, BusinessWeek, n° 3706, 6 de novembro de 2000, p. 52.
10. Andy Serwer, *An About-Face for Gillette? It's About Time!*, Fortune, vol. 143, n° 9, 30 de abril de 2001, p. 181.
11. *Razor Burn at Gillette*, BusinessWeek, n° 3737, 18 de junho de 2001, p. 37.
12. Ibid.
13. Katrina Brooker, *Jim Kilts Is an Old-School Curmudgeon. Nothing Could Be Better for Gillette*, Fortune, vol. 146, n° 13, 30 de dezembro de 2002, p. 84.
14. Ibid.
15. Ibid.
16. Ibid.
17. Ibid.
18. Ibid.
19. Ibid.

Parte X
Capítulo 29

1. Bro Uttal, *Behind the Fall of Steve Jobs*, Fortune, vol. 112, 5 de agosto de 1985, p. 20.
2. Ibid.
3. Ibid.
4. Brian O'Reilly, *Apple Finally Invades the Office*, Fortune, vol. 116, n° 11, 9 de novembro de 1987, p. 52.
5. Ibid.
6. Alan Deutschman, *Odd Man Out*, Fortune, vol. 128, n° 2, 26 de julho de 1993, p. 42.
7. Ibid.
8. Ibid.
9. Brent Schlender, *Something's Rotten in Cupertino*, Fortune, vol. 135, n° 4, 3 de março de 1997, p. 100.
10. Ibid.
11. Ibid.
12. David Kirkpatrick, *The Second Coming of Apple*, Fortune, vol. 138, n° 9, 9 de novembro de 1998, p. 86.
13. Ibid.
14. Ibid.
15. Ibid.
16. Schlender, *Something's Rotten in Cupertino*.
17. Peter Lewis, *Apple Jacks It Up*, Fortune, vol. 145, n° 4, 18 de fevereiro de 2002, p. 139.
18. Devon Leonard, *The Player*, Fortune, vol. 153, n° 5, 20 de março de 2006, p. 54.
19. Brent Schlender, *How Big Can Apple Get?*, Fortune, vol. 151, n° 4, 21 de fevereiro de 2005, p. 66.

ÍNDICE

A

Agilent Technologies, *51–53*
Akers, John, *37*
Albaugh, Jim, *240*
Aldus, *304*
Allard, J. P., *82*
Allen, Herbert, *186*
Amelio, Gil, *306*
Amoroso, James, *266*
Anders, George, *273*
Apatia, *36, 211, 211–212.* ver
    também Cultura (empresarial)
plano para Aperfeiçoamento, *252, 278–279, 281–282*
Apple Computer, *50, 247, 302–308*
Armadilhas do sucesso. *ver* armadilhas
    induzidas pelo Sucesso
Aumento do desempenho, *35, 179–181, 200–201*
    na Coca-Cola, *184–187*
    no eBay, *201–202*
    expectativas de, *187–189*
    no Harrah's Entertainment, *197–199*
    na Microsoft, *190–192, 195–197, 202–203*
    na Procter & Gamble, *203–207*
    Seleção de pessoal para, *182–184, 193–194*
Avaliações de desempenho, *179–180*

B

Bach, Robbie, *82*
Ballmer, Steve, *83, 190*
Bank of America, *58*
Bank One, *131–134, 253*
Bannick, Matt, *201*
Barrett, Colleen, *215*
Berkman, Amy, *108*
Bernhard, Wolfgang, *71*
Biemans, Roger, *92*
Bill Bowerman, *163–167*
Black, Andrew, *167*
Blair, Don, *166*
Bleustein, Jeff, *104–106*
Boeing, *236–242*
Boer, Marco, *170*
Bossidy, Paul, *223*
Boudette, Neal, *73*
Brady, Diane, *108, 219, 223*
Bremner, Brian, *251*
Brigas internas. *ver* Enfrentando
    problemas
Brooker, Katrina, *216, 293, 295*
Brown, Mike, *195*
Brown, Stuart, *25*
Brown, Wes, *73*
Bruynesteyn, Michael, *26*
Buckley, Mary Kate, *166*
Buffett, Warren, *186, 288*
Burgmans, Antony, *265, 267*
Burns, Ken, *60–61*
BusinessWeek, *87–88, 153, 271*

C

Campbell, Bill, *132*
Revista *Car and Driver*, *72–73*
Carp, Dan, *153–155*
Castell, Sir William, *222*
Caterpillar, *11*
Cescau, Patrick, *265, 267*
Chandler, Clay, *22, 23*
Charles Schwab Corp., *56–57*
Chevrolet, *32*

ÍNDICE

Chizen, Bruce, *307*
Cho, Fujio, *22*
Chrysler, *25–26*
   desenvolvimento de produto na, *69–75*
   gerenciamento de marca na, *32–33*
Cinergy Corporation, *220*
Citigroup, *157–159*
Clarke, Tom, *166*
Cleland, Scott, *80*
Cobb, Bill, *201*
Coca-Cola
   aumento do desempenho na, *184–187*
   Gerenciamento de marca na, *115–116*
Comcast, *79*
Commodore, *145*
Compaq, *145*
Complacência, *36*
Comstock, Beth, *221*
Comunicação, *277*
   de resultados, *281–282*
   do plano para o aperfeiçoamento, *278–279*
   de expectativas, *139–140, 188–189, 287–288*
   na Gillette, *288–296*
   na IBM, *279–281*
   no Wal-Mart, *282–286*
Condit, Phil, *237–240*
Condon, Bernard, *158*
Connors, John, *202, 203*
Consumer Reports, *8*
CoverGirl, *103, 104*
Cresswell, Julie, *240*
Cultura (empresarial), *36–37, 211–212*
   na Boeing, *236–242*
   clareza de valores em, *213–214*
   de fazer perguntas, *299–300*
   focada internamente, *235–236*
   na General Electric, *219–224*
   na Microsoft, *191–192*
   na Motorola, *225–234*
   rejuvenescimento, *225*
   na Southwest Airlines, *214–219*
Cultura (local), *114–115*

D

Daft, Doug, *186, 187*
Daimler-Benz, *70, 72*
DaimlerChrysler AG
   desenvolvimento de produto na, *70–75*
   perda de lucro na, *27*

Delegar poder aos funcionários, *83*
Dell Computer, *4–5*
   modelo de negócios da, *30*
   processo de negócios na, *143–146*
Dell, Michael, *4, 30, 144, 146*
Denson, Terry, *79*
Dentsu, *118*
Desenvolvimento de produto, *31–32, 67–68*
   na Chrysler, *69–70*
   distinção no, *69*
   na EnCana, *92–93*
   fontes de idéias para, *59–60*
   grandes apostas bem analisadas em, *76–78*
   na Microsoft, *81–83*
   para rejuvenescimento da cultura, *225*
   pontos de inflexão e tendências em, *88–90*
   revitalização do produto principal, *84–85*
   na Starbucks, *110–111*
   na Texas Instruments, *85–88*
   na Toyota, *24–27*
   na Verizon, *78–80*
Deutschman, Alan, *305*
Digital Equipment Corporation (DEC), *18–19*
Dimon, Jamie, *131–133*
Direito de propriedade intelectual, *59–60*
Dolan, Liz, *167*
Donald, Jim, *111*
Donovan, Dave, *131*
Dreyer, *111*
Drucker, Peter, *5*
Druyun, Darleen, *239*
Dvorak, Phred, *248*

E

eBay
   aumento do desempenho na, *201–202*
   modelo de negócios da, *50–51*
Electronic Arts, *7*
EnCana Corporation, *92–93*
Enfrentando problemas, *36–37, 245*
   com feudos, *246–247*
   na Hewlett-Packard, *270–273*
   na Morgan Stanley, *252–255*
   e plano unificado para aperfeiçoamento, *252*
   na Porsche, *257–262*
   e qualidade de equipe de liderança, *256–257*

ÍNDICE

com responsabilidade final, *263–264*
   na Sony, *247–251*
   com tecnologia da informação, *267–270*
   na Unilever, *264–267*
Engenheiros-chefes (Toyota), *24–25, 91*
Engibous, Tom, *86–88*
Entner, Roger, *81*
Ericsson, *229, 232*
Escolhas Difíceis (Carly Fiorina), *273*
Excesso, *34–35*. *ver também* Velocidade e agilidade
Exodus Communications, *174*
Expectativas. *ver* Comunicação: de expectativas

F

Fawcett, Farrah, *229*
Feudos, *246–247*. *ver também* Enfrentando problemas: com feudos
Fidelity Investments, *56–59*
Fiorina, Carly, *270–273*
First Chicago, *131*
Fisher, Anne, *9*
Fisher, George, *152, 153*
Ford, Henry, *15*
Ford Motor Company, *27, 32, 74*
Revista *Fortune*, *4, 8, 22, 78, 142, 164, 185, 216, 217, 226, 240, 265, 272, 290, 292*
   Empresas mais admiradas da, *144, 145, 152*
   Executivas mais poderosas nos Estados Unidos da, *272*
Fragmentação organizacional, *36*
   com o crescimento da organização, *123–125*
   na General Motors, *11–12*
   perda de velocidade e agilidade pela, *149–150*
Frost, Geoffrey, *230*
Fuji Photo Film Company, *154, 155*
Fukushima, Takashi, *17, 249*

G

Galvin, Chris, *227, 234*
Garfield, Bob, *68*
Gates, Bill, *5, 19, 20, 83, 190, 191, 192, 206*
Gateway, *145*

General Electric (GE)
   cultura da, *219–224*
   estratégia de design da, *138–139*
General Motors (GM), *4, 7–14*
   cultura da, *36*
   fragmentação organizacional da, *11–12*
   marcas da, *13*
   mentalidade de concessão de direitos na, *32*
   participação de mercado da, *7, 12–13, 21*
   perda de lucro na, *27*
   práticas e pensamentos herdados na, *14–20*
   problemas centrais da, *9–11, 13–14*
   serviços da Fidelity a, *58*
   joint venture da Toyota com, *23*
   vulnerabilidades, *8*
Gerenciamento de marca, *32–33, 97–98*
   na Coca-Cola, *115–116*
   na CoverGirl, *103–104*
   diferença em, *99*
   estratégia de execução para, *107*
   na Harley-Davidson, *104–106*
   no McDonald's, *97–98, 102–103, 113–114*
   na Procter & Gamble, *99–102, 117–119*
   relevância de, *113–114*
   na Starbucks, *107–112*
Gerenciamento de pessoal. *ver* Aumento do desempenho
Gerstner, Lou, *44–47, 271, 279–281*
Ghosn, Carlos, *17–18*
Gillette, *288–296*
Glantz, Ron, *9*
Global Body Line (Toyota), *25–26, 34*
GM. *ver* General Motors (GM)
Goizueta, Roberto, *184*
Google, *20, 190, 191*
Grant, Linda, *152*
Grossman, Mindy, *166*
Grove, Andy, *16*
GTE, *80*

H

Hammer, Michael, *127–128*
Harley-Davidson, *104–106*
Harrah´s Entertainment, *197–199*
Harris, Brian, *218*
motor Hemi, *73–75*
Henkoff, Ronald, *226, 236*

ÍNDICE

Hewlett-Packard (HP)
   spin-off da Agilent da, *51*
   fusão com a Compaq, *145*
   enfrentando problemas na, *270–274*
   velocidade e agilidade na, *169–172*
   vendas por funcionário da, *145*
Hitachi, *48*
Holland, Michael, *254*
Holme, Stanley, *240*
Honda, *12, 64*
Hout, Thomas, *24*
HP. *ver* Hewlett-Packard (HP)
Huber, Mike, *196*
Hughes, Cory, *97*

I

IBM
   comunicação na, *279–281*
   trabalho de Gerstner na, *271–272*
   mensagens confusas na, *37*
   modelo de negócios da, *44–49*
   negócio de PCs na, *145*
Idei, Nobuyuki, *250*
Immelt, Jeff, *219–224*
Imparidade
   no desenvolvimento de produto, *69*
Imparidade (distinção)
   no gerenciamento de marca, *99*
Intel, *173–175, 232*
Internet
   uso vantajoso da Fidelity da, *56–57*
   logística por meio da, *144–146*
   uso da Nike da, *166*
   pagamento feitos por meio da, *50–51*
   serviços telefônicos por meio da, *78–79*
Iridium, *231*
Isdell, Neville, *116*
Isolacionismo, *269*
Ivester, Douglas, *185, 186*

J

Jacobs, Susan, *12*
Japão
   negócios da Procter & Gamble no Japão, *117–119*
   serviços de investimentos localizados nos EUA no, *57–58*
   práticas de trabalho Japonesas, *11*
   indústria automobilística, *8, 10–11, 14*
   instalações americanas, *23*
   estudo da Porsche sobre as, *259*
   setor de aço, *60–61*
Jennifer Reese, *109*
Jobs, Steve, *302–303, 306–308*
Jogging (Bill Bowerman), *164*
Johnson, Edward C. III "Ned", *56*
Johnson, Jeff, *165*
Jong-Yong Yun, *140*
Jordan, Jeff, *201*
Joshi, Vyomesh "VJ", *170–172*
JPMorgan Chase, *134, 253*
J. P. Morgan & Co., *253*

K

Kahn, Jeremy, *290, 292*
Kaizen (abordagem), *21–23*
Kanter, Rosabeth Moss, *292*
Kelleher, Herb, *214–216, 218–219*
Keough, Don, *185–187*
Kerwin, Kathleen, *72*
Kilts, Jim, *292–296*
Kimbara, Yoshiro, *90*
King, Rollin, *214*
Knight, Phil, *163–168, 230*
Kodak, *16–17, 152–156*
Kohlberg Kravis Roberts, *53*
Kohnstamm, Abby, *47*

L

Labich, Ken, *238*
Lafley, A. G., *137–139*
Lavelle, Louis, *270*
Lenovo, *48, 145*
Level One Communications, *174*
Lexmark, *273*
Equipe de Liderança, *256–257*
Liderança
   comunicações da, *37, 277–279*
   dentro do setor, *76*
   e tom cultural, *36*
   para velocidade e agilidade, *169*
Liker, Jeffrey, *90*

ÍNDICE

Loveman, Gary, *198–199*
Lowell, Jim, *57*
Lutas pelo poder. *ver* Enfrentando problemas
Lynch, Peter, *56*

M

Mackey, Jim, *154*
Mack, John, *253*
Marks & Spencer, *63–64*
Massot, Sylvian, *266*
McCann Erickson, *230*
McDonald's, *97–98, 102–103, 113–114*
McDonnell Douglas, *236*
McNerney, Jim, *242*
Mediocridade, *35*. *ver também* Aumento do desempenho
Mentalidade de concessão de direitos, *18–19, 31–32, 303*. *ver também* Desenvolvimento de produto
Merrill Lynch, *56–57*
Microinovação, *138*
Microsoft
   aumento de desempenho na, *190–192, 195–197, 202–203*
   desenvolvimento de produto na, *81–83*
   hardware de jogos da, *247*
   Mentalidade de concessão de direitos, *19–20*
   Office para Macs, *307*
   velocidade e agilidade na, *162–163*
Modelo de "camadas de sabedoria", *263–264*
Modelo(s) de negócios, *29–31*
   da Agilent Technologies, *51–53*
   desafiador, *41–42*
   do eBay, *50–51*
   da Fidelity Investments, *56–60*
   fonte de novas idéias, *59–60*
   da Nucor, *60–63*
   reaplicando o que funciona, *55*
   revendo, *43–44*
   da Sony, *53–54*
   da Toyota, *64*
   do Wal-Mart, *63–64*
Modernização, *23–24*
Morgan, Gwyn, *92*
Morgan Stanley, *252–255*

Morris, Betsy, *185, 187*
Motorola, *225–234*
Mozilla, *20*
Muller, Joann, *11, 18*

N

Napier, Kay, *113*
Negligência, *29–31*. *ver também* Modelo(s) de negócios
Newell, *4*
Newsweek, *254*
Next, *306, 307*
Nicholson, Wendy, *292*
Nike, *163–168*
índice Nikkei, *58*
Nissan Motor Company, *17–18*
Nokia, *229, 231, 232*
Nucor, *60–63*
Nussbaum, Bruce, *138–139, 220, 222*

O

Objetividade, *44, 49, 173*
Ogiso, Satoshi, *91*
Olds Motor Vehicle Company, *67*
Olsen, Ken, *18–19*
O'Neal, Ryan, *229*
Onitsuka Tiger, *163*
Otellini, Paul, *175*
Owens, Jim, *11*

P

Palmisano, Sam, *47–48*
Pandit, Vikram, *254*
Parker, Mark, *165*
Payne, Chris, *190–192*
PayPal, *50–51, 201*
Peabody, Debra, *241*
PepsiCo, *117*
Perez, Antonio, *155*
Peters, Susan, *223*
Petty, Richard, *73*
Planos de recompensa, *180*
Porsche, *257–262*

Práticas e pensamentos herdados, *3, 15–20*
   abordagem da EnCana, *93*
   na Caterpillar, *11*
   como vulnerabilidade de TI, *269*
   comportamentos destrutivos que levam a, *16–20*
   em processos de negócios, *130–131*
   evitando, *21–22*
   na General Motors, *8, 14–20*
   na Motorola, *225–229*
   precaução da Toyota com as, *21–28*
   proprietários atuais de, *151–152*
   setor de aço, *61*
Processadores de textos, *31–32*
Processos de negócios, *33–34, 123–125*
   aprimoramento contínuo, *126*
   no Bank One, *131–134*
   complexidade do, *130–131*
   na Dell, *142–146*
   fragmentação de, *123–125*
   novas abordagens para, *135–136*
   na Procter & Gamble, *136–140*
   reorganizando-se, *139–140*
   na Samsung, *140–142*
   na Schneider National, *126–130*
Procter & Gamble (P&G)
   aquisição da Gillete pela, *295–296*
   aumento do desempenho na, *203–205*
   desenvolvimento de produto principal na, *84–85*
   gerenciamento de marca na, *99–102, 117–119*
   processo de negócios na, *136–139*
   serviços da IBM para, *48*
   velocidade e agilidade na, *160–162*
Produtos obsoletos, *31–32*
Produtos principais, *84–85*
Proteção, *17–18*
   de comunicação confusa, *37*
   e falta de agilidade, *172–173*
Purcell, Phil, *253–255*

R

Rasor, Doug, *87*
Reebok, *165*
Responsabilidade final, *263–264*
Reuters, *11*
Rhoads, Christopher, *232*
Riedel, Hans, *260*
Rogers, James, *221*

Rosoff, Matt, *81*
Roth, Daniel, *164*
Rubbermaid, *4*
Ruiz, Hector, *227*

S

Samsung, *140–142, 231, 247*
Sara Lee, *7*
Scharf, Charles, *132*
Schmitt, Wolfgang, *4*
Schnapp, John, *9*
Schneider National, *126–130*
Schonfeld, Erick, *229*
Schrontz, Frank, *241*
Schultz, Howard, *108–111*
Scientific-Atlanta, *232*
Scott, Lee, *165*
Sculley, John, *302–303, 305, 308*
Sears, Michael, *239–240*
Seidenberg, Ivan, *77, 78, 80*
Sellers, Patricia, *133*
Serwer, Andy, *143, 153, 217*
Shimer, Julie, *231*
Shingijutsu, *259*
Sigelman, Kim, *109*
Silver Lake Partners, *53*
Sinofsky, Steve, *19*
Skype, *79*
Sloan, Alfred P., *9, 10, 15*
Smith, Alan, *9*
Sony
   desafio da Samsung à, *140*
   enfrentando problemas na, *247–251*
   modelo de negócios da, *53–54*
   problema "não inventado aqui" na, *17*
Southwest Airlines
   cultura da, *214–219*
   modelo de negócios da, *30–31*
Speros, James, *105*
Spindler, Mike, *305*
Stahl, Jack, *187*
Starbucks, *107–112*
Stewart, Don, *292*
Stires, David, *97*
Stonecipher, Harry, *238, 240*
Stringer, Howard, *54, 248, 251*

ÍNDICE

armadilhas induzidas pelo Sucesso, 29–38
  Apatia, 36
  Complexidade, 33–34
  Confusão, 37–38
  Excesso, 34–35
  Mediocridade, 35
  Negligência, 29–30
  Orgulho, 31–32
  Tédio, 32–33
  Timidez, 36–37
Sucesso
  como vulnerabilidade, 3
  mentalidade de, 5
  perigos do, 5–6
Sullivan, Bill, 52
Suzuki, Teruo, 22
Symonds, Bill, 154–155

T

Talento
  alocados para grandes apostas, 77, 82–83
  designados para assuntos difíceis, 160, 167–168
  rápida detecção, 180–181
  na Southwest Airlines, 216–217. *ver também* Enfrentando problemas
Taylor, Alex, 10, 12, 13, 258
Tecnologia da Informação (TI)
  agilidade em, 34
  altos e baixos da, 301
  fragmentação em, 149
  necessidades dos clientes da IBM por, 46–47
  iniciativa da Verizon em, 78–81
  vulnerabilidades da, 267–270
Tevanian, Avie, 307
Texas Instruments, 85–88
Thornton, Emily, 253
TI. *ver* Tecnologia da Informação (TI)
Timidez, 36–37. *ver também* Enfrentando problemas
Tomlinson, Richard, 265–266
Toyoda, Eiji, 90
Toyoda, Shoichiro, 23–24
Toyota, 11, 21–28
  cultura da, 36
  desenvolvimento de produto na, 24–27, 90–92
  Global Body Line, 25–26, 34
  abordagem *Kaizen* usada pela, 21–22
  marcas da, 13
  modelo pronta entrega da, 24
  modelos de negócios da, 64
  modernização, 23–24
  processos de negócios da, 142
  responsabilidade do engenheiro-chefe na, 24–25, 91
  sucesso da, 27–28
  sugestão de produto da, 26–27
  treinamento de funcionários na, 22
Toyota Way, The (Jeffrey Liker), 90
Treinamento
  na Toyota, 22
  na Starbucks, 109–110
Tully, Shawn, 132

U

Uchiyamada, Takeshi, 26, 27, 91
Unilever, 264–267
United Airlines, 111
United Auto Workers (UAW), 10, 11
Urgência
  falta de senso de, 16–17
  senso de, 36, 299
Useem, Jerry, 238–240
U.S. Steel, 60–61

V

Valores expressados na cultura, 213–214
Velocidade e agilidade, 34–35, 149–150
  no Citigroup, 157–159
  cortar gastos e seguir em frente para, 172–173
  de práticas de negócios atuais, 151–152
  na Hewlett-Packard, 169–172
  na Intel, 173–175
  na Kodak, 152–156
  liderança como chave para, 169
  na Microsoft, 162–163
  na inserção dos negócios em novos ambientes, 156–157
  na nomeação de pessoas para os cargos certos, 160
  na Nike, 163–168
  na Procter & Gamble, 160–162
Verizon Communications, 78–80
Visão, 252
Visão compartilhada, 252
Vogelstein, Fred, 190

ÍNDICE

Volkswagen, *27, 257*
Vonage, *79*
Vulnerabilidade, *3*
   na Agilent, *53*
   da tecnologia da informação (TI), *267–270*
   recomendações para lidar com, *49–50*
   na Sony, *53*

W

Wachovia, *253*
The Wall Street Journal, *15, 75, 232, 248, 249, 251, 267, 273*
Wal-Mart
   comunicação no, *282–286*
   logística do, *143*
   modelo de negócios do, *63–64*
   processos de negócios do, *142*
   reuniões matutinas aos sábados, *165, 285*
   trabalho da Procter & Gamble com o, *206*
Walton, Sam, *63–64, 282, 283*
Wang, *31–32*
Watanabe, Katsuaki, *28*
Welch, David, *13–14*

Welch, Jack, *219, 220*
White, Joseph, *15*
Whitman, Meg, *201*
Whitney, Patrick, *138*
Who Says Elephants Can't Dance? (Lou Gerstner), *44*
Wiedeking, Wendelin, *258–260, 262*
Wieden+Kennedy, *230*
Wiesenthal, Rob, *250*
Wilhite, Steven, *18*
Winchell, Walter, *5*
Woodell, Bob, *165*
Woolley, Scott, *81*

Y

Younts, Rick, *227*

Z

Zander, Ed, *231–234*
Zetsche, Dieter, *5, 71–75*

SOBRE O AUTOR

Robert J. (Bob) Herbold, ex vice-presidente e diretor operacional aposentado da Microsoft Corporation, é diretor-executivo da Herbold Group, LLC, empresa de consultoria focada em questões de lucratividade, operações e marketing. Herbold atua na diretoria da Agilent Technologies, Indachin Ltd. Hong Kong e First Mutual Bank. Além disso, em 2001, ele foi nomeado pelo presidente Bush para o *Council of Advisors on Science & Technology* do governo dos Estados Unidos e atualmente preside o Subcomitê de Educação do Conselho.

Herbold juntou-se à Microsoft em novembro de 1994 como vice-presidente executivo e diretor-operacional. Durante sua permanência nesse cargo, até o início de 2001, foi responsável por finanças, fabricação e distribuição, sistemas de informação, recursos humanos, marketing corporativo, pesquisa de mercado e relações públicas. Durante seus seis anos e meio como COO da Microsoft, quadriplicou o rendimento e aumentou sete vezes os lucros da empresa. Do início de 2001 até meados de 2003, Herbold trabalhou em tempo parcial para a Microsoft como vice-presidente executivo, auxiliando nas áreas de governo, setor e clientes.

Antes de se juntar à Microsoft, Herbold passou 26 anos na Procter & Gamble Company. Em seus últimos cinco anos na P&G, atuou como vice-presidente sênior de propaganda e serviços de informação. Nesse cargo, foi responsável pelas operações globais de propaganda/gerenciamento de marca da empresa, assim como por todos os serviços relacionados a marketing, como mídia e produção de programas televisivos. Também foi responsável por administrar sistemas de informações e pesquisa de mercado mundialmente.

As experiências de Herbold na Microsoft e na Procter & Gamble serviram de base para um artigo de sua autoria na edição de janeiro de 2002 da *Harvard Business Review*, intitulado *Dentro da Microsoft: Equilibrando Disciplina e Criatividade*, sobre como as empresas podem melhorar sua lucratividade e agilidade. Em 2004, escreveu o livro *The Fiefdom Syndrome* (Doubleday), voltado às guerras de poder que enfraquecem cargos e empresas e como superá-las.

Herbold é Bacharel em Ciências pela Universidade de Cincinnati, Mestre em Matemática e Ph.D. em Informática pela Universidade de Case Western Reserve. É membro do Conselho de Administração da Heritage Foundation, Universidade Tecnológica de Nanyang, do Centro de Pesquisas do Câncer Hutchinson, do Conselho Inspetor do Instituto Hoover da Universidade de Stanford e executivo sênior residente do INSEAD, campus de Cingapura. Também é presidente da Fundação Herbold, cujo foco principal é o fornecimento de bolsas de estudo acadêmicas a alunos de ciências e engenharia.